Laura Mendes
**Schutz vor Informationsrisiken und**
**Gewährleistung einer gehaltvollen Zustimmung**

# Schriften zum Europäischen und Internationalen Privat-, Bank- und Wirtschaftsrecht

———

Herausgegeben von
Professor Dr. Horst Eidenmüller, LL.M. (Cambridge),
München; Professor Dr. Dr. Stefan Grundmann, LL.M.
(Berkeley), Berlin; Professor Dr. Susanne Kalss,
LL.M. (Florenz), Wien; Professor Dr. Wolfgang Kerber,
Marburg; Professor Dr. Karl Riesenhuber, M.C.J.
(Austin/Texas), Bochum; Professor Dr. Heike
Schweitzer, LL.M. (Yale), Mannheim; Professor Dr.
Hans-Peter Schwintowski, Berlin; Professor Dr.
Reinhard Singer, Berlin; Professor Dr. Christine
Windbichler, LL.M. (Berkeley), Berlin

## EIW Band 55

Laura Mendes

# Schutz vor Informationsrisiken und Gewährleistung einer gehaltvollen Zustimmung

Eine Analyse der Rechtmäßigkeit der
Datenverarbeitung im Privatrecht

**DE GRUYTER**

Dr. iur. Laura Mendes, Humboldt-Universität zu Berlin

ISBN 978-3-11-043839-0
e-ISBN (PDF) 978-3-11-043125-4
e-ISBN (EPUB) 978-3-11-043130-8

**Library of Congress Cataloging-in-Publication Data**
A CIP catalog record for this book has been applied for at the Library of Congress.

**Bibliografische Information der Deutschen Nationalbibliothek**
Die Deutsche Nationalbibliothek verzeichnet diese Publikation in der Deutschen
Nationalbibliografie; detaillierte bibliografische Daten sind im Internet über
http://dnb.dnb.de abrufbar.

© 2015 Walter de Gruyter GmbH, Berlin/Boston
Einbandabbildung: © Mike Kemp/Getty Images
Druck und Bindung: CPI books GmbH, Leck
♾ Gedruckt auf säurefreiem Papier
Printed in Germany

www.degruyter.com

# Vorwort

Die vorliegende Arbeit wurde im Sommersemester 2014 von der Juristischen Fakultät der Humboldt-Universität zu Berlin als Dissertation angenommen. Sie befindet sich auf dem Stand von September 2014.

Die Vollendung dieses Projekts hat von der Kooperation vieler profitiert. Mein Dank gilt in erster Linie Herrn Prof. Dr. iur. Dr. phil. Stefan Grundmann sowohl für die sorgfältige Betreuung der Arbeit als auch für den freundlichen und großzügigen Empfang an seinem Lehrstuhl. Ihm verdanke ich auch die Gelegenheit, drei Jahre lang am Lektüreseminar zur Privatrechtstheorie teilgenommen zu haben, in dem ich so viel gelernt und Inspiration gefunden habe. Ganz besonders danken möchte ich auch Herrn Prof. Dr. Martin Eifert für die wichtigen Literaturempfehlungen sowie für den Ideenaustausch im Rahmen des Seminars „Person und Persönlichkeit", die die Weiterentwicklung meines Themas stark motiviert haben. Dass er freundlicherweise die Aufgabe übernommen hat, das Zweitgutachten zu erstellen, hat mich geehrt und sehr gefreut. Herrn Prof. Dr. Hoffmann-Riem verdanke ich die erläuternden Anregungen zum grundrechtlichen Datenschutz während des Gesprächs im Sommer 2013 in Hamburg. Darüber hinaus danke ich allen Mitarbeitern des Lehrstuhls für Bürgerliches Recht, Deutsches, Europäisches und Internationales Privat- und Wirtschaftsrecht der Humboldt Universität, insbesondere Frau Angela Huhn für ihre Hilfsbereitschaft und Mühe, neue Doktoranden und Studenten in freundlicher Weise zu empfangen. Für die Ermunterung zum Erforschen des deutschen Privatrechts seit meinem Jurastudium danke ich Frau Prof. Dr. Claudia Lima Marques. Ihre Freundschaft und anhaltende Unterstützung haben mein akademisches Leben enorm geprägt. Außerdem bin ich Carmen Appenzeller sehr dankbar für die Korrektur des Textes und die anregende Kritik. Ich danke auch Frau Prof. Dr. Augenhoffer für die interessanten Gespräche über das Thema meiner Dissertation. Carlotta Rinaldo danke ich für den ständigen Dialog über das Privatrecht und für entspannende Momente in Berlin. Ganz herzlich danke ich Ligia Fabris Campos und Guilherme Leite Gonçalves für inspirierende Diskussionen sowie für die schöne Freundschaft in Deutschland.

Die Arbeit wurde im Juli 2015 mit dem von der Kanzlei WilmerHale gestifteten Karlheinz Quack-Preis für die beste Promotion auf den Gebieten Gesellschaftsrecht, Kartellrecht und Gewerblicher Rechtsschutz ausgezeichnet. Dafür bin ich sehr dankbar.

Ich bedanke mich ferner bei den Herausgebern der Schriftenreihe „Schriften zum Europäischen und Internationalen Privat-, Bank und Wirtschaftsrecht" für die freundliche Aufnahme dieser Arbeit.

Für die finanzielle Unterstützung danke ich dem Deutschen Akademischen Austauschdienst. Dem brasilianischen Justizministerium sowie dem Verwaltungs- und Planungsministerium bin ich sehr dankbar für die Gewährung der Beurlaubung zu akademischen Zwecken.

Zutiefst dankbar bin ich meiner Familie, Rosa, Pipo und Gilmar, für die unbeschränkte und liebevolle Unterstützung. Meine unendliche Dankbarkeit kann ich an dieser Stelle nicht hinreichend ausdrücken. Am meisten danke ich João für die Liebe während aller dieser Jahre. Ihm verdanke ich die Schönheit dieser Zeit, die wir zusammen in Deutschland verbracht haben.

# Inhalt

# Abkürzungen

| | |
|---|---|
| Abs. | Absatz |
| AcP | Archiv für die civilistische Praxis |
| AGG | Allgemeine Gleichbehandlungsgesetz |
| AGB | Allgemeine Geschäftsbedingungen |
| AöR | Archiv des öffentlichen Rechts |
| Aufl. | Auflage |
| Bd. | Band |
| BDSG | Bundesdatenschutzgesetz |
| BGB | Bürgerliches Gesetzbuch |
| BGH | Bundesgerichtshof |
| BGHZ | Entscheidungen des BGH (amtliche Sammlung) |
| BVerfG | Bundesverfassungsgericht |
| BVerfGE | Entscheidungen des BVerfG (amtliche Sammlung) |
| CR | Computer und Recht |
| CSRL | Datenschutzrichtlinie |
| DÖV | Die Öffentliche Verwaltung |
| DuD | Datenschutz und Datensicherheit |
| EuGH | Europäischer Gerichtshof |
| FS | Festschrift |
| GG | Grundgesetz |
| JuS | Juristische Schulung |
| JZ | Juristenzeitung |
| MMR | Multimedia und Recht |
| NJW | Neue Juristische Wochenschrift |
| NVwZ | Neue Zeitschrift für Verwaltungsrecht |
| OLG | Oberlandesgericht |
| RDV | Recht der Datenverarbeitung |
| RFID | Radio Frequency Identification |
| TKG | Telekommunikationsgesetz |
| TMG | Telemediengesetz |
| ZRP | Zeitschrift für Rechtspolitik |

# Einleitung

Dass personenbezogene Informationen nicht nur vom Staat, sondern auch von privaten Stellen in riesiger Menge erhoben, verarbeitet und verwendet werden, gehört heutzutage zur Selbstverständlichkeit der Informationsgesellschaft. Die Forderung des Marktes nach persönlichen Informationen resultiert aus dem vielfältigen Nutzen, der aus der Datenverarbeitung gezogen werden kann: von individualisierter Werbung zu personalisierten Produkten, von Kundenbindung zu Risikoevaluationen.[1] Betrachtet man die digitale Welt, ist dieses Bild noch beeindruckender, da viele Geschäftsmodelle im Internet einzig die Verarbeitung personenbezogener Daten als Grundlage haben. Vom Blickpunkt des Einzelnen aus erscheint der Begriff der „allgegenwärtigen Datenverarbeitung"[2] noch aussagekräftiger zu sein, indem er andeutet, wie alle Lebensbereiche durch Informationsverarbeitung und Vernetzung aufgrund u. a. der vielfältigen kleinen elektronischen Geräte, die jedermann alltäglich begleiten und ständig alle Arten von persönlichen Informationen speichern, geprägt sind.[3]

Zusammen mit den Chancen eines informatisierten und vernetzten Alltags keimen jedoch Risiken für den Einzelnen auf: sei es zunehmende Überwachung, Diskriminierung oder umfassende Persönlichkeitsprofilbildung. In diesem Zusammenhang steht das Datenschutzrecht – als der rechtliche Rahmen zum individuellen Schutz hinsichtlich des Umgangs Dritter mit Daten und Informationen[4] – im Mittelpunkt der wissenschaftlichen und politischen Diskussion. Dabei ist zu erkennen, dass entweder die Schutzansprüche sehr hoch sind oder die Lösungsfähigkeit des gegenwärtigen Datenschutzes niedrig ist; Tatsache ist, dass auf fast keinem Gebiet der Rechtswissenschaft so umfassende Forderungen nach Modernisierung, Revision bzw. umfassender Reform der Regelungen wie im Datenschutzrecht gestellt werden. Die ständige und vielfältige Kritik, die den Reformanspruch motiviert, wendet sich u. a. gegen die Unwirksamkeit, eine Entfremdung von der Realität und die Komplexität des geltenden Datenschutzrechts. So entstehen häufig anscheinend widersprüchliche Kritikansätze, wenn einerseits von Normenflut[5] gesprochen wird, andererseits jedoch der fehlende Schutz[6] bei besonderen Persönlichkeitsgefährdungen betont wird.

---

1 *Roßnagel*, in: Bizer, Lutterbeck und Rieß (Hrsg.), Umbruch von Regelungssystemen, S. 131 ff.; *Buchner*, Informationelle Selbstbestimmung, S. 118 ff.; *Schwenke*, Individualisierung und Datenschutz, S. 58.

2 *Mattern*, in: Roßnagel, Sommerlatte und Winand (Hrsg.), Digitale Visionen, S. 3.

3 *Hoffmann-Riem*, AöR 134 (2009), 513, 519 ff.

4 *Bull*, Informationelle Selbstbestimmung, S. 27.

5 *Hoffmann-Riem*, DuD 12, 22 (1998), 684, 684 ff.

Bereits im Jahr 2001 erschien in Deutschland das Gutachten „Modernisierung des Datenschutzrechts"[7] im Auftrag des Bundesministeriums des Innern. Das Gutachten postulierte die Notwendigkeit einer Modernisierung des Datenschutzrechts aufgrund der Erwartungen an seine Schutzfunktion sowie der Kritik am Datenschutzrecht. Es stellte zudem vier Aufgaben für ein modernes Datenschutzrecht auf, nämlich Effektivität, Risikoadäquanz, Verständlichkeit und Attraktivität.[8] Dennoch haben nicht einmal die Novellen[9], die im Jahr 2009 das Bundesdatenschutzgesetz in bestimmten Punkten änderten, diese Modernisierungsansprüche im Datenschutz befriedigt.[10]

Auch auf der europäischen Ebene ertönen Forderungen nach Modernisierung immer lauter. Derzeit arbeiten die Europäische Kommission und das Europäische Parlament an einer umfassenden Reform des Datenschutz-Rechtsrahmens, die die Aktualisierung und die Vereinheitlichung des Rechts auf diesem Gebiet anstrebt.[11] Im Januar 2012 hat die Kommission einen Entwurf einer „Datenschutz-Grundverordnung" veröffentlicht, die die Richtlinie 95/46/EG ersetzen soll.[12]

Trotz der unterschiedlichen Gründe bzw. der unterschiedlichen Richtungen deuten diese Reformbestrebungen an, dass das derzeitige Datenschutzrecht die sozialen und technologischen Herausforderungen der Gegenwart nicht in ausreichender Weise bewältigen kann. Das gilt auch und gerade für den Datenschutz im Privatrecht, das eine Vielfalt von umstrittenen Fragen aufwirft, z. B. welche Wirkung das Recht auf informationelle Selbstbestimmung im Privatbereich entfaltet, wie das Datenschutzrecht mit dem Phänomen umgehen muss, dass personenbezogene Daten als Gegenleistung für Dienste mitgeteilt werden und wie die Freiwilligkeit der Zustimmung im Rahmen privater Datenverarbeitung trotz Machtungleichgewichten und Informationsrisiken zu gewährleisten ist.

Genau hier knüpft die Fragestellung der vorliegenden Arbeit an, und zwar um eine Analyse der Rechtmäßigkeitsstruktur des privatrechtlichen Datenschutzes durchzuführen: Wie sind die Zulässigkeitsvoraussetzungen der Datenverarbeitung

---

6 *Kutscha*, in: Roggan (Hrsg.), Online-Durchsuchungen, S. 157 ff.

7 *Roßnagel, Pfitzmann* und *Garstka*, Modernisierung des Datenschutzrechts.

8 Ebd., S. 34 ff.

9 Die erste Novelle betrifft „Scoring" (BDSG – Novelle I), die zweite Verbraucherkredite (BDSG – Novelle II) und die dritte Datenhandel (BDSG – Novelle III).

10 Ein Beispiel dafür ist das Dokument „Ein modernes Datenschutzrecht für das 21. Jahrhundert", das von der Konferenz der Datenschutzbeauftragten des Bundes und der Länder am 18. März 2010 verabschiedet wurde. Der Text enthält „Eckpunkte", die eine Diskussion zur Reform des BDSG fördern sollen (abrufbar unter http://www.bfdi.bund.de/SharedDocs/Publikationen/Allgemein/79DSKEckpunktepapierBroschuere.html?nn=408908).

11 Siehe http://ec.europa.eu/justice/newsroom/data-protection/news/120125_en.htm.

12 Europäische Kommission, KOM (2012) 11 endg., 25. Januar 2012.

im Privatrecht sachgerecht und informationsorientiert zu gestalten? Ist das Datenschutzrecht in der Lage, die Autonomie des Einzelnen hinsichtlich der Datenverarbeitung zu gewährleisten und ihn gleichzeitig vor den Gefährdungen, die sich aus der Verwendung von Informationen ergeben, zu schützen? Wie ist ein gefährdungsabhängiger Schutz mit der Konzeption des Datenschutzes als Präventionsinstrument in Einklang zu bringen?

Im Mittelpunkt der Debatte hinsichtlich der Rechtmäßigkeitsvoraussetzungen privater Datenverarbeitung stehen scheinbar widersprüchliche Anforderungen, die gerade die Herausforderungen des Themas aufzeigen. Zum einen wird der gegenwärtige Datenschutz hinsichtlich des Schutzes der Betroffenen für ineffektiv gehalten, was auf die Zulässigkeitsvoraussetzungen zurückzuführen ist: Die Einwilligung wird als bloße Formalität kritisiert, der Vertrag und die berechtigten Interessen als zu weit und zu unpräzise. Wirklich riskante Datenverarbeitungsvorgänge werden dadurch nicht verhindert, was den Eindruck erweckt, der Datenschutz sei wirkungslos. Dies führt dazu, dass Datenschutzbeauftragte und Teile der Wissenschaft immer häufiger dafür plädieren, die Erlaubnisvoraussetzungen müssten so eng wie möglich ausgelegt werden. Daraus folgt ein zweiter Effekt: Der Datenschutz wird als starres und altmodisches Instrument betrachtet, das jede Informationshandlung im Zeitalter der allgegenwärtigen Datenverarbeitung verbieten will.

Auf einer abstrakteren Ebene zeigt sich auch beim privatrechtlichen Datenschutz die klassische Spannung zwischen Privatautonomie und Ordnung, die das Proprium des Privatrechts charakterisiert.[13] Die Gestaltungsautonomie wird durch das Recht verliehen und gleichzeitig begrenzt, da das Datenschutzrecht für die Zulässigkeit der Datenverarbeitung mal die Einwilligung des Betroffenen verlangt, mal ein gesetzlicher Tatbestand die Einwilligungslösung ersetzt und die Autonomie des Betroffenen entsprechend begrenzt. Das erklärt also, warum eine Untersuchung des Datenschutzes im Privatrecht sinnvoll ist, auch wenn die öffentliche und private Datenverarbeitung überwiegend durch vereinheitlichte Regelungen erfasst wird.

Auf einer weniger abstrakten Ebene zeigt sich zudem, dass der Gegenstand des Datenschutzrechts selbst, nämlich die Erhebung und Verwendung von Daten und Informationen, spezifische Herausforderungen an die Privatrechtsdogmatik stellt und sich die Lösung von Konflikten im Rahmen der vielfältigen Interessenkonstellation schwierig gestaltet. Den Hintergrund der Untersuchung bildet der Gedanke, dass der privatrechtliche Datenschutz durch das Spannungsverhältnis zwischen Datenkontrolle und Informationsrisiken geprägt ist, d. h., zwi-

---

13 *Grundmann*, in: Grundmann, Haar und Merkt (Hrsg.), Festschrift für Klaus Hopt, S. 164.

schen einem handlungsorientierten Ansatz der Datenverfügungsbefugnis mit vorwiegend individualschützendem Charakter einerseits und andererseits einem interaktionalen Konzept, das Informationsrisiken und Kommunikationsvoraussetzungen umfasst. Die grundlegende Frage lautet also, ob und wie die Idee der Selbstbestimmung im Rahmen eines informationsorientierten und gefährdungsabhängigen Datenschutzkonzepts beibehalten werden kann.

Um die dargestellte Fragestellung zu entfalten, wird die Analyse in drei Teilen durchgeführt. Der erste Teil wird sich mit der Entstehung und Umgestaltung der Konzeption des Rechts auf informationelle Selbstbestimmung beschäftigen. Hier wird zunächst untersucht, wie sich der Grundrechtsschutz hinsichtlich des Umgangs Dritter mit Daten und Informationen in der Rechtsprechung des BVerfG entwickelt hat, d. h., wie die unterschiedlichen Konzeptionen des Grundrechtsschutzes unter Art. 2 Abs. 1 GG entstanden sind – von der allgemeinen Handlungsfreiheit bis zum Recht auf informationelle Selbstbestimmung. Anschließend daran werden die dogmatische Konzeption des Rechts auf informationelle Selbstbestimmung sowie die wissenschaftliche Kritik, die an diesem Recht geübt wurde, dargestellt. Schließlich wird untersucht, wie das BVerfG die Grundkonzeption des informationellen Selbstbestimmungsrechts durch neue Entscheidungen graduell umgestaltet hat, was letztendlich zu einer Neujustierung dieser Konzeption geführt hat. Es wird sich zeigen, dass sich das Recht auf informationelle Selbstbestimmung durch diesen dynamischen Prozess von einem autonomiebezogenen Schutzkonzept in Richtung einer gefährdungsabhängigen Schutzkonzeption entwickelt hat.

Der zweite Teil setzt sich mit der Rechtmäßigkeitsstruktur des privatrechtlichen Datenschutzmodells auseinander. Dabei werden sowohl das deutsche als auch das europäische Datenschutzrecht mit dem Ziel untersucht, die Zulässigkeitsvoraussetzungen für die Datenverarbeitung im privaten Bereich zu analysieren. Es wird danach eine kritische Untersuchung durchgeführt, die die vernachlässigten Elemente bei der Rechtmäßigkeitsstruktur durchleuchtet und das Primat der Datenkontrolle identifiziert. Dies zielt darauf ab, die Kritik der Einwilligung als Fiktion zu untersuchen sowie die Defizite der gesetzlichen Tatbestände der Datenverarbeitung hinsichtlich Informationsrisiken zu erforschen. Schließlich werden die aktuellen Tendenzen und Lösungsansätze im deutschen und europäischen Datenschutzrecht betrachtet, die gerade versuchen, die Unzulänglichkeiten und Defizite des Rechtsrahmens zu beseitigen. In diesem Zusammenhang wird der Entwurf einer europäischen Datenschutzverordnung analysiert, um zu prüfen, inwiefern die vorgeschlagenen Änderungen der Rechtmäßigkeitsstruktur in der Lage sind, die gegenwärtigen Herausforderungen zu bewältigen.

Der dritte Teil beschäftigt sich sodann damit, wie das Datenschutzmodell im Privatrecht zu gestalten ist, sodass es sowohl die Autonomie des Einzelnen hinsichtlich der Datenverarbeitung garantiert als auch den Betroffenen gegen die aus der Informationsverarbeitung resultierenden Gefährdungen schützt. Dies erfolgt in vier Schritten: Zunächst werden die Leistungen und Defizite der gegenwärtigen Rechtmäßigkeitsstruktur des Datenschutzes festgestellt, um zu erkennen, welche Konzepte beibehalten werden müssen und welche änderungsbedürftig sind; danach werden zwei besondere Gefährdungslagen der Informationshandlungen – und zwar die Überwachungsmaßnahme im Internet und die informationsbasierte Entscheidung im Zivilrechtsverkehr – sowie die daraus entstehenden Schutzbedürfnisse identifiziert; anschließend daran wird untersucht, wie neue Regelungsansätze diesen Risiken entgegentreten könnten; schließlich wird ein möglicher Weg dargestellt, nach dem der Risikoansatz und die klassischen Erlaubnistatbestände des Datenschutzes zu integrieren sind.

Teil I: **Das Recht auf informationelle Selbstbestimmung zwischen Datenkontrolle und Schutz vor Informationsrisiken**

# 1. Kapitel:
# Die Entstehung des Rechts auf informationelle Selbstbestimmung in der Rechtsprechung des BVerfG

Wenn von Datenschutz die Rede ist, dann stellt das Recht auf „informationelle Selbstbestimmung" sicherlich das bekannteste Schlagwort dar. Das Konzept hat nicht nur in Deutschland eine „glanzvolle Karriere"[14] gemacht, sondern wurde in vielen anderen Ländern zum Vorbild genommen. Zwar wurde das Recht auf informationelle Selbstbestimmung 1983 im Volkszählungsurteil[15] erstmals verfassungsrechtlich anerkannt, allerdings ist seine Genese auf eine lange vorherige Entwicklung der verfassungsgerichtlichen Rechtsprechung zurückzuführen. Diese Entwicklung nachzuvollziehen, ist erforderlich, um die Grundkonzeption dieses Rechts zu verstehen sowie seine Leistungen und Defizite zu begreifen. Darüber hinaus kann die Analyse der Rechtsprechung des BVerfG hinsichtlich des Umgangs Dritter mit Daten und Informationen über wichtige Merkmale des Datenschutzes im Allgemeinen Aufschluss geben.

Die Entstehung des informationellen Selbstbestimmungsrechts ist eng mit der Geschichte des grundrechtlichen Persönlichkeitsschutzes verbunden, da das BVerfG dieses Recht als eine Ausprägung des allgemeinen Persönlichkeitsrechts herausgebildet hat. Daher ist es wichtig, die Entwicklung des allgemeinen Persönlichkeitsrechts näher zu betrachten, um die Konzeption der informationellen Selbstbestimmung zu verstehen.

Der Zweck des vorliegenden Kapitels besteht darin, den Entwicklungsprozess der verfassungsgerichtlichen Rechtsprechung zum Datenschutz aus der Perspektive des Spannungsverhältnisses zwischen Datenkontrolle und Informationsrisiken zu betrachten, das heißt, zwischen der Befugnis des Einzelnen, selbst über seine Daten zu entscheiden, und dem Schutz gegen die Risiken, die sich aus der Verwendung von Informationen ergeben. Im Folgenden wird vor allem untersucht, wie die Entstehung des Rechts auf informationelle Selbstbestimmung einen Wandel von einem bereichsbezogenen Schutz hin zu einem allgemeineren autonomiebezogenen Schutz andeutet und wie dieses Konzept mit den Risiken der Informationsverarbeitung umgeht.

---

14 *Bull*, Informationelle Selbstbestimmung, S. 25.
15 BVerfGE 65, 1, Volkszählung.

## A. Die Entstehung des Rechts auf informationelle Selbstbestimmung: von einem bereichsbezogenen hin zu einem autonomiebezogenen Schutz

### I. Die allgemeine Handlungsfreiheit

Art. 2 Abs. 1 GG sieht Folgendes vor: „Jeder hat das Recht auf freie Entfaltung seiner Persönlichkeit". Der Sinn dieser Norm sowie ihre konkrete Anwendbarkeit waren für lange Zeit sehr umstritten, besonders was die Frage angeht, ob sie breiter oder enger ausgelegt werden sollte. Das BVerfG ließ in der Investitionshilfe-Entscheidung[16] aus dem Jahr 1954 ungeklärt, ob eine „umfassende Gewährleistung der Handlungsfreiheit" oder lediglich der „Schutz eines Mindestmaßes menschlicher Handlungsfreiheit, ohne das der Mensch seine Wesensanlage als geistig-sittliche Person überhaupt nicht entfalten kann", impliziert sein soll.[17]

Drei Jahre später, im Elfes-Urteil[18], gab das BVerfG eine Stellungnahme zu diesem Streitpunkt ab, jedoch nicht zugunsten eines allgemeinen Persönlichkeitsrechts, sondern zugunsten der allgemeinen Handlungsfreiheit. Somit scheint es, dass die Geschichte des allgemeinen Persönlichkeitsrechts in der Verfassungspraxis tatsächlich mit der Negation des Art. 2 Abs. 1 GG als grundrechtliche Basis des allgemeinen Persönlichkeitsrechts beginnt.[19]

Das letztgenannte Urteil betraf ein führendes Mitglied im „Bund der Deutschen", dem wegen seiner kritischen Meinung zur Politik der Bundesregierung die Verlängerung seines Passes verweigert worden war. Diese Entscheidung wurde von den drei verwaltungsgerichtlichen Instanzen aufrechterhalten. In der Verfassungsbeschwerde bezog sich der Beschwerdeführer unter anderem auf sein Recht auf Freizügigkeit nach Art. 11 Abs. 1 GG.[20]

Das BVerfG analysiert in seinem Beschluss zunächst, ob Art. 11 Abs. 1 GG anwendbar sei; es lehnt diese Hypothese mit der Begründung ab, dass diese Norm nur die Freiheit, in Deutschland zu reisen, bewahre, nicht aber die Freiheit, ins Ausland auszureisen: „Art. 11 Abs. 1 GG gewährleistet die Freizügigkeit ‚im ganzen Bundesgebiet'. Schon dieser Wortlaut spricht nicht dafür, daß auch ein Grund-

---

16 BVerfGE 4, 7 (15), Investitionshilfe.

17 *Kube*, in: Isensee und Kirchhof (Hrsg.), Handbuch des Staatsrechts, S. 90; *Jarass*, in: Erichsen, Kollhosser und Welp (Hrsg.), Recht der Persönlichkeit, S. 90.

18 BVerfGE 6, 32, Elfes.

19 *Jarass*, Die Entwicklung des allgemeinen Persönlichkeitsrechts, S. 90.

20 Vgl. *Grimm*, in: Lorenz (Hrsg.), Schutz der Persönlichkeit, S. 5; *Jarass*, Die Entwicklung des allgemeinen Persönlichkeitsrechts, S. 90.

recht auf freie Ausreise aus dem Bundesgebiet gewährt werden sollte. [...] [Über] die Ausreisefreiheit wurde nicht gesprochen."[21]

Anschließend untersucht das BVerfG, welches Grundrecht in diesem Fall angewendet werden müsste. Als Art. 2 Abs. 1 GG analysiert wird, kommt die offengebliebene Frage auf, ob dieses Grundrecht einen engeren oder einen breiteren Schutzbereich hat. Das Gericht geht davon aus, dass die Redaktion des Artikels nur diejenige Interpretation ermögliche, die eine allgemeine Handlungsfreiheit annehme. Ansonsten müsste geschlussfolgert werden, dass der persönliche Kernbereich der geistig-sittlichen Entfaltung der Person andere Rechte oder die verfassungsmäßige Ordnung beeinträchtigen könnte, was unlogisch wäre. So stellt das Gericht fest, dass Art. 2 Abs. 1 GG die allgemeine Handlungsfreiheit gewährleistet:

> „Das Grundgesetz kann mit der ‚freien Entfaltung der Persönlichkeit' nicht nur die Entfaltung innerhalb jenes Kernbereichs der Persönlichkeit gemeint haben, der das Wesen des Menschen als geistig-sittliche Person ausmacht, denn es wäre nicht verständlich, wie die Entfaltung innerhalb dieses Kernbereichs gegen das Sittengesetz, die Rechte anderer oder sogar gegen die verfassungsmäßige Ordnung einer freiheitlichen Demokratie sollte verstoßen können. Gerade diese, dem Individuum als Mitglied der Gemeinschaft auferlegten Beschränkungen zeigen vielmehr, daß das Grundgesetz in Art. 2 Abs. 1 GG die Handlungsfreiheit im umfassenden Sinne meint."[22]

So zieht das Gericht die Schlussfolgerung, dass die Ausreisefreiheit in der durch Art. 2 Abs. 1 GG gewährleisteten allgemeinen Handlungsfreiheit inbegriffen sei und dass das Passgesetz als Schranke im Sinne der verfassungsmäßigen Ordnung zu verstehen sei: „Gehört die Ausreisefreiheit auch nicht zu der durch Art. 11 Abs. 1 GG geschützten innerdeutschen Freizügigkeit, so ist sie doch als Ausfluß der allgemeinen Handlungsfreiheit durch Art. 2 Abs. 1 GG innerhalb der Schranken der verfassungsmäßigen Ordnung = verfassungsmäßigen Rechtsordnung gewährleistet. Es bleibt zu fragen, ob das Paßgesetz zur verfassungsmäßigen Ordnung in diesem Sinne gehört. Das ist zu bejahen."[23]

Aus diesen Gründen wurde die Verfassungsbeschwerde zurückgewiesen.

Die Bedeutung des obengenannten Urteils liegt darin, dass das Grundrecht auf freie Entfaltung der Persönlichkeit als Grundlage für die allgemeine Handlungsfreiheit verstanden wird. Dementsprechend soll dieses Grundrecht jedes erdenkliche menschliche Verhalten schützen, das nicht von anderen spezifischen

---

21 BVerfGE 6, 32, Elfes.
22 Ebd.
23 Ebd.

Grundrechten bewahrt wird. So fällt bei der BVerfG-Auslegung im Elfes-Urteil auf, dass Art. 2 Abs. 1 GG vom Persönlichkeitsschutz abweicht.

Eine andere Lösung des Falls wäre möglich gewesen, wenn sich das BVerfG auf ein früheres Urteil des BGH gestützt hätte, nämlich das Schachtbrief-Urteil aus dem Jahr 1954.[24] Bei dieser Entscheidung handelt es sich um die ungenehmigte Veröffentlichung einer Anwaltsberichtigungsaufforderung in einer Zeitung unter der Rubrik „Leserbriefe". Jenseits des Urheberschutzes und in Abweichung von der Rechtsprechung des Reichsgerichts leitet der BGH aus Art. 2 Abs. 1 GG im Zusammenhang mit Art. 1 GG ein allgemeines Persönlichkeitsrecht ab und wertet die Veröffentlichung als rechtswidrig.[25] Der Gerichtshof hält als Ansatz fest, dass Briefe oder sonstige private Aufzeichnungen in der Regel nicht ohne die Einwilligung des Verfassers und nur in der vom Verfasser bewilligten Form veröffentlicht werden dürften: „Jede sprachliche Festlegung eines bestimmten Gedankeninhalts ist, und zwar auch dann, wenn der Festlegungsform eine Urheberschutzfähigkeit nicht zugebilligt werden kann, Ausfluß der Persönlichkeit des Verfassers. Daraus folgt, daß grundsätzlich dem Verfasser allein die Befugnis zusteht, darüber zu entscheiden, ob und in welcher Form seine Aufzeichnungen der Öffentlichkeit zugänglich gemacht werden."[26]

Diese Konzeption des allgemeinen Persönlichkeitsrechts als Grundrechtsschutz wird zwar im Elfes-Urteil nicht angewendet, aber nachfolgenden BVerfG-Entscheidungen liegt ein entsprechend weites Verständnis von Art. 2 Abs. 1 GG zugrunde, da die allgemeine Handlungsfreiheit nicht mehr genügt hat, um die komplexen persönlichkeitsbezogenen Fälle zu lösen.[27] Diese Entwicklung der Rechtsprechung wird später dazu führen, dass die allgemeine Handlungsfreiheit und das allgemeine Persönlichkeitsrecht als eigenständige Rechte aus Art. 2 Abs. 1 GG heranzuziehen sind, jedes mit seinem eigenen Schutzbereich.[28]

## II. Das Recht auf Achtung der Privatsphäre

Dass die allgemeine Handlungsfreiheit kein ausreichendes Schutzkonzept vor Persönlichkeitsbedrohungen des modernen Lebens darstellt, zeigte sich in der Mikrozensus-Entscheidung[29] und im Ehescheidungsakten-Beschluss[30] aus den

---

24 *Grimm*, Persönlichkeitsschutz im Verfassungsrecht, S. 6.
25 *Kube*, Persönlichkeitsrecht, S. 89.
26 BGHZ 13, 34, Leserbrief.
27 *Grimm*, Persönlichkeitsschutz im Verfassungsrecht, S. 7.
28 *Jarass*, NJW 14 (1989), 857, 858.
29 BVerfGE 27, 1 (6), Mikrozensus.

Jahren 1969 und 1970. Indem die allgemeine Handlungsfreiheit ausschließlich das freie Verhalten des Einzelnen schützt, ist dieses Recht ungeeignet, den Einzelnen vor dem Handeln Dritter zu schützen.[31] So geht es in beiden Fällen darum, welchen Schutz vor Handlungen anderer die Grundrechte leisten können, also dieselbe Frage, mit der sich der BGH schon früher beschäftigt hatte.

Die Mikrozensus-Entscheidung betraf das Gesetz zur Durchführung einer Repräsentativstatistik über die Bevölkerung, aufgrund dessen eine Vielfalt von personenbezogenen Informationen über die Bürger erhoben werden sollte, wie z. B. Anzahl und Namen der zum Haushalt gehörenden Personen, deren Geschlecht, Alter, Stellung zum Haushaltsvorstand, Familienstand, Kinderzahl, Beteiligung oder Nichtbeteiligung am Erwerbs- und Berufsleben, Urlaubs- und Erholungsreisen, Einkommenslage.

In diesem Fall setzte sich das BVerfG besonders mit dem Thema auseinander, ob die Frage über Urlaubs- und Erholungsreisen verfassungswidrig sei. Um diese Problematik zu untersuchen, kehrt es zu dem im Elfes-Fall erwähnten Ansatz des „unantastbaren Bereichs privater Lebensgestaltung, der der Einwirkung der öffentlichen Gewalt entzogen ist"[32], zurück. Nach dem BVerfG gewähre die Verfassung dem Menschen einen sozialen Wert und Achtungsanspruch, wobei es dem Staat verboten sei, „den Menschen zwangsweise in seiner ganzen Persönlichkeit zu registrieren und zu katalogisieren".[33] So formuliert das Gericht einen „Innenraum" der Persönlichkeit, der eine Voraussetzung für die Selbstentfaltung der Person darstelle und deshalb schutzbedürftig gegen Eingriffe sei:

> „Ein solches Eindringen in den Persönlichkeitsbereich durch eine umfassende Einsichtnahme in die persönlichen Verhältnisse seiner Bürger ist dem Staat auch deshalb versagt, weil dem Einzelnen um der freien und selbstverantwortlichen Entfaltung seiner Persönlichkeit willen ein ‚Innenraum' verbleiben muß, in dem er ‚sich selbst besitzt' und ‚in den er sich zurückziehen kann, zu dem die Umwelt keinen Zutritt hat, in dem man in Ruhe gelassen wird und ein Recht auf Einsamkeit genießt'".[34]

So erkennt das Gericht in der Befragung über Urlaubs- und Erholungsreisen keinen Verstoß gegen die Verfassung. Es basiert seine Entscheidung darauf, dass die Befragung nicht die „Intimsphäre" der Person berühre, da es Informationen von der „Außenwelt" seien, die keinen „Geheimnischarakter" hätten.[35]

---

**30** BVerfGE 27, 344 (352), Ehescheidungsakten.
**31** *Grimm*, Persönlichkeitsschutz im Verfassungsrecht, S. 7.
**32** BVerfGE 27,1 (6), Mikrozensus.
**33** Ebd.
**34** Ebd.
**35** BVerfGE 27, 1 (7), Mikrozensus.

Obwohl das BVerfG das Gesetz für verfassungsmäßig hielt, ist in dieser Entscheidung ein wichtiger Ansatz für die Begründung des Schutzes der Privatsphäre des Einzelnen entstanden.

Ein Jahr nach der Mikrozensus-Entscheidung bestätigte das BVerfG im Ehescheidungsakten-Fall die Konzeption des Rechts auf Achtung der Privatsphäre und ermöglichte damit die Formulierung der Privatsphäre als originäres Schutzgut.[36] In diesem Fall ging es um die Frage, ob die Übersendung der Akten eines Ehescheidungsverfahrens an den Untersuchungsführer in einem Disziplinarverfahren einen Verstoß gegen Art. 1 Abs. 1 und Art. 2 Abs. 2 GG darstellt. Das Oberlandesgericht Hamm hielt die Übersendung der Ehescheidungsakten für verfassungsmäßig, wogegen sich die Verfassungsbeschwerde wendete.

In seiner Entscheidung hebt das BVerfG die Konzeption des unantastbaren Bereiches privater Lebensgestaltung und das Gebot der Achtung der Intimsphäre hervor. Aus diesem Grund argumentiert das Gericht, dass der Inhalt der Ehescheidungsakten zur Intimsphäre der Betroffenen gehöre und ohne deren Zustimmung darauf nicht zugegriffen werden könne: „Im Hinblick auf ihren Inhalt unterliegen die Ehescheidungsakten der Geheimhaltung nach Art. 2 Abs. 1 in Verbindung mit Art. 1 Abs. 1 GG. Auf diesen Schutz haben beide Ehepartner gemeinsam Anspruch. Der Akteninhalt kann daher regelmäßig nur auf Grund einer von beiden erteilten Einverständniserklärung der Kenntnisnahme von außen zugänglich gemacht werden."[37]

Daher bejahte das BVerfG einen Eingriff in das Persönlichkeitsrecht der Ehegatten und hob folglich das Urteil des Oberlandesgerichts auf. Mit dieser Entscheidung festigte das Gericht die Konzeption des Privatsphärenschutzes und die Eigenständigkeit der Sphäre privater Lebensgestaltung als Schutzobjekt und nicht mehr als bloße Schranken-Schranke, wie es im Elfes-Urteil formuliert worden war.[38]

Der Tonband-Entschluss[39] aus dem Jahr 1973 stellt eine weitere Konsolidierung der Rechtsprechung des BVerfG zum Schutz der Privatsphäre dar; allerdings ermöglicht er gleichzeitig die Umstellung dieser Konzeption. Gegenstand dieses Falls war die Frage, ob es zulässig sei, ein heimlich aufgenommenes privates Tonband in einem Ermittlungsverfahren gegen den Beschwerdeführer zu benutzen. Das Landgericht Osnabrück hielt die Bewertung des Tonbands für rechtmäßig, und zwar mit der Begründung, dass der Anspruch des Staates auf die

---

**36** *Albers*, Informationelle Selbstbestimmung, S. 194.
**37** BVerfGE 27, 344 (352), Ehescheidungsakten.
**38** *Grimm*, Persönlichkeitsschutz im Verfassungsrecht, S. 7.
**39** BVerfGE 34, 238 (238), Tonband.

Grunderwerbsteuer gegenüber dem Grundrecht des Einzelnen auf die freie Selbstbestimmung seiner Persönlichkeit überwiege.

Das BVerfG hob den Beschluss des Landgerichts wegen Verstoßes gegen Art. 2 Abs. 1 in Verbindung mit Art. 1 Abs. 1 GG auf. Die Entscheidung enthält zwei Stufen. Zunächst stellt das Gericht fest, dass das Grundgesetz einen „unantastbaren Bereich privater Lebensgestaltung, der der Einwirkung der öffentlichen Gewalt entzogen ist"[40], gewähre. Nicht einmal ein überwiegendes allgemeines Interesse könne diesen Bereich berühren, da das Grundgesetz die Würde des Menschen als unantastbar vorsehe.[41] Da der Fall ein Tonband von einem Geschäftsgespräch betreffe, gehe es nicht um den unantastbaren Bereich privater Lebensgestaltung, so das BVerfG.[42]

Sodann kommt das Gericht zur zweiten Stufe der Analyse, nämlich der Bewertung, ob ein überwiegendes allgemeines Interesse bestehe, das gegenüber dem Schutz der Persönlichkeitssphäre in dem vorliegenden Fall überwiege.[43] Ein überwiegendes allgemeines Interesse existiere, wenn es um schwere Kriminalität gegen Leib und Leben anderer oder gegen die Grundlage der Demokratie gehe. Diese Bedingungen würden in diesem Fall des Verdachts der Steuerhinterziehung nicht vorliegen, so urteilte das BVerfG.[44]

Demzufolge entschied das Gericht, dass die Verfassungsbeschwerde begründet sei, und formulierte als eine Dimension des Schutzes der Privatsphäre das Recht am gesprochenen Wort, wobei „jedermann selbst und allein bestimmen [kann], wer sein Wort aufnehmen soll sowie ob und vor wem seine auf einen Tonträger aufgenommene Stimme wieder abgespielt werden darf".[45]

Wie gezeigt wurde, sind die Entscheidungen in den Fällen Mikrozensus und Ehescheidungsakten grundlegend für die Entstehung des Rechts auf Achtung der Privatsphäre, das sich von der allgemeinen Handlungsfreiheit abhebt. Zwar trägt das Elfes-Urteil mit dem Ansatz des „unantastbaren Bereichs privater Lebensgestaltung" zur Schöpfung des Privatsphärenschutzes bei, als originäres Schutzgut wird aber die Privatsphäre erst im Ehescheidungsakten-Beschluss formuliert.[46]

Das Recht auf Achtung der Privatsphäre liefert wichtige Beiträge zum Grundrechtsschutz. Anders als die allgemeine Handlungsfreiheit schützt es nicht das freie Verhalten einer Person selbst, sondern es schützt die Person vor

---

40 BVerfGE 34, 238 (245), Tonband.
41 Ebd.
42 BVerfGE 34, 238 (248), Tonband.
43 Ebd.
44 BVerfGE 34, 238 (249), Tonband.
45 BVerfGE 34, 238 (238), Tonband.
46 *Albers*, Informationelle Selbstbestimmung, S. 194.

Handlungen anderer.[47] Seine grundlegende dogmatische Leistung besteht darin, dass es Angaben und Informationen mit der Person in Beziehung bringt, um rechtliche Wirkungen herauszustellen.[48] Es wird eine abgeschottete Sphäre geschaffen, die sowohl einen Rückzugsbereich, in dem man in Ruhe gelassen wird, als auch die Erwartung von Geheimhaltung schützt. Indem die Privatsphäre einen Individualbereich bezeichnet, schützt das Recht auf Achtung der Privatsphäre u. a. das Vertrauen auf das Geheimbleiben persönlicher Informationen, die psychische Integrität und die Vertraulichkeit der Ehebeziehungen.[49]

Diese vom BVerfG entwickelte Konzeption gelingt unter Beibehaltung der früheren Dogmatik, da die Abwehr- und Eingriffssystematik beibehalten wird.[50] Ohne dass der Schutzaspekt hinter diesem Grundrecht detailliert ausgeführt werden muss, kann der Eingriff ohne Weiteres als Zugriff auf die Privatsphäre beschrieben werden. Dies impliziert, dass, um einen Eingriff in die Privatsphäre prüfen zu können, untersucht werden muss, ob die erhobene bzw. verarbeitete Information dieser Sphäre zugerechnet werden kann. Das ist vor allem in den Entscheidungen in den Fällen Mikrozensus und Ehescheidungsakten deutlich zu sehen, in denen das BVerfG dieselbe Methode anwendet: Während im ersteren keine Beeinträchtigung der Persönlichkeit bejaht wurde, da die infrage stehenden Informationen über Urlaubs- und Erholungsreisen nicht der Intimsphäre zugerechnet werden[51], hält das Gericht die Übersendung der Ehescheidungsakten für verfassungswidrig, weil es die Informationen über die Ehe als intim bewertet[52].

Trotz der erwähnten Leistungen ist das Recht auf Achtung der Privatsphäre auf viel Kritik gestoßen, die später seine Umformulierung in das informationelle Selbstbestimmungsrecht fördern sollte. Zunächst wird häufig erwähnt, dass der verfassungsrechtlichen Privatsphärenkonzeption die Sphärentheorie zugrunde liege.[53] Nach der von *Heinrich Hubmann* entwickelten Sphärentheorie ist die Persönlichkeit von der Vorstellung konzentrischer räumlicher Kreise geprägt, die unterschiedlichen Schutz verdienen.[54] So gebe es die Geheimsphäre, die unantastbar sei, die Privatsphäre, die geschützt sei, aber gegebenenfalls beschränkt werden könne, und die Individual- oder Sozialsphäre, die nicht geschützt sei.[55]

---

47 *Grimm*, Persönlichkeitsschutz im Verfassungsrecht, S. 7.
48 *Albers*, Informationelle Selbstbestimmung, S. 206.
49 Ebd., S. 207.
50 Ebd.
51 BVerfGE 27, 1 (7), Mikrozensus.
52 BVerfGE 27, 344 (352), Ehescheidungsakten.
53 *Albers*, Informationelle Selbstbestimmung, S. 208 ff.
54 *Hubmann*, Das Persönlichkeitsrecht, S. 269; siehe dazu auch *Baston-Vogt*, Der sachliche Schutzbereich, S. 182 ff.
55 *Hubmann*, Das Persönlichkeitsrecht, S. 269.

Obwohl die Sphärentheorie die verfassungsrechtliche Rechtsprechung wohl beeinflusst haben wird, ist die Konzeption des BVerfG im Vergleich zur starren Sphärenformel viel komplexer und eher funktional orientiert.[56] Das Abgrenzungsproblem, das bei der Privatsphärenkonzeption erscheint, liegt nicht an deren angeblicher sphärentheoretischer Grundlage, sondern an der dogmatischen Frage, die jedem bereichsbezogenen Schutzkonzept zugrunde liegt, nämlich welcher Inhalt geschützt werden soll.[57]

Der zweite Kritikpunkt, der an dem Recht auf Achtung der Privatsphäre geübt wird, betrifft die Relativität der Privatsphäre und lautet, dass die Wünsche nach Privatheit sich sehr stark von Mensch zu Mensch unterscheiden können[58]. So könnten Bereiche nicht rigide als Privatsphäre oder Intimsphäre bezeichnet werden, „weil die Lebensräume, in die sich der Einzelne zurückzieht, um von gesellschaftlichen Anforderungen auszuruhen, gesellschaftliches Verhalten vorzubereiten und alles das zu tun, was nicht in die Gesellschaft getragen und nicht vor ihr dargestellt werden kann, relativ sind."[59]

An der Privatsphärenkonzeption wird noch eine weitere Kritik geübt, die eng mit dem Ansatz der Relativität der Privatsphäre verknüpft ist, nämlich die Idee des Verwendungszusammenhangs. Sie betrifft den Grundgedanken, dass „Sensitivität und Bedeutungsgehalt von Informationen vom jeweiligen Verwendungszusammenhang" abhängen.[60] So sind der Zweck der Erhebung[61] und der Empfänger der Information[62] viel entscheidender für die Bewertung der Verfassungsmäßigkeit der Datenverarbeitung als die Zuordnung von Angaben zur Privat- oder Intimsphäre.

Die Ansätze der Relativität der Privatsphäre und des Verwendungszusammenhangs wurden später vom BVerfG aufgegriffen und sind für die Genese des informationellen Selbstbestimmungsrechts entscheidend.[63]

---

56 *Albers*, Informationelle Selbstbestimmung, S. 209 ff.
57 Ebd., S. 210.
58 *Mallmann*, Zielfunktionen des Datenschutzes, S. 26.
59 *Schlink*, Der Staat 25, 1 (1986), 233, 241 ff.
60 *Mallmann*, Zielfunktionen des Datenschutzes, S. 26.
61 *Schlink*, Die Amtshilfe, S. 192 ff.
62 *Albers*, Informationelle Selbstbestimmung, S. 212.
63 Ebd., S. 213.

## III. Das allgemeine Persönlichkeitsrecht

Gekennzeichnet ist das allgemeine Persönlichkeitsrecht durch seine richterliche Genese, die die unsystematische und fallbezogene Evolution dieses Instituts geprägt hat.[64] Es erfüllt eine lückenschließende Funktion und soll die Persönlichkeit besonders vor neuen und unerwarteten wissenschaftlich-technischen Bedrohungen schützen; so verlangt die „Offenheit und Dynamik" des allgemeinen Persönlichkeitsrechts eine dogmatische Untersuchung, die seine Entwicklung systematisch betrachtet, damit der Leitgedanke hinter den unterschiedlichen Fällen erfasst werden kann.[65]

So war zwar Anfang der siebziger Jahre des letzten Jahrhunderts die Konzeption des Privatsphärenschutzes in der Rechtsprechung des BVerfG konsolidiert, allerdings zeigten sich bald ihre Grenzen. Da viele Fälle eine Herausforderung für den Ansatz des Privatsphärenschutzes darstellten, musste das BVerfG einen Schritt weiter gehen und das allgemeine Persönlichkeitsrecht als grundrechtliche Garantie anerkennen.

Der erste ist das Soraya-Urteil aus dem Jahr 1973 und betrifft die Veröffentlichung eines erfundenen Interviews der geschiedenen Ehefrau des Schahs von Iran, Prinzessin Soraya.[66] Der Verlag „Die Welt" hatte das erfundene Interview veröffentlicht und wurde daraufhin vom Landgericht Mannheim zur Zahlung von 15 000 DM Schmerzensgeld verurteilt. Die Begründung war die Verletzung des Persönlichkeitsrechts von Soraya. Der BGH bestätigte die Entscheidung mit dem Argument, dass bei schweren Persönlichkeitsverletzungen eine Wiedergutmachung in Geld gefordert werden könne, wenn es nicht möglich sei, mit anderen Mitteln den Stand vor dem Eingriff wiederherzustellen.[67]

Besonders wichtig in diesem Fall sind die Diskussionen zum einen, ob das Schmerzensgeld wegen eines immateriellen Schadens aus dem BGB abzuleiten sei, obwohl es nicht ausdrücklich vorgesehen ist, und zum anderen, ob der BGH seine Kompetenz überschritten habe, als er diese Auslegung vorbrachte.

Das BVerfG beurteilt die Entscheidung des BGH als richtig, sowohl in deren Methode als auch in deren Resultat. Es stellt fest, dass die schöpferische Rechtsfindung im Grundgesetz anerkannt und die Auslegung der Zivilgerichte daher verfassungsmäßig sei, weil sie „keinen eigenen rechtspolitischen Willen zur Geltung gebracht, sondern lediglich Grundgedanken der von der Verfassung ge-

---

64 *Grimm*, Persönlichkeitsschutz im Verfassungsrecht, S. 3, 4.
65 Ebd.
66 BVerfGE 34, 269, Soraya.
67 BVerfGE 34, 269 (277), Soraya.

prägten Rechtsordnung mit systemimmanenten Mitteln weiterentwickelt"[68] habe. Der Kern der Entscheidung lautet wie folgt: „Die Rechtsprechung der Zivilgerichte, wonach bei schweren Verletzungen des allgemeinen Persönlichkeitsrechts Ersatz in Geld auch für immaterielle Schäden beansprucht werden kann, ist mit dem Grundgesetz vereinbar"[69].

Die Bedeutung des Urteils liegt erstens darin, dass das allgemeine Persönlichkeitsrecht als verfassungsrechtliche Garantie anerkannt wird, welche als gleichrangig mit der Pressefreiheit (Art. 5 Abs. 1 S. 2 GG) mit dieser abgewogen werden muss.[70] Zweitens liegt sie in der Anwendung des Selbstbestimmungskonzepts durch das BVerfG, auch wenn es ausdrücklich noch über eine Privatsphäre spricht.[71]

Das zweite Urteil in der Reihe von Fällen des allgemeinen Persönlichkeitsrechts ist der Lebach-Beschluss, der eine Vertiefung der Auseinandersetzung mit dem Schutzgut dieses Rechts ermöglicht.[72] Es geht dabei um einen Dokumentarfilm über den Soldatenmord von Lebach, den das ZDF ausstrahlen wollte. Einer der Täter, der zu demselben Zeitpunkt entlassen wurde, beantragte durch die Verfassungsbeschwerde eine Unterlassung der Sendung wegen der Gefährdung seiner Resozialisierungschancen.

Das BVerfG hält die Verfassungsbeschwerde mit folgender Argumentation für begründet: „Für die aktuelle Berichterstattung über schwere Straftaten verdient das Informationsinteresse der Öffentlichkeit im allgemeinen den Vorrang vor dem Persönlichkeitsschutz des Straftäters. [...] Der verfassungsrechtliche Schutz der Persönlichkeit läßt es jedoch nicht zu, daß das Fernsehen sich über die aktuelle Berichterstattung hinaus etwa in Form eines Dokumentarspiels zeitlich unbeschränkt mit der Person eines Straftäters und seiner Privatsphäre befaßt. Eine spätere Berichterstattung ist jedenfalls unzulässig, wenn sie geeignet ist, gegenüber der aktuellen Information eine erheblich neue oder zusätzliche Beeinträchtigung des Täters zu bewirken, insbesondere seine Wiedereingliederung in die Gesellschaft (Resozialisierung) zu gefährden."[73]

Der Schwerpunkt der Entscheidung liegt darin, dass die Perspektive vom bereichsbezogenen Privatsphärenschutz hin zu einem abstrakten, allgemeinen Persönlichkeitsrecht wechselt. Nur so kann das Resultat des Urteils verstanden werden, bei dem der Fall weder Privatthemen noch die Entfaltung der Person in

---

**68** BVerfGE 34, 269 (292), Soraya.
**69** BVerfGE 34, 269 (269), Soraya.
**70** *Albers*, Informationelle Selbstbestimmung, S. 217.
**71** Ebd., S. 218.
**72** BVerfGE 35, 202, Lebbach.
**73** BVerfGE 35, 202 (203), Lehbach.

der Privatsphäre betrifft. Es geht ausschließlich um die Entfaltung der Persönlichkeit innerhalb der Gesellschaft.

Diesen Paradigmenwechsel untermauert der Eppler-Beschluss aus dem Jahr 1980.[74] Die Verfassungsbeschwerde wurde von dem damaligen Vorsitzenden des Landesverbandes Baden-Württemberg der SPD, Eppler, gegen den Landesverband Baden-Württemberg der CDU mit dem Argument geführt, dass der Inhalt einer Musterrede der CDU im Landtagswahlkampf seine Persönlichkeit verletzt habe. Er trug vor, dass ihm eine Äußerung in den Mund gelegt worden sei – „die Belastbarkeit der deutschen Wirtschaft soll geprüft werden" –, die er nicht getätigt habe. Das BVerfG wies die Verfassungsbeschwerde zurück, da vor Zivilgerichten nicht bewiesen worden sei, dass der Beschwerdeführer die umstrittene Äußerung nicht vorgenommen habe.

Die Bedeutung des Urteils liegt darin, dass das BVerfG die Gelegenheit nutzte, eine ausführliche Erklärung der Konzeption des allgemeinen Persönlichkeitsrechts darzulegen. So wird zum ersten Mal ausdrücklich festgestellt, dass das allgemeine Persönlichkeitsrecht ein „unbenanntes Freiheitsrecht" darstelle, das die speziellen Freiheitsrechte ergänze. Außerdem wird anerkannt, dass seine Aufgabe sei, „im Sinne des obersten Konstitutionsprinzips der ‚Würde des Menschen' (Art. 1 Abs. 1 GG) die engere persönliche Lebenssphäre und die Erhaltung ihrer Grundbedingungen zu gewährleisten, die sich durch die traditionellen konkreten Freiheitsgarantien nicht abschließend erfassen lassen."[75] Wichtig ist auch die Grundidee, dass aus den modernen Entwicklungen neue Gefährdungen entstehen könnten, die eine Herausforderung für den Schutz der Persönlichkeit darstellen könnten. So diene das allgemeine Persönlichkeitsrecht dazu, mit seiner abstrakten Formel Schutz vor noch unbekannten und unvorhersehbaren Risiken zu gewähren.

Nach dem BVerfG ist es nicht möglich, den Inhalt dieses Rechts abschließend zu umschreiben; tatsächlich wurden von der Rechtsprechung vielfältige Ausprägungen entwickelt: die Privatsphäre, Geheimsphäre und Intimsphäre, die persönliche Ehre, das Verfügungsrecht über die Darstellung der eigenen Person sowie das Recht am eigenen Bild und am gesprochenen Wort.[76]

Das Eppler-Urteil stellt einen Wendepunkt in der Rechtsprechung zum Persönlichkeitsschutz dar. Hierdurch wird das Persönlichkeitsrecht definitiv im Verfassungsrecht verankert und nicht mehr nur als Teil der zivilrechtlichen Ordnung verstanden.[77] Bemerkenswert ist auch, dass das Persönlichkeitsrecht nicht

---

74 BVerfGE 54, 148, Eppler.
75 BVerfGE 54, 148 (153), Eppler.
76 BVerfGE 54, 148 (154), Eppler.
77 *Grimm*, Persönlichkeitsschutz im Verfassungsrecht, S. 13.

mehr als Schranke anderer Rechte gesehen wird, sondern als eigenständiges Grundrecht, das sich von der allgemeinen Handlungsfreiheit abhebt.

Darüber hinaus bezeichnet das Eppler-Urteil eine inhaltliche Wandlung der Grundgedanken des Persönlichkeitsschutzes, indem die Selbstbestimmung die entscheidende Rolle spielt. So bedeutet das allgemeine Persönlichkeitsrecht hauptsächlich das Recht der Person, selbst zu entscheiden, ob und wie sie in der Öffentlichkeit auftreten will.[78] Laut der Worte des BVerfG basiert das allgemeine Persönlichkeitsrecht auf dem „Gedanken der Selbstbestimmung", was bedeutet: „[Der] Einzelne soll – ohne Beschränkung auf seine Privatsphäre – grundsätzlich selbst entscheiden können, wie er sich Dritten oder der Öffentlichkeit gegenüber darstellen will, ob und inwieweit von Dritten über seine Persönlichkeit verfügt werden kann; dazu gehört im besonderen auch die Entscheidung, ob und wie er mit einer eigenen Äußerung hervortreten will."[79]

Eine andere Entscheidung, die eine wichtige Rolle im Rahmen der Rechtsprechung zum allgemeinen Persönlichkeitsrecht spielte, ist der Böll-Fall. Er betrifft die Frage, ob ein Fernsehkommentar, in dem Heinrich Böll als Urheber von Terrorismus bezeichnet wird, durch das Recht auf Meinungsfreiheit geschützt werden könnte oder ob er die Ehre des Schriftstellers verletze.[80] Das BVerfG bemerkt, dass das Grundrecht auf Meinungsfreiheit das unrichtige Zitat nicht decke, und stellt fest, dass es verfassungswidrig sei, eine Äußerung des Kritisierten als Zitat auszugeben, „ohne kenntlich zu machen, daß es sich um eine Interpretation des Kritikers handelt".[81] Als Ausprägung des allgemeinen Persönlichkeitsrechts erhält der Ehrenschutz durch das Böll-Urteil Grundrechtscharakter. Diese Entscheidung wird später die Grundlage für die Entwicklung eines Anspruchs auf Gegendarstellung bieten.[82]

Zusammenfassend kann gesagt werden, dass sich aus dieser Reihe von Fällen ein neues grundrechtliches Konzept ergibt, nämlich das allgemeine Persönlichkeitsrecht. Seine Entstehung bedeutet einen Versuch, die Schwäche der Privatsphärenkonzeption zu überwinden und dementsprechend für den Einzelnen einen erweiterten Schutz in der modernen Gesellschaft zu schaffen. Die Eigenschaften des allgemeinen Persönlichkeitsrechts können in folgenden Stichworten zusammengefasst werden: umfassender Schutz, Selbstbestimmungskonzept und Abstraktion.

---

**78** Ebd., S. 13, 14.
**79** BVerfGE 54, 148 (155), Eppler.
**80** BVerfGE 54, 208, Böll.
**81** BVerfGE 54, 208 (221), Böll.
**82** BVerfGE 63, 131, Gegendarstellungsrecht.

Das allgemeine Persönlichkeitsrecht stellt eine Erweiterung des Schutzes gegenüber der Privatsphärenkonzeption dar, indem es jetzt nicht mehr nur die enge Privatsphäre umfasst, sondern die ganze Persönlichkeit. Das ist vor allem in den Fällen Böll und Eppler wahrnehmbar, weil es insbesondere um Ehrenschutz und um die Zuschreibung angeblicher öffentlicher Äußerungen geht. Beide haben offensichtlich nichts mit der Intim- oder Privatsphäre zu tun; es geht ausschließlich um die Persönlichkeit der Betroffenen, besonders um die Darstellung der Person in der Öffentlichkeit.

Zentral in diesem umfassenden Konzept ist die Idee der Selbstbestimmung, wobei der Einzelne selbst darüber entscheiden soll, wie er sich in der Öffentlichkeit darstellen möchte. Diese Entwicklung ist hauptsächlich auf die Kritik an der Privatsphärenkonzeption zurückzuführen. Besonders die Ansätze der Relativität der Privatsphäre und des Verwendungszusammenhangs von Daten als Gefährdungsanlage haben dazu geführt, die Entscheidungsbefugnis des Einzelnen als Schutzgut zu konzipieren, statt die materiale Gewährleistung eines Privatbereichs zu markieren.[83]

Ausgehend davon muss das allgemeine Persönlichkeitsrecht auf einer abstrakten Ebene formuliert werden, sodass es umfassenden Schutz bieten kann und das Selbstbestimmungskonzept im Grundgesetz eingebettet wird. Daher wird dieses Recht in der grundrechtlichen Rechtsprechung als unbenanntes Freiheitsrecht dargestellt, das die spezifischen Freiheitsrechte ergänzt. Hinsichtlich dieser Abstraktion kann sein Inhalt nicht abschließend definiert werden; es gibt nur eine fallbezogene Definition. Somit besteht die wichtigste Leistung des allgemeinen Persönlichkeitsrechts darin, den Einzelnen gegen künftige Gefährdungen zu schützen, die im modernen Alltag immer wieder entstehen können.

Mit der Konsolidierung des allgemeinen Persönlichkeitsrechts hat das BVerfG den Weg für künftige Entwicklungen vorbereitet. Immer wenn ein Schutzbedarf im Bereich des Persönlichkeitsschutzes entsteht, ermöglicht die Abstraktheit des allgemeinen Persönlichkeitsrechts, neue Ausprägungen anzuwenden, um für den Einzelnen ausreichenden Schutz zu gewährleisten. In dieser Hinsicht kann das informationelle Selbstbestimmungsrecht verstanden werden, das im nächsten Abschnitt betrachtet wird.

---

83 *Trute*, in: Roßnagel (Hrsg.), Handbuch Datenschutzrecht, S. 164.

## IV. Das Recht auf informationelle Selbstbestimmung

Das Volkszählungsurteil markiert die Entstehung des Rechts auf informationelle Selbstbestimmung in der verfassungsgerichtlichen Rechtsprechung.[84] Jedoch wurde diese Entwicklung sehr stark von der rechtswissenschaftlichen Datenschutzdebatte geprägt, in der erstmals der Begriff informationelle Selbstbestimmung formuliert wurde. Dieser Begriff taucht im von Steinmüller u. a. verfassten Gutachten im Auftrag des Bundesministeriums des Innern[85] auf und wird in nachfolgenden Werken[86] über das Datenschutzrecht in den 1970er Jahren verwendet.[87]

Die Verfasser des Gutachtens plädieren dafür, dass die „unbrauchbare Privatsphäre" durch einen neuen Ansatz ersetzt wird, der einen informationsorientierten Grundrechtsschutz begründen solle.[88] Dem Gutachten zufolge resultiert aus Art. 2 Abs. 1 GG ein Selbstbestimmungsrecht des Bürgers, wobei er entscheiden kann „welche Individualinformationen er unter welchen Umständen an wen abgibt".[89] Der Begriff „informationelles Selbstbestimmungsrecht" erscheint gleich danach als Prüfungsmaßstab der Phasen der Informationsverarbeitung.[90] Laut

---

**84** BVerfGE 65, 1, Volkszählung. Das Urteil wird unten analysiert.

**85** *Steinmüller* et al., Grundfragen des Datenschutzes, S. 88, 93. Ausgangspunkt des Gutachtens ist eine rechtspolitische Frage, und zwar wie sollte ein künftiges Datenschutzgesetz ausgestaltet werden. Dem Gutachten liegt die Idee zugrunde, dass der Datenschutz die Kehrseite der Datenverarbeitung ist; so wurde die Kenntnis der Möglichkeiten der Datenverarbeitung als Voraussetzung für die Datenschutzgesetzgebung gesehen (S. 34). Das erklärt, warum sich das Gutachten an vielen Stellen mit technischen Begriffen befasst und die Phasen der Datenverarbeitung als zentralen Punkt darstellt (S. 57 ff.).

**86** *Mallmann*, Zielfunktionen des Datenschutzes, S. 27 ff.; *Podlech*, in: Perels (Hrsg.), Grundrechte als Fundament der Demokratie, S. 55; gegen ein „uneingeschränktes ‚Selbstbestimmungsrecht'" *Benda*, in: Leibholz et al. (Hrsg.), Menschenwürde und freiheitliche Rechtsordnung, S. 34.

**87** Zu literarischen Wurzeln des informationellen Selbstbestimmungsrechts, siehe: *Bull*, Informationelle Selbstbestimmung, S. 23 ff.; *Albers*, Informationelle Selbstbestimmung, S. 115 ff., 213 ff.; *Trute*, Verfassungsrechtliche Grundlagen, Fn. 27.

**88** *Steinmüller* et al., Grundfragen des Datenschutzes, S. 51, 54 ff.: „Der neue Ansatz knüpft an das Phänomen der Information und ihrer Verarbeitung an, also an einen tatsächlichen Prozeß; er geht also von einer (zugleich gesellschaftlichen wie ‚technischen') Realität aus".

**89** Ebd., S. 88: „Die Verarbeitung von Individualinformationen durch die Verwaltung muß sich daran messen lassen, ob und inwieweit sie das Selbstbestimmungsrecht und damit das Recht auf freie Persönlichkeitsentfaltung verletzt".

**90** Ebd., S. 93: „Prüfungsmaßstab, an dem öffentliche Informationsverarbeitung zu messen ist, so ergab sich oben 2., ist das informationelle Selbstbestimmungsrecht über das eigene Person- bzw. Gruppenbildung (Personenmodell)".

den Autoren gehört zur Gefährdung, die von der elektronischen Datenverarbeitung ausgeht, die Beeinträchtigung des „Verhaltensspielraums" des Bürgers.[91]

Das BVerfG greift im Volkszählungsurteil sowohl das Konzept der Selbstbestimmung als auch die Idee der Verhaltensbeschränkung durch die intransparente Datenverarbeitung auf, um das Grundrecht auf informationelle Selbstbestimmung aus Art. 2 Abs. 1 in Verbindung mit Art. 1 Abs. 1 GG zu konzipieren.[92] Diese zwei Elemente prägen die Dogmatik dieses Rechts bis heute, wenngleich diese Verknüpfung den Gegenstand starker Kritik in der Rechtswissenschaft bildet.[93]

Im Volkszählungsurteil aus dem Jahr 1983 geht es um die Diskussion, ob das Gesetz über eine Volkszählung, Berufszählung, Wohnungszählung und Arbeitsstättenzählung vom 25. März 1982 verfassungsmäßig sei. Ausgangspunkt des Urteils ist die elektronische Datenverarbeitung, die wegen der modernen technologischen Entwicklung die unbegrenzte Verarbeitung, Speicherung und Übermittlung von personenbezogenen Daten in zuvor ungekanntem Ausmaß ermöglichte. Gemäß dem Gericht erfordern die veränderten technologischen und sozialen Bedingungen die Fortentwicklung der Auslegung des Grundrechtsschutzes, damit die neuen Gefährdungen bewältigt werden können.[94]

Anders als in der Mikrozensus-Entscheidung wird im Volkszählungsurteil deutlich, dass die Privatsphärenformel keine geeignete Konzeption für die Lösung des Falls darstellt. Nun ging es nicht um die Frage, ob die verlangten Informationen der Privatsphäre der Bürger zugerechnet werden könnten; vielmehr ging es um die Gefährdungen für die Persönlichkeit, die durch die elektronische Datenverarbeitung entstehen könnten.

So erklärt das Gericht, die automatische Datenverarbeitung bedrohe die Befugnis des Einzelnen, selbst zu entscheiden, ob und wie er persönliche Angaben veröffentlichen möchte, indem die Datenverarbeitung die Erstellung eines „vollständigen Persönlichkeitsbildes" mithilfe „integrierter Aufbausysteme" ermögliche, „ohne daß der Betroffene dessen Richtigkeit und Verwendung zureichend kontrollieren kann". So erhöhe sich der Einfluss des Staates auf das Verhalten des Einzelnen, der durch „den psychischen Druck öffentlicher Anteilnahme" keine freien Entscheidungen mehr treffen könne. Eine Gesellschaft, „in der Bürger nicht mehr wissen können, wer was wann und bei welcher Gelegenheit über sie weiß", widerspreche dem Recht auf informationelle Selbstbestimmung, was sowohl die

---

91 Ebd., S. 88.
92 BVerfGE 65, 1, Volkszählung.
93 Vgl. dazu *Trute*, Verfassungsrechtliche Grundlagen, S. 163 ff.; *Bull*, Informationelle Selbstbestimmung, S. 31.
94 BVerfGE 65, 1 (42), Volkszählung.

Persönlichkeit als auch das Gemeinwohl einer demokratischen Gesellschaft beeinträchtigen würde.[95]

Daher stellt das BVerfG fest, aus Art. 2 Abs. 1 in Verbindung mit Art. 1 Abs. 1 GG ergebe sich ein Grundrecht auf informationelle Selbstbestimmung, das „die Befugnis des Einzelnen, grundsätzlich selbst über die Preisgabe und Verwendung seiner persönlichen Daten zu bestimmen", gewährleiste.[96] Das Gericht betont, dass das Grundrecht nicht schrankenlos sei, da auch die persönlichen Informationen ein „Abbild sozialer Realität" bezeichnen würden und deshalb nicht allein dem Einzelnen zugeschrieben werden könnten. Diese Schranken seien allerdings nur im überwiegenden Allgemeininteresse gerechtfertigt. Darüber hinaus müssten sie eine gesetzliche Grundlage haben, die sowohl das Gebot der Normenklarheit als auch den Grundsatz der Verhältnismäßigkeit erfülle. Schließlich müssten organisatorische und verfahrensrechtliche Vorkehrungen getroffen werden, die es ermöglichen, eine Verletzung des Persönlichkeitsrechts zu vermeiden.[97]

Entscheidend für die Konzeption des Rechts auf informationelle Selbstbestimmung ist der Ansatz, dass es unter den modernen Umständen der elektronischen Datenverarbeitung keine belanglosen Daten mehr gebe. Die Gefährdung der Datenverarbeitung liege eher in dem Zweck der Verarbeitung und in den Verarbeitungsmöglichkeiten als in der Art der Daten selbst (bzw. in der Tatsache, inwieweit sie sensibel oder intim seien). Um Schutz vor der Gefährdung durch die moderne Datenverarbeitung zu leisten, formuliert das Gericht, dass alle personenbezogenen Daten im Schutzkreis des Rechts auf informationelle Selbstbestimmung umfasst seien und über ihre Erhebung, Verarbeitung und Übermittlung nur der Betroffene selbst entscheiden könne.[98]

Das bedeutet die endgültige Wandlung in der verfassungsgerichtlichen Rechtsprechung von der Privatsphärenkonzeption zum informationellen Selbstbestimmungsrecht, für das die Zuordnung von Daten zu einer Intimsphäre keine Rolle mehr spielt. Das BVerfG hat den Schutz gegenüber der Erhebung, Speicherung, Verwendung und Weitergabe personenbezogener Daten erweitert, statt ihn auf eine Privatsphäre mit geschützten Angaben und Informationen zu begrenzen.[99] So formuliert das Gericht einen grundrechtlichen Schutzansatz, der

---

**95** Ebd.
**96** BVerfGE 65, 1 (43), Volkszählung.
**97** BVerfGE 65, 1 (44), Volkszählung.
**98** BVerfGE 65, 1 (45), Volkszählung.
**99** *Grimm*, Persönlichkeitsschutz im Verfassungsrecht, S. 15 ff.

sich im einfachen Datenschutzrecht schon seit den 1970er Jahren fand, wobei der Personenbezug von Daten der entscheidende Schutzfaktor war.[100]

Das BVerfG unterscheidet zwischen personenbezogenen Daten, die individualisiert sind, und anonymisierten Daten, die für statistische Zwecke verarbeitet werden, und stellt jeweils verschiedene Anforderungen. Weil es meistens nicht möglich sei, bei Statistiken den Zweck und die Verwendungsmöglichkeiten zu begrenzen, müssten besondere Vorkehrungen getroffen werden, wie z. b. die Anonymisierung der Daten und deren Geheimhaltung. Das Gericht hebt hervor, dass bei Volkszählungen im Allgemeinen die Gefahr bestehe, dass der Betroffene, dessen Angaben verarbeitet würden, „zum bloßen Informationsobjekt wird", wenn der Gesetzgeber die geeigneten Maßnahmen nicht veranlasse.[101]

Besonders problematisch für das Recht auf informationelle Selbstbestimmung sei laut dem Gericht die Übermittlung von personenbezogenen Daten, also denjenigen, die nicht anonymisiert worden seien.[102] So konstatiert das BVerfG, dass das Erhebungsprogramm des Volkszählungsgesetzes von 1983 im Allgemeinen zwar nicht zur Katalogisierung der Person führe, allerdings mit seinen Übermittlungsregelungen (besonders dem Melderegisterabgleich) gegen das Grundgesetz verstoße. Daher hat das Gericht die Verfassungsbeschwerde für teilweise begründet gehalten und die Übermittlungsregelungen für nichtig erklärt, mit Ausnahme der Übermittlung von anonymisierten Daten für wissenschaftliche Zwecke.[103]

Aus der Argumentation des BVerfG ist deutlich zu erkennen, dass es verschiedene Grundgedanken zusammenführt, um die Formulierung des informationellen Selbstbestimmungsrechts aufzustellen, nämlich das allgemeine Persönlichkeitsrecht, die Selbstbestimmungsformel und die Sicherung der Verhaltensfreiheit.[104] Dieser Weg in Richtung stärkerer Abstraktion und zu einer umfassenden Selbstbestimmungsidee, der schon mit dem verfassungsgerichtlichen allgemeinen Persönlichkeitsrecht eingeschlagen wurde, wird im Volkszählungsurteil vollendet. Dies ist auch, u. a., auf die Kritik zurückzuführen, die an der Relativität der Privatsphäre und der Verwendungszusammenhänge als Gefährdungsgrundlage geübt worden war.

---

**100** Zum Einfluss der modernen prozeduralen Konzeption des einfachrechtlichen Datenschutzes auf das Volkszählungsurteil siehe *Mückenberger*, KJ 17, I (1984), 1, 16 ff.

**101** BVerfGE 65, 1 (48 ff.), Volkszählung.

**102** BVerfGE 65, 1 (51), Volkszählung.

**103** BVerfGE 65, 1 (63 ff.), Volkszählung.

**104** *Trute*, Verfassungsrechtliche Grundlagen, S. 163; *Albers*, in: Haratsch et al. (Hrsg.), Herausforderungen, S. 117 ff.

Zusammenfassend gründet sich das informationelle Selbstbestimmungsrecht nach der verfassungsgerichtlichen Rechtsprechung hauptsächlich auf drei Eigenschaften. Erstens wird die Entscheidungsbefugnis als der Schutzgehalt formuliert, sodass der Einzelne selbst über die Preisgabe und Verwendung personenbezogener Daten entscheiden kann.[105] Daraus folgt die zweite Eigenschaft, nämlich dass das Grundrecht auf informationelle Selbstbestimmung keinen festen definierten Schutzgehalt umfasst und insofern vom Privatsphärenmodell der Zuordnung von Daten zu einer Intimsphäre abweicht. Drittens wirkt sich der Personenbezug entscheidend auf den Schutzgehalt aus, indem jeder Datensatz, der sich als persönlich erweist, Schutz verdient.

Grundsätzlich kann festgestellt werden, dass das Recht auf informationelle Selbstbestimmung in Kontinuität zur Konzeption des allgemeinen Persönlichkeitsrechts steht. Zwar musste das BVerfG im Volkszählungsurteil ein neues Konzept entwickeln, um den Einzelnen vor der elektronischen Datenverarbeitung zu schützen; allerdings gelingt es ihm, das neue Grundrecht als eine Ausprägung des allgemeinen Persönlichkeitsrechts zu formulieren, also innerhalb des schon bestehenden Rahmens des Persönlichkeitsschutzes. Daraus folgt, dass die Volkszählungsentscheidung dazu beigetragen hat, nicht nur das Recht auf informationelle Selbstbestimmung zu begründen, sondern auch das allgemeine Persönlichkeitsrecht als ein effektives, praktisch anwendbares und flexibles Konzept zu konsolidieren.

Die Bedeutung des informationellen Selbstbestimmungsrechts liegt darin, dass seine abstrakte Schutzformel der Entscheidungsbefugnis große Flexibilität bietet.[106] Da es keinen festen Gewährleistungsinhalt bezeichnet, kann dieses Recht in vielfältigen Fällen angewendet werden, solange der Fall die Erhebung, Verarbeitung oder Übermittlung von personenbezogenen Daten oder Informationen betrifft. Tatsächlich wurde das Recht auf informationelle Selbstbestimmung seit dem Volkszählungsurteil als Grundlage für unzählige Entscheidungen genutzt.[107] Zugleich ermöglicht die Konzeption der informationellen Selbstbestimmung eine Erweiterung des Schutzes, da der Schutz nicht mehr auf Angaben der Intimsphäre begrenzt ist.[108]

Aus dieser Analyse lässt sich erkennen, wie sich das grundrechtliche Datenschutzrecht entwickelt hat: Es hat sich von einem bereichbezogenen Schutz

---

**105** *Albers*, Informationelle Selbstbestimmung, S. 235.

**106** Ebd., S. 236.

**107** BVerfGE 67, 100, Flick-Untersuchungsausschuss; 84, 239, Kapitalertragssteuer; 103, 21, Genetischer Fingerabdruck I; 115, 166, Kommunikationsverbindungsdaten; 115, 320, Rasterfandung II.

**108** *Albers*, Informationelle Selbstbestimmung, S. 236.

entfernt und seine Grundlage auf eine Entscheidungsbefugnis und auf prozedurale Instrumente verlagert. Es ist also das Resultat der Überwindung des Privatsphärenschutzes und wird durch einen Prozess der Abstraktion des Schutzinhalts geprägt.[109]

## B. Das Spannungsverhältnis zwischen Datenkontrolle und Schutz vor Informationsrisiken im Rahmen des Volkszählungsurteils

Dadurch, dass der Schutzbereich des Rechts auf informationelle Selbstbestimmung als Verfügungsbefugnis formuliert wird, ähnelt es auf den ersten Blick der Konzeption der *information privacy*,[110] die seit den 1960er Jahren in den USA entwickelt wurde. Dabei handelt es sich vor allem um ein auf der Kontrolle des Einzelnen basierendes Konzept der Privatheit, mit dem die amerikanische Rechtstheorie die Folgen der automatisierten Datenverarbeitung zu erfassen versuchte. Bekannte Vertreter dieser Tendenz sind *Alan Westin*[111], *Arthur Miller*[112] und *Charles Fried*[113].

Alan Westin definiert *Privacy* als den Anspruch des Einzelnen, selbst zu bestimmen, welche Informationen über ihn anderen bekannt gegeben werden.[114] Arthur Miller hat ein ähnliches Konzept entwickelt, das auch die Kontrolle über Informationen betont: „[...] privacy is the individual's ability to control the circulation of information relating to him – a power that often is essential to maintaining social relationships and personal freedom"[115]. Nach Charles Fried wird *privacy* wie folgt definiert: „Privacy is not simply an absence of information about us in the minds of others; rather it is the control we have over information about ourselves."[116]

---

**109** *Grimm*, Persönlichkeitsschutz im Verfassungsrecht, S. 13; *Albers*, Informationelle Selbstbestimmung, S. 232.
**110** Dazu siehe *Solove* und *Schwartz*, Privacy, Information and Technology, S. 1 ff., 39 ff.; *Solove*, Understanding Privacy, S. 12 ff., 101 ff.; *Bennett*, Technology and Privacy, S. 99 ff.
**111** Siehe *Westin*, Privacy and Freedom; *Westin*, Social and Political Dimensions of Privacy, Journal of Social Issues 59, 2 (2003).
**112** Siehe *Miller*, The Assault on Privacy.
**113** Siehe *Fried*, Privacy, Yale Law Journal 77 (1968).
**114** *Westin*, Privacy and Freedom, S. 7 ff.: „Privacy is the claim of individuals, groups, or institutions to determine for themselves when, how, and to what extent information about them is communicated to others"; Siehe auch *Westin*, Social and Political Dimensions of Privacy, S. 431.
**115** *Miller*, The Assault on Privacy, S. 25.
**116** *Fried*, Privacy, S. 482.

Schon in dem berühmten Aufsatz von Warren und Brandeis, die *Privacy* erstmals als juristisches Konzept formulieren – und zwar unter der Formel des *right to be let alone* – taucht die Idee der selbstbestimmten Kontrolle auf: „The common law secures to each individual the right of determining, ordinarily, to what extent his thoughts, sentiments, and emotions shall be communicated to others. Under our system of government, he can never be compelled to express them (except when upon the witness-stand); and even if he has chosen to give them expression, he generally retains the power to fix the limits of the publicity which shall be given them."[117]

In diesem Zusammenhang hat Paul Schwartz die herrschende Konzeption in der amerikanischen Diskussion zur Privatheit als Paradigma der Datenkontrolle bezeichnet.[118] Dabei geht es um die klassische liberale Idee, nach der die Entscheidung des Individuums über die Verwendung von Informationen im Zentrum des Schutzes steht: Selbstbestimmung wird danach also durch Datenkontrolle erreicht.[119] In der Praxis wird dieses Konzept als *Notice-and-Consent*-Verfahren[120] umgesetzt, das heißt durch Bekanntmachung von Datenschutzerklärungen bzw. Auskunftsrechte und Einholung einer Einwilligung. Die Idee der individuellen Kontrolle über persönliche Informationen sieht die Einwilligung als zentralen Baustein für den individuellen Schutz hinsichtlich des Umgangs mit Daten und Informationen vor. Dies setzt wiederum voraus, dass der Betroffene in der Lage ist, eine Entscheidung über Datenverarbeitung freiwillig und auf informierter Basis zu treffen. Trotz des großen Einflusses der Konzeption der Datenkontrolle auf den Rechtsrahmen des Datenschutzes weltweit[121] stößt sie auf eine wachsende und vielfältige Kritik.[122]

---

117 *Warren* und *Brandeis*, Harvard Law Review 4, 15 (1890), 193, 198.
118 *Schwartz*, Connecticut Law Review 32 (2000), 815, 820 ff.: „The leading paradigm on the Internet and in the real, or off-line world, conceives of privacy as a personal right to control the use of one's data. I refer to this idea as ‚privacy-control'. This liberal autonomy principle seeks to place the individual at the center of decision-making about personal information use. Privacy-control seeks to achieve informational self-determination through individual stewardship of personal data, and by keeping information isolated from access. Privacy-control also encourages a property approach to personal information that transforms data into a commodity. Finally, the privacy-control paradigm supports a move to an intellectual property regime for privacy. This regime would center itself around a view of personal information as a resource to be assigned either to the person to whom it refers, or to a marketing company or other commercial entity."
119 Ebd., S. 820.
120 Ebd., S. 827 ff.
121 Siehe *Bennett* und *Raab*, The Governance of Privacy, S. 8: „The overall policy goal in every country was to give individuals greater control of the information that is collected, stored, processed, and disseminated about them by public and, in some cases, private organizations."

Wird die Konzeption des Rechts auf informationelle Selbstbestimmung dem Paradigma der Datenkontrolle gegenübergestellt, ergeben sich interessante Konsequenzen. Einerseits liegt es auf der Hand, dass sich das informationelle Selbstbestimmungsrecht dem Datenkontrolle-Paradigma durchaus annähert, was vor allem auf die Formalisierung dessen Schutzbereichs – in der Form einer Verfügungsbefugnis – zurückzuführen ist. Insofern liegt beiden Konzeptionen ein prozedurales Modell zugrunde, das sich vorwiegend an einem handlungsorientierten und individualschützenden Ansatz orientiert.

Andererseits bestehen aber wichtige Unterschiede zwischen beiden Konzepten. Trotz seines formalen Schutzbereichs wird das Recht auf informationelle Selbstbestimmung in einer komplexen Weise ausgebaut, die sich nicht einfach auf eine Datenkontrolle-Formel reduzieren lässt. Gerade die Begründung des BVerfG in dem Volkszählungsurteil weist darauf hin, dass sich in dem Recht auf informationelle Selbstbestimmung ein Spannungsverhältnis zwischen der Verfügungsbefugnis des Einzelnen und den aus den Informationshandlungen resultierenden Risiken niederschlägt. Dies wird dadurch klar, dass sich das Gericht auf substanzielle Elemente stützen muss – wie die konkreten Gefährdungen für die Freiheit des Einzelnen, substanzielle Grenzen und sogar die Inhalte der Daten und Informationen – um den formalen Schutzbereich des Rechts zu rechtfertigen.[123]

Durch die Analyse einiger Abschnitte der Entscheidungsbegründung lässt sich dieses Spannungsverhältnis deutlich erkennen. Zunächst fällt auf, dass das BVerfG über die Grenzen der Datenverarbeitung spricht, wenn es die Gefahr des Verzichts auf die Grundrechtsausübung diskutiert. Bevor das Gericht das Recht auf informationelle Selbstbestimmung in der Entscheidung erwähnt, erläutert es, wie die Informationssammlung und -auswertung durch den Staat die Verhaltensfreiheit des Individuums beeinträchtigen kann. Aus dem Risiko, das durch die staatliche Informationserhebung und -verwendung dem Einzelnen aus dem Verzicht auf die „Ausübung seiner [...] Grundrechte"[124] erwächst, folgt der notwendige Schutz des Betroffenen „gegen unbegrenzte Erhebung, Speicherung, Verwendung und Weitergabe seiner persönlichen Daten".[125] Zwar wird nicht erklärt, welchen Grenzen die Informationshandlungen unterworfen sind und anhand welcher

---

122 Zur Kritik des Paradigmas der Datenkontrolle vgl. *Bamberger* und *Mulligan*, Stanford Law Review 63 (2011), 247, 254.; *Schwartz*, Internet Privacy and the State, 815, 821, der von „Autonomiefalle" spricht.
123 Vgl. *Mückenberger*, Datenschutz als Verfassungsgebot, S. 16. Der Autor identifiziert eine „zweite Wirkungsweise des informationellen Selbstbestimmungsrechts" im Volkszählungsurteil, die durch „eine substanzielle Begrenzung staatlichen Datenzugriffs" gekennzeichnet wird.
124 BVerfGE 65, 1 (43), Volkszählung.
125 Ebd.

Kriterien sie gesetzt werden sollen; es ist aber anzunehmen, dass es in diesem Zusammenhang um substanzielle bzw. objektive Grenzen geht und nicht um subjektive Beschränkungen, die erst aufgrund der Entscheidung des Einzelnen zu erkennen sind.

Auf die Gefährdung für den Einzelnen kommt es auch an, wenn es um die multifunktionale Verwendung der statistischen Informationen bei Volkszählungen geht. Das Gericht hebt „die Gefahr der sozialen Abstempelung" [126] oder der „persönlichkeitsfeindlichen Registrierung und Katalogisierung des Einzelnen"[127] hervor, die sich aus der automatisierten Informationsverarbeitung ergeben könne. Darüber hinaus stellt es in Bezug auf das Mikrozensurteil[128] fest, dass „eine umfassende Registrierung und Katalogisierung der Persönlichkeit durch die Zusammenführung einzelner Lebensdaten und Personaldaten zur Erstellung von Persönlichkeitsprofilen der Bürger auch in der Anonymität statistischer Erhebungen unzulässig"[129] ist. Auch hier wird es schwer, festzustellen, was eine umfassende Registrierung charakterisiert. Trotz der Offenheit des Begriffs liegt eine substanzielle und endgültige Grenze nah.

Schließlich taucht auch ein eher fremdes Element im Volkszählungsurteil auf, nämlich das Vertrauen des Einzelnen auf die Vertraulichkeit der Informationen, die von dem Staat für statistische Zwecke erhoben und verarbeitet werden: „Für die *Funktionsfähigkeit* der amtlichen Statistik ist ein möglichst hoher Grad an Genauigkeit und Wahrheitsgehalt der erhobenen Daten notwendig. Dieses Ziel kann nur erreicht werden, wenn bei dem auskunftspflichtigen Bürger das *notwendige Vertrauen in die Abschottung seiner für statistische Zwecke erhobenen Daten geschaffen wird*, ohne welche seine Bereitschaft, wahrheitsgemäße Angaben zu machen, nicht herzustellen ist (so bereits zutreffend die Begründung der Bundesregierung zum Entwurf des Volkszählungsgesetzes 1950; vgl. BTDrucks I/ 982, S. 20 zu § 10)."[130]

Aus dieser Analyse lässt sich erkennen, dass in der Begründung des Volkszählungsurteils wichtige substanzielle Argumente auftauchen, trotz der primär prozeduralen Konzeption des informationellen Selbstbestimmungsrechts. So kann festgestellt werden, dass die Entscheidung, in der das Recht auf informationelle Selbstbestimmung erkannt wurde, durch eine Spannung zwischen Da-

---

**126** BVerfGE 65, 1 (48 ff.), Volkszählung.
**127** Ebd.
**128** BVerfGE 27, 1 (6), Mikrozensus.
**129** BVerfGE 65, 1 (53), Volkszählung.
**130** BVerfGE 65, 1 (51), Volkszählung.

tenkontrolle und Informationsrisiken gekennzeichnet ist.[131] Aus der Art, wie das BVerfG den Schutzbereich des Rechts formuliert hat, wird zwar deutlich, dass ein stärkeres Gewicht auf das Paradigma der Kontrolle gelegt wird und dass es sich bei der informationellen Selbstbestimmung in erster Linie um ein formales Konzept handelt; dennoch ist Spannung in der Entscheidung vorhanden, da die Verfügungsformel sich nur anhand konkreter Gefährdungen rechtfertigen lässt und in gewisser Weise auch bestimmten materialen Grenzen unterworfen ist. Insofern ist Mückenbergers Feststellung zutreffend, nach der das BVerfG die moderne prozedurale Konzeption des Datenschutzes punktuell mit substanziellen Elementen ergänze.[132]

Das Erkennen dieser Spannung ist deshalb von Bedeutung, weil sie nicht nur Element für ein vollständiges Verständnis des informationellen Selbstbestimmungsrechts liefert, sondern weil sie dabei hilft, grundlegende Defizite des Datenschutzrechts – sowohl auf der grundrechtlichen als auch auf der einfachrechtlichen Ebene – zu identifizieren.

## C. Zwischenergebnis

Im vorliegenden Kapitel wurde untersucht, wie sich die Rechtsprechung des BVerfG zu Art. 2 Abs. 1 GG stetig entwickelt hat, um den Schutz gegen den Umgang Dritter mit Daten und Informationen unter verschiedenen Umständen zu gestalten. Es wurde auch betrachtet, dass die Auslegung von Art. 2 Abs. 1 in Verbindung mit Art. 1 Abs. 1 GG die gemeinsame Grundlage für eine Vielfalt von Konzeptionen darstellt. Diese ständige Evolution und die mit ihr verbundenen neuen Konzepte haben kontinuierlich dazu beigetragen, die Defizite der früheren Formel zu überwinden, ohne die konstituierende Dogmatik stark zu beeinträchtigen.

Besonders auffällig bei der Entwicklung der Rechtsprechung des BVerfG zum Schutz vor staatlichen Informationsmaßnahmen ist die Änderung von einem bereichsbezogenen Schutz hin zu einem genereller autonomiebezogenen Schutz.

---

131 Selbst der Satz, in dem das informationelle Selbstbestimmungsrecht formuliert wird, weist auf diese Spannung hin, da ein Zusammenhang zwischen unbegrenzter Datenverarbeitung und der Verfügungsbefugnis hergestellt wird: „Freie Entfaltung der Persönlichkeit setzt unter den modernen Bedingungen der Datenverarbeitung den Schutz des Einzelnen gegen *unbegrenzte Erhebung, Speicherung, Verwendung und Weitergabe seiner persönlichen Daten* voraus. Dieser Schutz ist daher von dem Grundrecht des Art. 2 Abs. 1 in Verbindung mit Art. 1 Abs. 1 GG umfaßt. Das Grundrecht gewährleistet insoweit *die Befugnis des Einzelnen, grundsätzlich selbst über die Preisgabe und Verwendung seiner persönlichen Daten zu bestimmen.*" BVerfGE 65, 1 (43), Volkszählung.

132 *Mückenberger*, Datenschutz als Verfassungsgebot, S. 17.

Das ist deutlich zu sehen, wenn die Evolution der Rechtsprechung vom Privatsphärenschutz bis zum Recht auf informationelle Selbstbestimmung analysiert wird.

Der Privatsphärenschutz entstand genau in dem Moment, als die Lücken der allgemeinen Handlungsfreiheit klar hervortraten: Die allgemeine Handlungsfreiheit schützt die freie Handlung des Einzelnen, nicht aber den Einzelnen gegen Handlungen Dritter.[133] Dadurch erklärt sich die Ausdifferenzierung des Rechts auf Achtung der Privatsphäre, da es bis dahin kein geeignetes Konzept gab, das Schutz gegen den Umgang Dritter mit Informationen und Daten bieten konnte.[134] Demgemäß schafft dieses Recht einen ganz anderen Schutzbereich als die frühere allgemeine Handlungsfreiheit, indem es Schutz gegen staatliche Informationsmaßnahmen bietet, statt die Gewährleistung des freien Verhaltens zu sichern. Die Konzeption des Rechts auf Schutz der Privatsphäre besteht aus der Kennzeichnung eines Bereiches, der den Unterschied zwischen privat und nicht privat darstellt. Sein Ziel ist es weniger, einen Bereich der Isolation des Einzelnen zu schaffen, als die Erwartungssicherheit über die Vertraulichkeit von als „privat" bezeichneten Angaben, Daten oder Informationen zu gewährleisten. Daher geht es in erster Linie um den Schutz des Vertrauens insofern, dass das, was als privat verstanden wird, tatsächlich vor dem Wissen der Umwelt geschützt bleibt.[135]

Auch wenn die Privatsphärenformel wichtige Beiträge zum grundrechtlichen Schutz geleistet hat, haben die Kritikansätze der Relativität der Privatsphäre und des Verwendungszusammenhangs von Daten als Gefährdungsanlage ihre Schwäche aufgezeigt und die Neugestaltung des Schutzes erforderlich gemacht. So ist das allgemeine Persönlichkeitsrecht entstanden, um diese Defizite zu überwinden. Wichtig ist allerdings, dass in der verfassungsgerichtlichen Rechtsprechung die Konzeption der Privatsphäre immer noch angewendet wird, wenn von der privaten Eigenschaft von Angelegenheiten die Rede ist.

Im Gegensatz zur Privatsphärenformel hat sich das allgemeine Persönlichkeitsrecht vor allem abstrakt und in Verbindung mit dem Selbstbestimmungsgedanken entwickelt. In den Fällen Böll und Eppler erwies sich das enge Konzept der Privatsphäre als lösungsunfähig, weil es um Ehrschutz und um die Zuschreibung einer öffentlichen Aussage ging, also um Themen, die überhaupt nicht der Privatsphäre zugeordnet werden konnten; vielmehr war die Darstellung der Person in der Öffentlichkeit betroffen. Insofern musste die bereichsbezogene Gewährleistung eines Privatbereichs wegfallen, damit der grundrechtliche Schutz sich aus-

---

133 *Grimm*, Persönlichkeitsschutz im Verfassungsrecht, S. 7.
134 *Albers*, Informationelle Selbstbestimmung, S. 194.
135 Ebd., S. 207.

dehnen konnte und flexibler wurde. Anstelle dieses gekennzeichneten Schutz-bereichs wird die Selbstbestimmungsbefugnis als Schutzinhalt formuliert.[136]

Aufgrund dieser Entwicklung wird das allgemeine Persönlichkeitsrecht auf einer abstrakten Ebene konzipiert, die sowohl umfassenderen Schutz bietet als auch das Selbstbestimmungskonzept umfasst. Indem das allgemeine Persön-lichkeitsrecht keinen festen Inhalt besitzt, kann es je nach Eingriff unterschied-lichen Schutz bieten. So wird seine Abstraktion zum Synonym für Anpassungs-fähigkeit; darin besteht seine wichtigste Leistung.

Dadurch, dass das allgemeine Persönlichkeitsrecht die Rechtsposition als Befugnis formuliert, wird es einfacher, im Volkszählungsurteil den informations-orientierten Grundrechtsschutz durch Schaffen eines informationellen Selbstbe-stimmungsrechts neu zu gestalten.[137] So erbt das Recht auf informationelle Selbstbestimmung die Eigenschaften des allgemeinen Persönlichkeitsrechts, und zwar die Abstraktion, die prozedurale Form und die Verknüpfung mit der Selbst-bestimmungskonzeption.

Somit liegt die Bedeutung der informationellen Selbstbestimmung wie beim allgemeinen Persönlichkeitsrecht darin, dass die abstrakte Schutzkonzeption, die an die Entscheidungsbefugnis des Einzelnen anknüpft, große Flexibilität bietet.[138] Indem es keinen festen Gewährleistungsinhalt besitzt, lässt sich dieses Recht in einer Vielfalt von Fällen anwenden, solange es um die Erhebung, Verarbeitung oder Übermittlung von personenbezogenen Daten geht. Zusätzlich stellt das Recht auf informationelle Selbstbestimmung eine Ausdehnung des Schutzes dar, weil es nicht mehr auf die zur Privatsphäre gehörenden Informationen begrenzt ist.[139]

Letztlich gibt die informationelle Selbstbestimmung eine überzeugende Antwort auf den kritischen Ansatz der Relativität der Privatsphäre, da es aus-schließlich um die Befugnis des Rechtsträgers und nicht mehr um die Zuordnung von Daten zur Privatsphäre geht. Auf den ersten Blick erleichtert diese Konzeption die Aufgabe des Rechtsanwenders, der im ersten Moment eine rein objektive Überprüfung durchführen muss, nämlich des vorliegenden Personenbezugs und der vorliegenden Einwilligung, statt eine tendenziell subjektive Analyse durch-zuführen. Tatsächlich aber nimmt die Subjektivität der Analyse eher zu, wenn die Grenzen des Rechts geprüft werden müssen, um zu klären, ob ein überwiegendes Allgemeininteresse vorliegt oder nicht.[140]

---

**136** *Grimm*, Persönlichkeitsschutz im Verfassungsrecht, S. 13; *Albers*, Informationelle Selbstbe-stimmung, S. 232.

**137** *Grimm*, Persönlichkeitsschutz im Verfassungsrecht, S. 15.

**138** *Albers*, Informationelle Selbstbestimmung, S. 236.

**139** Ebd.

**140** BVerfGE 65, 1 (44), Volkszählung.

So lässt sich die Geschichte des Datenschutzes nur sachgerecht erklären, wenn sie im Zusammenhang mit der früheren Konzeption des Privatsphärenschutzes betrachtet wird. Die Entstehung des Rechts auf informationelle Selbstbestimmung verlangt die Überwindung des Privatsphärenschutzes und kann deshalb durch einen Prozess der Abstraktion des Schutzinhalts verstanden werden.[141] Daraus ergibt sich, dass die Genese des Rechts auf informationelle Selbstbestimmung die Formalisierung des Persönlichkeitsschutzes voraussetzt: Das Recht weicht von seinem materialen Inhalt ab und verlagert seine Grundlage auf eine formale Entscheidungsbefugnis und auf prozedurale Instrumente.

Trotz der primär prozeduralen Konzeption des Rechts auf informationelle Selbstbestimmung liefert das BVerfG in der Begründung des Volkszählungsurteils auch substanzielle Elemente, so wie die konkreten Gefährdungen für die Freiheit des Einzelnen und substanzielle Grenzen der Informationsverarbeitung, die in ein Spannungsverhältnis mit dem Konzept der Entscheidungsbefugnis geraten: die Spannung zwischen Datenkontrolle und Informationsrisiken.

Die Frage, wie der Rechtsrahmen für den individuellen Schutz hinsichtlich des Umgangs mit Daten und Informationen auszubauen ist, wird nach wie vor durch die Ambivalenz geprägt, die das Volkszählungsurteil aufgezeigt hat: einerseits ein prozedurales Schutzkonzept, das sich an der Entscheidung des Betroffenen orientiert und individualschützenden Charakter aufweist, andererseits eine Konzeption, die sich auf die Gefährdungen durch die Verwendung von Informationen richtet, substanzielle Konzepte anwendet und absolute Grenzen in bestimmten Fällen fordert. Es ist letztendlich eine Spannung zwischen einem rein subjektiven Konzept der Privatheit, wobei nur die Entscheidung und der Wille des Betroffenen eine Rolle spielen, und einem mehr oder weniger objektiven Konzept, in dessen Rahmen auch die objektive Gefährdungslage an Bedeutung gewinnt.[142]

---

141 *Grimm*, Persönlichkeitsschutz im Verfassungsrecht, S. 13; *Albers*, Informationelle Selbstbestimmung, S. 232.

142 Diese Spannung ist deutlich in dem von Mallmann formulierten Konzept der Privatsphäre: „Dementsprechend soll Privatsphäre definiert werden als ein je nach der individuellen und gesellschaftlichen Interessenkonstellation unterschiedlicher Bereich von Nichtinformation über Individuen. Die Entscheidung über Information oder Nichtinformation, d.h. über die jeweilige Zulässigkeit von Informationsverarbeitung, kann dabei weder prinzipiell vom Betroffenen – wohin aber die Konzeption informationelle Selbstbestimmungsrechte zielt – noch allein von den Informationsinteressenten – wie es weitgehend der bisherigen Praxis entspricht – getroffen werden. [...] Eine so verstandene Privatsphäre ist freilich von inhaltlichen Kriterien weitgehend entleert. Sie signalisiert zunächst nur die Notwendigkeit einer differenzierten sozialen Informationsstruktur. Konturen gewinnt die Privatheit erst auf Grund einer Analyse, die festzustellen hat, welche individuellen Interessen sie gegen welche Gefahren schützen soll." *Mallmann*, Zielfunktionen des Datenschutzes, S. 30.

Wie im nächsten Kapitel zu sehen ist, nimmt die wissenschaftliche Kritik an dem Recht auf informationelle Selbstbestimmung – trotz seiner Anpassungsfähigkeit und Flexibilität – wesentlich zu: Sowohl seine dogmatische Konzeption als „eigentumsähnliche Formel" [143] im Sinne eines rein abwehrrechtlichen Grundrechts[144] als auch die von ihm bewirkte Verrechtlichung[145] werden stark kritisiert[146]. Dieser Kritik entsprechend wird ein stärker objektiver und gefährdungsabhängiger Schutz vorgeschlagen werden, um das untersuchte Spannungsverhältnis aufzulösen.

---

[143] *Britz*, in: Brandt und Schuler-Harms (Hrsg.), Offene Rechtswissenschaft, S. 566 ff.
[144] *Albers*, in: Haratsch et al. (Hrsg.), Herausforderungen, S. 123 ff.
[145] *Hoffmann-Riem*, in: Brandt und Schuler-Harms (Hrsg.), Offene Rechtswissenschaft, S. 500 ff.
[146] Die Kritik an der Grundkonzeption des Rechts auf informationelle Selbstbestimmung wird im zweiten Kapitel näher betrachtet.

# 2. Kapitel:
# Neujustierung der Grundkonzeption des Rechts auf informationelle Selbstbestimmung: von Verfügungsbefugnis zum gefährdungsabhängigen Schutz

Das vorliegende Kapitel strebt an, das dogmatische Konzept des Rechts auf informationelle Selbstbestimmung zu ergründen, um dessen Leistungen und Defizite zu begreifen. Es beschäftigt sich sowohl mit der Grundkonzeption des Rechts auf informationelle Selbstbestimmung in der Rechtsprechung des BVerfG als auch mit der wissenschaftlichen Kritik, die an diesem Recht geübt wurde. Darüber hinaus wird betrachtet, wie das BVerfG die Grundkonzeption dieses Rechts allmählich geändert hat, um den kritischen Aussagen Rechnung zu tragen und die bestehenden Defizite zu überwinden. Auffallend sind einige Entscheidungen des Gerichts, die die abstrakten Eigenschaften der früheren Formel abschwächen und letztendlich zur Neujustierung des Rechts auf informationelle Selbstbestimmung führen. Neue Ansätze prägen also die heutige Dogmatik zum grundrechtlichen Datenschutz: War die Genesis des Rechts auf informationelle Selbstbestimmung durch eine Datenverfügungsbefugnis geprägt, ist jetzt eine Tendenz zur Entwicklung eines gefährdungsabhängigen Schutzes zu sehen.

Das Kapitel zielt also darauf ab, diesen dynamischen Prozess – von einem prozeduralen Konzept des Rechts auf informationelle Selbstbestimmung über die dogmatische Kritik bis zur Neujustierung dieses Rechts in Richtung einer mehr oder weniger gefährdungsabhängigen Schutzkonzeption – zu analysieren.

## A. Die Grundkonzeption des Rechts auf informationelle Selbstbestimmung und die wissenschaftliche Kritik

### I. Schutzbereich

Das Recht auf informationelle Selbstbestimmung wird vom BVerfG aus Art. 2 Abs. 1 i.V.m. Art. 1 Abs. 1 GG hergeleitet und als eine Ausprägung des allgemeinen Persönlichkeitsrechts formuliert. Das Gericht beschreibt den Schutzbereich dieses

Rechts als die Befugnis des Einzelnen, selbst darüber zu entscheiden, ob und wie seine persönlichen Daten verwendet werden können.[147]

Auffallend in der diesbezüglichen Entscheidung zur Volkszählung ist zunächst die Wirklichkeitsargumentation[148] des Gerichts, wobei die elektronische Datenverarbeitung neue Gefährdungen für den Einzelnen begründet und daher die Fortentwicklung der Auslegung des allgemeinen Persönlichkeitsrechts erfordert.[149] Als neue Gefährdung betrachtet das Gericht zunächst die Möglichkeit der Entstehung von einem „vollständigen Persönlichkeitsbild"[150], das großen Einfluss auf das Verhalten des Einzelnen haben und psychischen Druck ausüben kann, vor allem weil der Betroffene dessen Richtigkeit und Verwendung nicht kontrollieren kann. Darüber hinaus sieht das BVerfG eine Gefährdung der Freiheit gegeben, wenn dem Einzelnen nicht bewusst ist, welche Informationen über ihn in der Gesellschaft verarbeitet werden: „[Wer] nicht mit hinreichender Sicherheit überschauen kann, welche ihn betreffenden Informationen in bestimmten Bereichen seiner sozialen Umwelt bekannt sind, [...] kann in seiner Freiheit wesentlich gehemmt werden, aus eigener Selbstbestimmung zu planen oder zu entscheiden".[151] Aber auch die Kenntnis von der Datenerfassung kann die Verhaltensfreiheit beeinträchtigen, indem der Einzelne auf bestimmte Handlungen verzichtet, wenn er wahrnimmt, dass „abweichende Verhaltensweisen jederzeit notiert und als Information dauerhaft gespeichert"[152] werden.

Aus diesen Gefährdungen folgt die Erforderlichkeit des Grundrechtsschutzes durch das Recht auf informationelle Selbstbestimmung. Der Einzelne soll gegen eine unbegrenzte Erhebung, Speicherung, Verwendung und Weitergabe persönlicher Daten geschützt werden und selbst über die Preisgabe und Verwendung seiner personenbezogenen Daten bestimmen.[153] So greift das BVerfG das in früheren Entscheidungen[154] entwickelte Konzept der Selbstdarstellung auf, wobei der Einzelne selbst über die Offenbarung persönlicher Lebenssachverhalte entscheiden soll, und formuliert es zu einem informationsorientierten Schutz um. Dieser Ansatz – im Anschluss an das allgemeine Persönlichkeitsrecht und die Sicherung der Verhaltensfreiheit – liegt dem neuen Recht zugrunde.[155]

---

147 BVerfGE 65, 1 (42), Volkszählung.
148 Siehe *Albers*, Informationelle Selbstbestimmung, S. 153.
149 BVerfGE 65, 1 (42), Volkszählung.
150 Ebd.
151 BVerfGE 65, 1 (43), Volkszählung.
152 Ebd.
153 Ebd.
154 BVerfGE 56, 37, Selbstbezichtigung; BVerfGE 63, 131, Gegendarstellungsrecht.
155 Siehe *Trute*, Verfassungsrechtliche Grundlagen, S. 163.

Aus den Gedanken der Selbstbestimmung wird der Schutzbereich des Rechts konzipiert, und zwar als Entscheidungsbefugnis über die Preisgabe und Verwendung personenbezogener Daten. Schutzgegenstand sind also personenbezogene Daten im Allgemeinen; es muss kein Bezug zur Privatsphäre oder Intimsphäre gezeigt werden, um den grundrechtlichen Schutz zu begründen, wie es beim Privatsphärenschutz der Fall ist. Das Recht löst sich von jeglichem materialen Gewährleistungsinhalt und wird auf einer abstrakten Ebene formuliert.[156]

Diese Formel erweitert den Gewährleistungsbereich, da schon der bloße Bezug zur Person den grundrechtlichen Schutz begründet. Das ergibt sich aus dem Konzept des Verwendungszusammenhangs, wobei die Gefährdung durch die Verarbeitung von Informationen nicht in deren Inhalt liegt, sondern in den Kontexten, in denen Informationen verwendet und interpretiert werden. Demgemäß erklärt das BVerfG, dass es bei der elektronischen Datenverarbeitung keine belanglosen Daten mehr gebe. Insofern orientiert sich das Recht auf informationelle Selbstbestimmung nicht an den Daten; vielmehr begründet es einen verarbeitungsorientierten Schutz.[157] Das bedeutet aber nicht, dass die Art der Daten nie in Betracht gezogen werden soll. Das Gericht stellt fest, dass die Art der Daten nicht „allein" über deren Sensibilität bestimmen kann; entscheidend sind die Verwendungszusammenhänge bzw. die Verknüpfungsmöglichkeiten.[158]

Bedeutungsvoll ist die Entscheidung der Volkszählung, da sie den Schritt zu einem informationsorientierten Schutz konsolidiert.[159] Nicht nur Handlungen, sondern auch Informationen werden in die Grundrechtsdogmatik einbezogen, damit rechtliche Konsequenzen aus dem Umgang mit Daten und Informationen gezogen werden können. Da versucht wurde, diese Umwandlung innerhalb der traditionellen Dogmatik der Grundrechte zu entwickeln, tauchten Inkonsistenzen auf, die vielfach von der Rechtswissenschaft kritisiert wurden.[160]

Unklar in der Entscheidung ist, ob Informationen und Daten als unterschiedliche oder gleichbedeutende Begriffe verstanden werden,[161] d.h., ob die Bestimmungsbefugnis sich auf Daten oder auf Informationen bezieht. Einerseits spricht das BVerfG in der Beschreibung des Schutzzwecks des Rechts von Informationen, nämlich dass der Einzelne überschauen soll, welche Informationen über ihn in seinem sozialen Umfeld bekannt sind. Andererseits betont es in der

---

**156** Siehe *Albers*, Informationelle Selbstbestimmung, S. 235 ff.
**157** *Simitis*, NJW 8 (1984), 394, 402.
**158** BVerfGE 65, 1 (45), Volkszählung.
**159** *Albers*, Informationelle Selbstbestimmung, S. 234 ff.
**160** *Albers*, in: Haratsch et al. (Hrsg.), Herausforderungen, S. 119 ff.
**161** Insbesondere *Albers*, Informationelle Selbstbestimmung, S. 87 ff., 158 ff. Siehe auch *Britz*, Informationelle Selbstbestimmung, S. 566 ff.; *Trute*, Verfassungsrechtliche Grundlagen, S. 167 ff.

Konkretisierung des Schutzbereichs, dass die Bestimmungsbefugnis personen-bezogene Daten betrifft, um einen objektivierten Ansatz zu ermöglichen. Letztlich wird der Verwendungszusammenhang als zentraler Baustein des Rechts auf informationelle Selbstbestimmung dargestellt; also spielen wiederum Informationen eine wichtige Rolle.[162]

Die Unterscheidung zwischen Informationen und Daten kann nicht auf einen rein terminologischen Streit reduziert werden. Vielmehr liegen ihr zwei verschiedene Konzepte zugrunde, die jeweils unterschiedliche rechtliche Konsequenzen nach sich ziehen. Daten sind „in der Form von Zahlen, Text/Sprache, oder Bildern gefasst, und damit regelmäßig auf einem Datenträger verkörpert"[163]. Sie sind zwar Informationsgrundlage, weisen aber selbst keine Bedeutung auf.[164] Informationen sind „Sinnelemente, die in einem bestimmten sozialen Kontext aus Beobachtungen, Mitteilungen oder Daten erzeugt und dann genutzt werden"[165]. Das bedeutet, dass sich Informationen nur aus einer Interpretation ergeben können.

Die Bedeutung dieser Unterscheidung liegt darin, dass einer Information eine soziale Dimension innewohnt, die sich nicht durch eine Verfügungsformel begreifen lässt.[166] So kann das Recht auf informationelle Selbstbestimmung kein Recht auf Eigentum auf Informationen darstellen, da Informationen immer das Resultat einer Konstruktion des Verwenders sind. Solch ein Beherrschungsrecht würde bedeuten, dass der Einzelne ein Recht hat, die Sinnkonstruktionen anderer zu beeinflussen.[167] Vor diesem Hintergrund wird klar, dass eine rein abwehr-rechtliche Konstruktion des Rechts auf informationelle Selbstbestimmung nicht ausreichen würde, um der sozialen Dimension von Informationen Rechnung zu tragen. Nur einer Konzeption, die die subjektive und die objektive grundrechtliche Dimension in angemessener Weise einbezieht, kann dies gelingen.[168]

Eine andere Kritik bezieht sich auf die Reichweite des Rechts. Mit dem Recht auf informationelle Selbstbestimmung wird der grundrechtliche Schutzbereich zwar erweitert, aber dafür wird er vage und unbestimmt. Unklar bleibt z.B., ob jeder staatliche Umgang mit personenbezogenen Daten den Schutzbereich be-

---

162 *Albers*, Informationelle Selbstbestimmung, S. 158 ff.
163 *Trute*, Verfassungsrechtliche Grundlagen, S. 168.
164 *Albers*, Informationelle Selbstbestimmung, S. 89.
165 *Albers*, in: Hoffmann-Riem, Schmidt-Aßmann und Voßkuhle (Hrsg.), Grundlagen des Verwaltungsrechts, S. 115.
166 *Britz*, Informationelle Selbstbestimmung, S. 567.
167 *Trute*, Verfassungsrechtliche Grundlagen, S. 168 ff.
168 *Hoffmann-Riem*, in: Kollhosser (Hrsg.), Der neue Datenschutz, S. 13 ff.

rührt.[169] Dies wird häufig unter dem Stichwort diskutiert, ob es „informationelle Bagatellbeeinträchtigungen"[170] geben könne. Was dieses Thema angeht, tauchen verschiedene Fragen auf: Ist triviale Kommunikation in den Schutzbereich des Rechts einbezogen?[171] Wenn das allgemeine Persönlichkeitsrecht die Grundlage für die informationelle Selbstbestimmung ist, sollte die Gefährdung der Persönlichkeit als ein Kriterium für den Eingriff berücksichtigt werden?[172] Zwar beziehen sich diese Fragen auf den Schutzbereich des Rechts auf informationelle Selbstbestimmung, aber sie lassen sich am besten erörtern, wenn das Eingriffskonzept näher analysiert wird.

Im folgenden Abschnitt wird eine Analyse des Konzepts des Eingriffs beim Recht auf informationelle Selbstbestimmung durchgeführt. Dies wird dabei helfen, sowohl die dem Recht zugrunde liegenden Inkonsistenzen zu betrachten als auch dessen Leistungen zu verstehen.

## II. Eingriff und Rechtfertigung

Die Eingriffsproblematik des Rechts auf informationelle Selbstbestimmung wird im Volkszählungsurteil nicht ausdrücklich behandelt; vielmehr ist von der Beschränkung des Rechts als tatsächlichem Eingriff die Rede.[173] Mit der Argumentation, dass der Einzelne kein Herrschaftsrecht über seine Daten habe, sondern seine Persönlichkeit sich in einer sozialen Gemeinschaft entwickele, rechtfertigt das Gericht, dass das informationelle Selbstbestimmungsrecht nicht schrankenlos gewährleistet ist.[174] Dieser Ansatz stützt sich auf die frühere Rechtsprechung, wobei das Grundgesetz sich nicht an einem Leitbild der grenzenlosen Freiheit des Individuums orientiert.[175] Vielmehr kann der Gesetzgeber geeignete Beschränkungen erlassen, die für das Zusammenleben in der Gesellschaft erforderlich sind, sofern die Eigenständigkeit der Person nicht beeinträchtigt wird.[176]

Demgemäß stellt das BVerfG im Volkszählungsurteil fest, unter welchen Bedingungen das Recht auf informationelle Selbstbestimmung begrenzt wer-

---

169 *Albers*, Informationelle Selbstbestimmung, S. 159.
170 *Kloepfer*, in: Verhandlungen des zweiundsechzigsten Deutschen Juristentages, S. D 49.
171 *Vogelgesang*, Grundrecht auf informationelle Selbstbestimmung?, S. 62.
172 Ebd.
173 BVerfGE 65, 1 (44), Volkszählung; siehe *Albers*, Informationelle Selbstbestimmung, S. 163.
174 BVerfGE 65, 1 (43 ff.), Volkszählung.
175 BVerfGE 4, 7 (15), Investitionshilfe; siehe *Vogelgesang*, Grundrecht auf informationelle Selbstbestimmung?, S. 57.
176 BVerfGE 4, 7 (16), Investitionshilfe.

den kann: Zunächst ist eine Beschränkung nur hinzunehmen, wenn ein überwiegendes Allgemeininteresse besteht; es bedarf zweitens einer gesetzlichen Grundlage, die dem Gebot der Normenklarheit entspricht und den Grundsatz der Verhältnismäßigkeit beachtet; außerdem muss der Gesetzgeber geeignete organisatorische und verfahrensrechtliche Vorkehrungen treffen, um die Verwirklichung der Gefahren der Datenverarbeitung für die Persönlichkeit zu verhindern.

Aus der Entscheidung lässt sich feststellen, dass ein Eingriff in das Recht auf informationelle Selbstbestimmung immer dann vorliegt, wenn eine Erhebung, Speicherung, Verwendung oder Weitergabe von personenbezogenen Daten durchgeführt wird.[177] Es fällt zunächst auf, dass diese Definition über die klassische Eingriffsdogmatik hinausgeht, indem sie deren traditionelle Bedingungen (Zwang, Unmittelbarkeit und Finalität) nicht voraussetzt.[178]

Diese angewendete Eingriffsformel kann allerdings zur Unklarheit in der Reichweite des Eingriffs führen. Die Eingriffsdefinition ist zu weit und unbegrenzt konzipiert. Es ist unklar, ob jede staatliche Informationsmaßnahme als ein Eingriff verstanden werden soll, d.h., ob jede Erhebung und Verarbeitung von personenbezogenen Daten den Schutzbereich antastet.[179] Natürlich ist das darauf zurückzuführen, dass der Schutzbereich bereits unbestimmt definiert ist. Es scheint, dass die Gefährdungen durch die Datenverarbeitung dem BVerfG ausreichen, um dieses formale Eingriffskonzept zu begründen.[180] Insofern wird im Urteil weder von besonderer Gefährdungslage noch von Missbrauchsfällen gesprochen.[181] Zwar erkennt das BVerfG in gewissem Maße doch die unterschiedlichen Gefährdungen, die sich aus verschiedenen Verwendungszusammenhängen ergeben können;[182] allerdings folgt daraus keine differenzierte Bewertung des Eingriffs, sondern nur die Pflicht, den Verwendungszusammenhang durch das Gesetz konkret und präzise zu bestimmen. Mit anderen Worten: Das Gericht verknüpft die Ansätze der Zweckbestimmung und der Zweckbindung mit der Eingriffsrechtfertigung, um mit der Erkennung des Verwendungszusammenhangs umgehen zu können.[183] Der Eingriff wird dagegen nicht durch den Verwendungszusammenhang bestimmt.[184]

---

177 Siehe *Bechler*, Informationseingriffe, S. 30 ff.
178 *Di Fabio*, in: Maunz und Dürig (Hrsg.), Grundgesetz Loseblatt-Kommentar, Art. 2 Abs. 1, S. 177.
179 *Vogelgesang*, Grundrecht auf informationelle Selbstbestimmung?, S. 61 ff.
180 *Scholz* und *Pitschas*, Informationelle Selbstbestimmung, S. 83; *Vogelgesang*, Grundrecht auf informationelle Selbstbestimmung?, S. 61.
181 *Vogelgesang*, Grundrecht auf informationelle Selbstbestimmung?, S. 61 ff.
182 *Placzek*, Allgemeines Persönlichkeitsrecht, S. 78.
183 Ebd.
184 So *Albers*, Informationelle Selbstbestimmung, S. 161 ff.

Im überwiegenden Allgemeininteresse muss der Grundrechtsträger Einschränkungen des Rechts auf informationelle Selbstbestimmung hinnehmen. Die Rechtfertigung des Eingriffs bedarf allerdings auch einer spezifischen gesetzlichen Grundlage, damit der Bürger die Reichweite des Eingriffs einschätzen kann.[185] Demgemäß ist der Gesetzgeber dazu verpflichtet, Verwendungszweck und Umfang der Datenverarbeitung zu präzisieren und nur die Verarbeitung derjenigen Daten zu ermöglichen, die für den festgestellten Zweck geeignet und erforderlich sind.[186] Die Daten können nur für den gesetzlichen Zweck verwendet werden und Vorkehrungen müssen getroffen werden, um die Zweckentfremdung durch Weitergabeverbote und Verwertungsverbote zu vermeiden.[187] Der Grundsatz der Verhältnismäßigkeit spielt eine wichtige Rolle in der verfassungsgerichtlichen Rechtsprechung, indem er den Umfang der Erlaubnistatbestände begrenzt: Das Gesetz, das die Datenverarbeitung erlaubt, ist nur verfassungsgemäß, wenn es die Verarbeitungsmöglichkeiten konkret und spezifisch vorsieht.[188]

Aus diesen Leitlinien ergibt sich ein allgemeiner Gesetzesvorbehalt, der für jede Erhebung, Speicherung, Verwendung oder Weitergabe von personenbezogenen Daten gilt. Die im Urteil entwickelte Konzeption hat deshalb eine Verrechtlichungswelle ausgelöst und Kritik in der Rechtswissenschaft hervorgerufen.[189] Über den Datenschutzbereich hinaus ist die Anzahl von Datenschutzvorschriften in vielen anderen Bereichen gewachsen, wie z. B. im Medienrecht, Sozialrecht, Zivilrecht und Polizeirecht.[190] Vor allem ist das problematisch, weil dies Bereiche sind, die schon vorher hoch reguliert waren und mit den Datenschutzregelungen noch komplizierter geworden sind. Als Resultat wird das Datenschutzrecht jeden Tag unüberschaubarer[191], was dem angestrebten Ziel des Volkszählungsurteils, Transparenz zu schaffen, deutlich widerspricht. In diesem Kontext ist Hoffmann-Riems Feststellung sehr zutreffend: „[Der] Erfolg der Datenschutzidee im Recht droht zum Keim des Mißerfolges von Datenschutz durch Recht zu werden."[192]

---

185 Eine Verwaltungsvorschrift kann nicht als Rechtfertigungsgrundlage dienen. Siehe *Bechler*, Informationseingriffe, S. 39.

186 BVerfGE 65, 1 (46), Volkszählung.

187 Ebd.

188 *Kunig*, in: Münch und Kunig (Hrsg.), Grundgesetz Kommentar, Art. 2, Rn. 43; siehe auch *Vogelgesang*, Grundrecht auf informationelle Selbstbestimmung?, S. 66 ff.

189 Siehe *Hoffmann-Riem*, Informationelle Selbstbestimmung in der Informationsgesellschaft, S. 500 ff.; *Bull*, Informationelle Selbstbestimmung, S. 48; *Schaar*, Das Ende der Privatsphäre, S. 105 ff.

190 *Hoffmann-Riem*, Informationelle Selbstbestimmung in der Informationsgesellschaft, S. 500 ff.

191 *Roßnagel, Pfitzmann* und *Garstka*, Modernisierung des Datenschutzrechts, S. 33.

192 *Hoffmann-Riem*, Informationelle Selbstbestimmung in der Informationsgesellschaft, S. 503.

Umstritten ist auch, ob triviale Kommunikation unter den Gesetzesvorbehalt fällt, da sich die Konzeption einer umfassenden Entscheidungsbefugnis prinzipiell nicht mit dem herrschenden Eingriffskonzept vereinbaren lässt.[193] Das BVerfG behandelt diese Problematik in Bezug auf den Schutzbereich des Rechts auf informationelle Selbstbestimmung nicht; vielmehr wird sie hinsichtlich der Schranken des Rechts ausgearbeitet.[194] Deswegen ist es schwierig, Bagatellbeeinträchtigungen vom Gebot des Gesetzesvorbehalts auszuschließen.

Eine funktional-teleologische Auslegung könnte einen Lösungsweg aufzeigen, indem der Gesetzesvorbehalt zusammen mit einem Gefährdungspotenzial interpretiert wird.[195] Diese restriktive Bestimmung des Schutzbereichs würde sowohl den überforderten Staat als auch die Bürger von einer überflüssigen Menge an Gesetzen entlasten. Allerdings bleibt immer noch offen, wie dieser gefährdungsabhängige Schutz ausgestaltet werden soll. Ein anderer Weg aus der Verrechtlichungsfalle könnte die Umstellung von der Zweckbindung auf die Zweckvereinbarkeit sein, in Anlehnung an das europäische Datenschutzmodell und unter der Bedingung, dass Kompensationsinstrumente ausgestaltet würden.[196]

### III. Wirkung im Privatrecht

Obschon die Gefährdungen durch die Datenverarbeitung durch private Stellen von Anfang an in der Datenschutzdiskussion hervorgehoben wurden, war die verfassungsgerichtliche Rechtsprechung zunächst zurückhaltend, was die Wirkung des Rechts auf informationelle Selbstbestimmung im Privatrecht angeht.[197] Sowohl das Volkszählungsurteil als auch die nachfolgenden Entscheidungen haben sich grundsätzlich auf die staatlichen Informationsmaßnahmen konzentriert.

Eine Ausnahme ist die Entscheidung zur Entmündigung, in der das BVerfG sich mit der Wirkung des allgemeinen Persönlichkeitsrechts in privatrechtlichen Beziehungen beschäftigt.[198] Dabei geht es um die Frage, ob eine entmündigte Person im Rahmen eines Mietvertrags dazu verpflichtet ist, ihre Entmündigung zu offenbaren. Das Landgericht Regensburg hatte Folgendes entschieden: Dadurch, dass der Mieter seine Entmündigung gegenüber dem Vermieter verschweigt, wird

---

**193** *Placzek*, Allgemeines Persönlichkeitsrecht, S. 77 ff.
**194** Ebd.
**195** *Hoffmann-Riem*, Informationelle Selbstbestimmung als Grundrecht kommunikativer Entfaltung, S. 18.
**196** So *Eifert*, in: Gropp, Lipp und Steiger (Hrsg.), Rechtswissenschaft im Wandel, S. 147 ff.
**197** *Hoffmann-Riem*, Informationelle Selbstbestimmung in der Informationsgesellschaft, S. 510.
**198** BVerfGE 84, 192, Entmündigung.

der Vermieter arglistig getäuscht und er hat deswegen einen Anspruch auf Vertragsbeendigung (§ 564b Abs. 1 BGB). Gegen diese Entscheidung erhob der Mieter Verfassungsbeschwerde mit der Begründung, dass sein Recht auf informationelle Selbstbestimmung verletzt werde, weil das Gericht seinem Interesse an einer Geheimhaltung der Entmündigung nicht ausreichend Rechnung getragen habe. Das BVerfG hielt die Verfassungsbeschwerde für begründet und hob die objektive Dimension des allgemeinen Persönlichkeitsrechts hervor, wobei sich dieses Recht auch in privatrechtlichen Verhältnissen entfalte und die Auslegung der privatrechtlichen Normen beeinflusse.[199] Das Gericht betonte die nachteiligen Folgen für die Person, die ihre Entmündigung offenbaren müsste: Vor allem eine soziale Abstempelung und die Unmöglichkeit, Wohnraum zu mieten, seien dabei zu befürchten.[200]

Was die geringe Anzahl von Entscheidungen im nicht öffentlichen Bereich angeht, ist anzunehmen, dass die Grundkonzeption des Rechts auf informationelle Selbstbestimmung Schwierigkeiten bei der Anwendung in diesem Bereich verursacht hat.[201] Zwar kann die Wahrung der Entscheidungsbefugnis im privaten Bereich eher unproblematisch sichergestellt werden, indem der Einzelne gegenüber einem Unternehmen seine Zustimmung erteilt. Allerdings ist gerade in diesem Bereich schwer festzustellen, welche Informationen wem zugeordnet werden können.[202]

Gerade wegen seiner auf staatliche Informationshandlungen gerichteten, abwehrrechtlichen Struktur ist das Recht auf informationelle Selbstbestimmung aber auf Kritik gestoßen: „Da private Machtträger anders als staatliche nicht den spezifischen rechtsstaatlichen und demokratischen Vorkehrungen der Missbrauchsabwehr unterliegen, ist hier häufig ein gesteigerter Schutzbedarf gegeben, der weitergehend nur durch positive Schutzvorkehrungen gesichert werden kann. Ein Datenschutzkonzept, das dieser Entwicklung Rechnung trägt, darf sich daher [...] nicht auf die Risiken fixieren, die vom Staat als dem herkömmlichen Leviathan ausgehen; vielmehr müssen die durch die Ausdifferenzierung der Datenverar-

---

**199** BVerfGE 84, 192 (194 ff.), Entmündigung.
**200** BVerfGE 84, 192 (195 ff.), Entmündigung: „Die Entmündigung wirkt sich nicht nur im Rechtsverkehr beschränkend aus. Sie betrifft vielmehr die Person als ganze. Die Offenbarung der Entmündigung birgt die Gefahr der sozialen Abstempelung in sich und kann die am Sozialstaatsprinzip orientierten Hilfsmaßnahmen zur sozialen Wiedereingliederung erschweren (vgl. BVerfGE 78, 77 [87]). Müßte der Beschwerdeführer, wie das Landgericht im Ergebnis gemeint hat, seine Entmündigung ohne Prüfung der Frage offenbaren, ob sein Vertragsgegner überhaupt ein schützenswertes Interesse an der Offenlegung hat, so würde es ihm nahezu unmöglich gemacht, Wohnraum zu mieten."
**201** *Albers*, Informationelle Selbstbestimmung, S. 267.
**202** Ebd.

beitung entstandenen vielen ‚privatisierten Leviathane' Objekt rechts- und sozialstaatlicher Aufmerksamkeit werden."[203] Solche kritischen Bemerkungen haben dazu beigetragen, neue Ansätze für den grundrechtlichen Schutz hinsichtlich des Umgangs Dritter mit Daten und Informationen zu formulieren.[204]

## B. Neue Lösungsansätze in der Rechtsprechung des BVerfG: Schutz des Vertrauens und der freiwilligen Zustimmung

Auch wenn das Recht auf informationelle Selbstbestimmung einen wichtigen Beitrag zur grundrechtlichen Dogmatik geleistet hat, besonders aufgrund seiner Flexibilität und breiten Anwendungsfähigkeit, wurde im letzten Abschnitt gezeigt, weshalb gerade die ihm zugrunde liegende abwehrrechtliche Konstruktion sowie seine Tendenz zur Abstraktion und der fehlende Schutzgehalt von der Rechtswissenschaft kritisiert werden.

Die Kritik veranschaulicht, dass der Abstand zwischen Rechtswissenschaft und Rechtsprechung sehr groß erscheint, was Schutzziel und Schutzkonzeption des Rechts auf informationelle Selbstbestimmung betrifft. Allerdings wird in letzter Zeit eine zunehmende Verringerung dieses Abstands festgestellt, so Britz:

> „Bei genauerem Hinsehen sind in den letzten Jahren allerdings durchaus Annäherungen zwischen Rechtsprechung und Rechtswissenschaften zu beobachten. Einerseits hat das Bundesverfassungsgericht Verfeinerungen seiner Grundrechtsdogmatik vorgenommen, die die Kluft zwischen Bundesverfassungsgericht und Rechtswissenschaft haben schrumpfen lassen. [...] Andererseits dürfte das Drängen der Rechtswissenschaft auf einen grundlegenden Paradigmenwechsel, insbesondere eine Umstellung vom abwehrrechtlichen Datenschutzrecht auf einen umfassender gedachten Informations- und Kommunikationsschutz, etwas nachgelassen haben."[205]

Tatsächlich hat das BVerfG in seiner jüngsten Rechtsprechung neue Lösungsansätze entwickelt, um die Defizite der Grundkonzeption des Rechts auf informationelle Selbstbestimmung auszugleichen. Wichtige Beispiele dafür sind die Entscheidungen zur Schweigepflichtentbindungserklärung[206] und zur Online-Durchsuchung[207], die einen bedeutenden Beitrag zur Modernisierung des grund-

---

**203** *Hoffmann-Riem*, Informationelle Selbstbestimmung in der Informationsgesellschaft, S. 510.
**204** Siehe dazu auch *Simitis*, Die informationelle Selbstbestimmung, S. 400.
**205** *Britz*, Informationelle Selbstbestimmung, S. 564.
**206** BVerfG(K), JZ 2007, 576, Schweigepflichtentbindung, S. 576.
**207** BVerfGE 120, 274, Online-Durchsuchungen.

rechtlichen Informationsschutzes geleistet haben. Beide Entscheidungen werden im folgenden Abschnitt analysiert.

## I. Störung der Vertragsparität und informationelle Selbstbestimmung: die Entscheidung zur Schweigepflichtentbindungserklärung

Hinsichtlich der Gewährleistung des Rechts auf informationelle Selbstbestimmung im Privatbereich werden in einem Kammerbeschluss des BVerfG aus dem Jahr 2006 neue Lösungsansätze zur Schutzverpflichtung des Staates entwickelt.

Es ging um einen Lebensversicherungsvertrag mit Berufsunfähigkeits-Zusatzversicherung, in dem eine Obliegenheit zur Schweigepflichtentbindung vorgesehen war. Laut dem Vertrag würde die Versicherungsnehmerin den Anspruch auf die Leistung verlieren, wenn sie der Schweigepflichtentbindung nicht zustimmt. Die Beschwerdeführerin wurde 1999 wegen Berufsunfähigkeit in den Ruhestand versetzt und beantragte die Leistung aus der Zusatzversicherung. Das Versicherungsunternehmen verlangte dafür die Erteilung einer Erklärung, welche die folgende Ermächtigung in Bezug auf die Schweigepflichtentbindung vorsah: „[...] von allen Ärzten, Krankenhäusern und Krankenanstalten, bei denen ich in Behandlung war oder sein werde sowie von meiner Krankenkasse: [...] und von Versicherungsgesellschaften, Sozialversicherungsträgern, Behörden, derzeitigen und früheren Arbeitgebern sachdienliche Auskünfte einzuholen. Die befragten Personen und Stellen entbinde ich hiermit ausdrücklich von ihrer Schweigepflicht."[208] Zwar schickte die Versicherungsnehmerin den Antrag zurück, hatte aber die Klausel zur Schweigepflichtentbindung gestrichen. Anstelle dieser allgemeinen Ermächtigung schlug sie vor, „Einzelermächtigungen für jedes Auskunftsersuchen abzugeben"[209]. Das Unternehmen lehnte den Antrag ab und die Versicherungsnehmerin klagte dagegen. Alle Instanzen wiesen die Klage der Versicherungsnehmerin ab.

Mit der Verfassungsbeschwerde wird eine Verletzung von Art. 2 Abs. 1 i.V.m. Art. 1 Abs. 1 GG geltend gemacht. Ausgangspunkt der Entscheidung ist die objektive Dimension der Grundrechte und deren Wirkung im Privatrecht: Als verfassungsrechtliche Wertentscheidungen wirken die Grundrechte im Privatrechtsverkehr durch die Vorschriften des Zivilrechts. So müssen die Gerichte „durch Auslegung und Anwendung des einfachen Rechts" den grundrechtlichen Schutz gewährleisten und in den Fällen konkretisieren. Zwar kann das BVerfG die

---

**208** BVerfG(K), JZ 2007, 576, Schweigepflichtentbindung, S. 576.
**209** Ebd.

Vertragsauslegung der Fachgerichte nicht korrigieren, muss aber kontrollieren, ob die Auslegung der Vorinstanzen gegen die Schutzgehalte der Grundrechte verstößt.[210]

Auch das Recht auf informationelle Selbstbestimmung, das die Befugnis des Einzelnen zur Preisgabe und Verwendung seiner persönlichen Daten gewährleistet, wirkt als Schutznorm, also als objektives Recht im Privatbereich und muss insofern von den Richtern in einem konkreten Fall berücksichtigt werden. Das Gericht bestätigt seine frühere Aussage aus dem Volkszählungsurteil[211], wonach der Einzelne kein dingliches Herrschaftsrecht über bestimmte Informationen habe, da er sich innerhalb der sozialen Gemeinschaft entfalte und auf Kommunikation angewiesen sei.[212] Auch wenn „Kommunikationsinteressen anderer" dieses Recht beschränken können, hat der Einzelne grundsätzlich selbst darüber zu entscheiden, wie er seine Kommunikationsbeziehungen gestaltet. Ob er seine persönlichen Informationen geheim halten oder preisgeben will, soll er selbst entscheiden können. Beide Verhaltensweisen sind grundrechtlich geschützt.

Allerdings stellt das Gericht fest, ein Selbstschutz müsse faktisch realisierbar sein: „Dazu muss dem Einzelnen ein informationeller Selbstschutz auch tatsächlich möglich und zumutbar sein. Ist das nicht der Fall, besteht eine staatliche Verantwortung, die Voraussetzungen selbstbestimmter Kommunikationsteilhabe zu gewährleisten. In einem solchen Fall kann dem Betroffenen staatlicher Schutz nicht unter Berufung auf eine nur scheinbare Freiwilligkeit der Preisgabe bestimmter Informationen versagt werden. Die aus dem allgemeinen Persönlichkeitsrecht folgende Schutzpflicht gebietet den zuständigen staatlichen Stellen vielmehr, die rechtlichen Voraussetzungen eines wirkungsvollen informationellen Selbstschutzes bereitzustellen."[213]

Sodann bezieht sich das BVerfG auf den Ansatz der Störung der Vertragsparität und führt aus, dass der Vertrag als Ausdruck des übereinstimmenden Willens der Parteien grundsätzlich respektiert werden sollte, es sei denn, ein Partner hätte „ein solches Gewicht, dass er den Vertragsinhalt faktisch einseitig bestimmen kann".[214] In diesem Fall müsste die Selbstbestimmung beider Parteien gewährleistet werden, damit sie sich nicht in Fremdbestimmung umwandele. Außerdem betont das Gericht, dass die Freiwilligkeit der Informationspreisgabe auch dann infrage gestellt sein könne, wenn die angebotene Leistung für den Einzelnen von erheblicher Bedeutung sei. So ergebe sich aus der objektiven Dimension des

---

210 Ebd.
211 BVerfGE 65, 1, Volkszählung.
212 BVerfG(K), JZ 2007, 576, Schweigepflichtentbindung, S. 577.
213 Ebd.
214 Ebd.

allgemeinen Persönlichkeitsrechts die Erforderlichkeit einer gerichtlichen Überprüfung, „ob das Geheimhaltungsinteresse des unterlegenen Teils dem Offenbarungsinteresse des überlegenen Teils angemessen zugeordnet wurde".[215] Letztlich hätte der Versicherungsnehmer keine reale Alternative zur Unterzeichnung der Schweigepflichtentbindungserklärung, da ein Wettbewerb über die datenschutzrechtlichen Bedingungen des Vertrags nicht stattfinde.

In seiner Begründung erkennt das Gericht an, dass es für das Versicherungsunternehmen von Bedeutung ist, den Eintritt des Versicherungsfalles zu prüfen. Andererseits ist der Selbstschutz des Versicherungsnehmers ebenso von Bedeutung: Damit sein Geheimhaltungsinteresse tatsächlich gewährleistet werden kann, müssen Alternativen zu der allgemeinen Schweigepflichtentbindungserklärung gegeben werden. So stellt das BVerfG fest, dass ein Vertrag eine solche Schweigepflichtentbindung vorsehen könnte, indem er verschiedene Alternativen für den Versicherungsnehmer einräumt. Die erhöhten Kosten sollen vom Versicherungsnehmer selbst getragen werden, sofern dies die Ausübung des Rechts nicht verhindert.[216]

Nachwirkungen dieser Entscheidung sind schon sichtbar. Am 17. Januar 2012 hat der Düsseldorfer Kreis zusammen mit dem Gesamtverbund der deutschen Versicherungswirtschaft eine Mustererklärung zur Schweigepflichtentbindung veröffentlicht.[217] Hinsichtlich der Risikobeurteilung und der Prüfung der Leistungspflicht fällt in der Mustererklärung besonders auf, dass der Versicherungsnehmer zwischen zwei Vertragsklauseln auswählen soll: Entweder kann er seine Einwilligung zur Schweigepflichtentbindung allgemein beim Vertragsabschluss oder später im Einzelfall erteilen. Folgende Möglichkeiten sind vorgesehen:

„Ich wünsche, dass mich die Versicherung XY in jedem Einzelfall informiert, von welchen Personen oder Einrichtungen zu welchem Zweck eine Auskunft benötigt wird. Ich werde dann jeweils entscheiden, ob ich:

– in die Erhebung und Verwendung meiner Gesundheitsdaten durch die Versicherung XY einwillige, die genannten Personen oder Einrichtungen sowie deren Mitarbeiter von ihrer Schweigepflicht entbinde und in die Übermittlung meiner Gesundheitsdaten an die Versicherung XY einwillige

---

**215** Ebd.
**216** Ebd., S. 579.
**217** Abrufbar unter:
http://www.bfdi.bund.de/SharedDocs/Publikationen/Entschliessungssammlung/Duesseldorfer
Kreis/170120121EinwilligungVersicherungswirtschaft.pdf?__blob=publicationFile.

– oder die erforderlichen Unterlagen selbst beibringe
– Mir ist bekannt, dass dies zu einer Verzögerung der Antragbearbeitung oder der Prüfung
der Leistungspflicht führen kann."

Grundsätzlich ist der Kammerbeschluss des BVerfG von großer Relevanz zum einen, weil das BVerfG die Drittwirkung des Rechts auf informationelle Selbstbestimmung vollkommen bejaht, indem es dieses Recht als objektive Norm in einem Streitfall zwischen Privaten anwendet. So wandelt sich allmählich die im Volkszählungsurteil geprägte Konzeption, wonach sich das Recht auf informationelle Selbstbestimmung grundsätzlich im Verhältnis zwischen Staat und Bürger auswirkte.[218] Zum anderen liegt die Bedeutung der Entscheidung darin, dass das BVerfG die Schutzbedürfnisse bei scheinbarer Zustimmung wegen Machtungleichgewichten nicht nur am Maßstab der Privatautonomie, sondern auch im Hinblick auf das Recht auf informationelle Selbstbestimmung beurteilt, also nach dem Ansatz des Persönlichkeitsrechts.[219] Demgemäß ergibt sich aus der objektiven Dimension des Rechts auf informationelle Selbstbestimmung nicht nur eine Schutzpflicht gegen unbefugte Kenntnisnahme durch Dritte, sondern auch eine Schutzpflicht gegen die nur scheinbare Freiwilligkeit der Preisgabe von Daten und Informationen. Aus den Schutzpflichten aufgrund des Rechts auf informationelle Selbstbestimmung folgt also eine fachgerichtliche Kontrolle vertraglicher Offenbarungspflichten.[220]

## II. Das Recht auf Gewährleistung der Vertraulichkeit und Integrität informationstechnischer Systeme

Für die Analyse der Entwicklung des Rechts auf informationelle Selbstbestimmung ist es wichtig, nicht nur die Fälle zu untersuchen, in denen dieses Recht angewandt wurde, sondern auch diejenigen, in denen diese Anwendung erwartet wurde, aber trotzdem nicht erfolgte. Das passierte genau im Urteil des BVerfG zu Online-Durchsuchungen[221] aus dem Jahr 2008. Hier ging es um ein Thema, das ohne große Schwierigkeit in den Rahmen der informationellen Selbstbestimmung passte, nämlich die Verfassungsmäßigkeit des heimlichen Zugriffs auf informationstechnische Systeme durch den Verfassungsschutz. Die Beschwerdeführer

---

**218** Bedeutungsvoll für diese Veränderung war auch die frühere Entscheidung zur Offenbarung der Entmündigung bei Abschluss eines Mietvertrags (BVerfGE 84, 192, Entmündigung).
**219** Siehe *Bäcker*, Der Staat 1 (2012), 91, 107.
**220** *Britz*, Informationelle Selbstbestimmung, S. 591.
**221** BVerfGE 120, 274, Online-Durchsuchungen.

argumentierten, dass die Bürger u. a. in ihrem Recht auf informationelle Selbstbestimmung verletzt würden. Interessanterweise hielt das BVerfG die Verfassungsbeschwerde für begründet, aber nicht wegen des Verstoßes gegen das Recht auf informationelle Selbstbestimmung, sondern wegen der Verletzung einer anderen Ausprägung des allgemeinen Persönlichkeitsrechts, und zwar des Rechts auf Gewährleistung der Vertraulichkeit und Integrität informationstechnischer Systeme. Dementsprechend stellt dieses Urteil eine wichtige Gelegenheit dar, die Grenzen und Defizite des informationellen Selbstbestimmungsrechts zu erforschen.

Der Fall betrifft die Frage, ob ein nordrhein-westfälisches Gesetz aus dem Jahr 2006 verfassungsmäßig sei, das den Verfassungsschutz sowohl zum heimlichen Beobachten des Internets als auch zum heimlichen Zugriff auf informationstechnische Systeme ermächtigt, was von der Literatur „Online-Durchsuchung" genannt wird.[222] In dem Urteil entwickelt das Gericht als Ausprägung des allgemeinen Persönlichkeitsrechts (Art. 2 Abs. 1 i.V.m. Art. 1 Abs. 1 GG) in seiner lückenfüllenden Funktion das Grundrecht auf Gewährleistung der Vertraulichkeit und Integrität informationstechnischer Systeme. Geschützt seien vor allem Systeme, die personenbezogene Daten in einer Vielfalt enthalten würden, wie z.B. Personal Computer, Mobiltelefone und elektronische Terminkalender. Eine Ausnahme seien vernetzte elektronische Steuerungsanlagen der Haustechnik, die nicht vom Schutzgehalt umfasst seien. Laut dem Gericht schütze das Grundrecht auf Gewährleistung der Vertraulichkeit und Integrität informationstechnischer Systeme zum einen „das Interesse des Nutzers, dass die von einem vom Schutzbereich erfassten informationstechnischen System erzeugten, verarbeiteten und gespeicherten Daten vertraulich bleiben."[223] Zum anderen schütze es auch die Integrität des Systems gegen allgemeine Zugriffe, die seine Leistung und Funktion beeinträchtigen und insofern die Überwachung oder Manipulation des Systems ermöglichen würden.[224]

Laut der Argumentation des BVerfG liege das Schutzbedürfnis zunächst darin, dass die informationstechnischen Systeme allgegenwärtig seien und eine zentrale Rolle für das Leben der Bürger spielten. Vor allem der Personal Computer diene sowohl als Archiv von Privat- und Betriebsdaten als auch als Interaktionsgerät. Telekommunikationsgeräte und elektronische Geräte würden eine ähnliche Rolle spielen. Darüber hinaus ermögliche die Vernetzung informationstechni-

---

**222** BVerfGE 120, 274 (276), Online-Durchsuchungen.
**223** BVerfGE 120, 274 (314), Online-Durchsuchungen.
**224** Ebd.

scher Systeme durch eine Vielfalt von modernen Kommunikationsdiensten, dass der Einzelne „aktiv soziale Verbindungen aufbauen und pflegen" könne.[225]

Das Gericht stellt fest, dass die vernetzten informationstechnischen Systeme nicht nur Chancen, sondern auch viele Gefährdungen für den Bürger begründen könnten. Einerseits hänge die Nutzung dieser Systeme immer davon ab, dass viele personenbezogene Daten erhoben und verarbeitet würden. Andererseits entstehe bei diesen Systemen ein erhöhtes Risiko des unerlaubten Zugangs von Dritten, ohne dass der Betroffene dies erkenne oder sich davor bewahren könne. Aus dieser Gefährdung ergebe sich ein „grundrechtlich erhebliches Schutzbedürfnis", dass der Staat „mit Blick auf die ungehinderte Persönlichkeitsentfaltung berechtigten Erwartungen an die Integrität und Vertraulichkeit derartiger Systeme" Rechnung tragen müsse.[226]

Das Gericht argumentiert, dass weder das Recht auf Schutz der Privatsphäre noch das informationelle Selbstbestimmungsrecht angewendet werden könnten. Es führt aus, dass der Privatsphärenschutz keine geeignete Garantie in diesem Fall liefern könne, und zwar mit der Begründung: „[Das] Schutzbedürfnis des Nutzers eines informationstechnischen Systems beschränkt sich jedoch nicht allein auf Daten, die seiner Privatsphäre zuzuordnen sind".[227] Hinsichtlich des informationellen Selbstbestimmungsrechts erklärt das BVerfG, dass es bei der Online-Durchsuchung keinen ausreichenden Schutz bieten könne, weil es nur geeignet sei, den Schutz vor einer einzelnen Datenerhebung zu gewährleisten. In dem Fall, in dem der Nutzer viele personenbezogene Daten im System liefere, nur weil er dem System vertraue oder weil diese zwangsläufig verlangt worden seien, könne die informationelle Selbstbestimmung wenig beitragen.[228]

Nachdem das Gericht das grundsätzliche Verbot der Online-Durchsuchungen gemäß dem Grundgesetz erklärt, stellt es fest, unter welchen begrenzten Umständen diese zulässig sein können. Zum einen müssten „tatsächliche Anhaltspunkte einer konkreten Gefahr für ein überragend wichtiges Rechtsgut" vorliegen, wie z. B. Leib, Leben und Freiheit der Person oder wesentliche Güter der Allgemeinheit. Zum anderen verlange eine solche heimliche Infiltration immer eine richterliche Anordnung. Letztendlich müsse das Gesetz, das die Ermächtigung zu einem solchen Eingriff vorsehe, Vorkehrungen treffen, die den Kernbereich privater Lebensgestaltung gewährleisteten. Dieser Kernbereich genieße absoluten

---

**225** BVerfGE 120, 274 (303 ff.), Online-Durchsuchungen.
**226** BVerfGE 120, 274 (305 ff.), Online-Durchsuchungen.
**227** BVerfGE 120, 274 (311 ff.), Online-Durchsuchungen.
**228** Ebd.

Schutz, da er Daten mit höchstpersönlichen Inhalten trage. Selbst überwiegende Interessen der Allgemeinheit könnten einen Eingriff nicht rechtfertigen.[229]

Aus den erwähnten Gründen entschied das Bundesverfassungsgericht, dass § 5 Abs. 2 des Gesetzes über den Verfassungsschutz in Nordrhein-Westfalen in der Fassung des Gesetzes vom 20. Dezember 2006 unvereinbar mit Art. 2 Abs. 1 i.V. m. Art. 1 Abs. 1, Art. 10 Abs. 1 und Art. 19 Abs. 1 S. 2 des Grundgesetzes sei, und erklärte die Regelung für nichtig.[230]

Das Online-Durchsuchungs-Urteil hat sowohl Kritik als auch Lob erhalten. Kritische Bemerkungen wenden sich gegen die Nutzlosigkeit der Entwicklung eines neuen Rechts, da das informationelle Selbstbestimmungsrecht in dem Fall sehr wohl anwendbar gewesen sei.[231] Damit verknüpft weisen die Kritiker auch darauf hin, dass der Schutzbereich des Rechts auf informationelle Selbstbestimmung nach diesem Urteil verengt würde.[232] Andere Kritiker betonen, dass die neue Ausprägung die Grundrechtsdogmatik auf den falschen Weg leite, indem sie zu einer zunehmenden Kasuistik in der verfassungsgerichtlichen Rechtsprechung führe.[233]

Trotz dieser Kritik wurde das Grundrecht auf Vertraulichkeit und Integrität informationstechnischer Systeme vom Großteil der Wissenschaft positiv aufgenommen.[234] Hinsichtlich der Rechtsprechung zum informationellen Selbstbestimmungsrecht und allgemeinen Persönlichkeitsrecht scheint die Formulierung dieses Rechts vom BVerfG nötig und geeignet gewesen zu sein. Zunächst liegt es auf der Hand, dass unter den heutigen Bedingungen der allgegenwärtigen Datenverarbeitung die wichtigste Voraussetzung für die Ausübung des informationellen Selbstbestimmungsrechts nicht immer vorhanden ist, nämlich die Freiheit, von der Entscheidungsbefugnis Gebrauch zu machen. Informationelle Selbstbestimmung setzt voraus, dass der Einzelne eine freie Entscheidung über die Preisgabe personenbezogener Daten treffen kann. Genau diese Freiheit ist in der

---

**229** BVerfGE 120, 274 (328 ff.), Online-Durchsuchungen.

**230** BVerfGE 120, 274 (302), Online-Durchsuchungen.

**231** *Eifert*, NVwZ 5 (2008), 473, 521.

**232** *Lepsius*, in: Roggan (Hrsg.), Online-Durchsuchungen, S. 31.

**233** *Britz*, DÖV 10 (2008), 411, 414.

**234** Siehe z. B. *Kutscha*, Neue Chancen für die digitale Privatsphäre?; *Gusy*, DuD 1 (2009), 33; *Bäcker*, in: Lepper (Hrsg.), Privatsphäre mit System; *Dix*, in: Roggan (Hrsg.), Online-Durchsuchungen; vgl. neuerdings aber *Britz*, Informationelle Selbstbestimmung, S. 590. Die Autorin behauptet, „als pures Datenbestimmungsrecht kann das Recht auf informationelle Selbstbestimmung die Berechtigung der Vertraulichkeitserwartung selbst nicht begründen", und stellt somit fest, „insofern gewinnt die streitige These des Bundesverfassungsgerichts von der Unzulänglichkeit des Rechts auf informationelle Selbstbestimmung an Plausibilität" (Fn. 121).

Informations- und Kommunikationsgesellschaft schwierig zu gewährleisten, was auf der Tatsache beruht, dass der Einzelne auf die neuen Medien angewiesen ist.[235] Anstelle der Selbstbestimmung herrscht meistens in der digitalen Welt ein Kontrollverlust vor: Wenn der Einzelne die modernen Kommunikationsdienste benutzt, kann er schwer nachvollziehen, wie genau seine Daten behandelt werden, wer Zugang dazu hat und zu welchen Zwecken die Informationen verwendet werden können. Vor allem weiß er kaum, wie er sich vor Missbrauch schützen kann.[236]

Wenn ein solcher Kontrollverlust besteht, stellt sich ein Schutzbedarf jenseits der Gewährleistung von Entscheidungsbefugnis dar. Bei diesen Umständen spielt der Vertrauensschutz eine wichtige Rolle.[237] Der Nutzer muss sich darauf verlassen können, dass die in einem informationstechnischen System gespeicherten Daten vertraulich bleiben werden und dass sie gegen die heimliche Überwachung durch den Staat oder durch Dritte geschützt sind. Darüber hinaus muss das System so funktionieren, sowohl technisch als auch in seinen Anwendungskontexten, wie der Nutzer es erwarten kann.[238]

Daher nehmen die Anforderungen an staatliche Regulierungen zu, die diese Schutzerwartungen erfüllen sollen.[239] So wird klar, dass die Vertraulichkeit und Integrität informationstechnischer Systeme nur gewährleistet werden können, wenn der grundrechtliche Schutz mehr als eine reine Abwehrfunktion leistet. Zentral unter den neuen technologischen und sozialen Umständen ist also die objektiv-rechtliche Dimension des Grundrechtsschutzes, wobei Normen über Verfahren, Organisation und Technikgestaltung festgesetzt werden müssen.[240] Die auffallend objektiv-rechtliche Dimension des Rechts auf Vertraulichkeit und Integrität informationstechnischer Systeme weicht das Recht auf informationelle Selbstbestimmung erheblich auf, das grundsätzlich als Abwehrrecht vom BVerfG formuliert wurde.[241]

Ein anderer Unterschied zwischen beiden Konzeptionen liegt darin, dass dem neuen Grundrechtsschutz spezifische Eingriffsvoraussetzungen zugrunde liegen, die bei der informationellen Selbstbestimmung gefordert werden.[242] Während beim informationellen Selbstbestimmungsrecht ein überwiegendes Allgemein-

---

235 *Gusy*, DuD 1 (2009), 33, 34.
236 *Hoffmann-Riem*, AöR 134 (2009), 513, 524.
237 *Hoffmann-Riem*, JZ 21 (2008), 1009, 1012.
238 Ebd.
239 *Hoffmann-Riem*, AöR 134 (2009), 513, 524.
240 *Hoffmann-Riem*, JZ 21 (2008), 1009, 1013 ff.
241 *Lepsius*, Das Computer-Grundrecht, S. 41.
242 *Böckenförde*, JZ 19 (2008), 925, 928.

interesse vorliegen muss und organisatorische Verfahren vorgesehen werden sollen, setzt der Eingriff in das neue Grundrecht größere Anforderungen voraus: eine konkrete Gefahr für ein überragend wichtiges Rechtsgut, eine richterliche Anordnung sowie Vorkehrungen zum Schutz des Kernbereichs privater Lebensgestaltung.

Wie dargelegt wurde, bestehen viele Unterschiede zwischen der neuen grundrechtlichen Konzeption und dem Recht auf informationelle Selbstbestimmung. Die entscheidendste aber liegt in der theoretischen Formulierung des neuen Grundrechtsschutzes, die auf eine ganz andere Weise als bei der informationellen Selbstbestimmung durchgeführt wird. Anstatt die Entscheidungsbefugnis des Einzelnen zu sichern, erklärt das BVerfG einen bestimmten materialen Teil des Lebens für vertraulich, nämlich die eigengenutzten informationstechnischen Systeme. Obwohl das Gericht die Privatsphärenformel nicht ausdrücklich anwendet, benutzt es dieselbe Konzeption, wobei ein materieller Bereich markiert wird, in dem der Einzelne gegen Gefährdungen geschützt ist.[243] Besonders wichtig ist die Analyse dessen, warum die Wandlung von einem formalen Schutz zu einem materialen Schutz geschehen ist und welche Vorteile dies bringt. Diese Untersuchung, die im nächsten Teil durchgeführt wird, kann Erkenntnisse über die Defizite und Probleme des informationellen Selbstbestimmungsrechts liefern.

Zusammenfassend kann man sagen, dass alle erwähnten Merkmale – die objektiv-rechtliche Dimension, die spezifischen Eingriffsvoraussetzungen und die materielle Schutzformel – den neuen Grundrechtsschutz prägen und bereits die Erforderlichkeit der Formulierung des Rechts auf Vertraulichkeit und Integrität informationstechnischer Systeme durch das BVerfG rechtfertigen.

## C. Neujustierung der Dogmatik des Rechts auf informationelle Selbstbestimmung in Richtung eines gefährdungsabhängigen Schutzes

Die oben durchgeführte Untersuchung deutet an, dass sich die Konzeption des Rechts auf informationelle Selbstbestimmung schrittweise verändert hat, und zwar in Richtung eines gefährdungsabhängigen Schutzes[244], der sich nicht nur durch eine Datenverfügungsbefugnis beschreiben lässt, sondern vielmehr auch die Folgen der Verwendung von Informationen auf den Einzelnen einbezieht. War

---

243 So Böckenförde, der den Begriff „elektronische Privatsphäre" benutzt. Siehe ebd., S. 938.
244 *Trute*, Verfassungsrechtliche Grundlagen, Rn. 12 ff.

das frühere Konzept vorwiegend von einem handlungsorientierten Ansatz[245] der Datenkontrolle geprägt, der sich auf den individualschützenden Charakter des allgemeinen Persönlichkeitsrechts stützte, rückt nun durch die Neujustierung der informationellen Selbstbestimmung eine interaktionale Konzeption in den Vordergrund,[246] die sich mit Informationsrisiken auseinandersetzt und stärker auf Freiheitsschutz[247] und „selbstbestimmte Teilhabe an Kommunikationsprozessen"[248] abzielt.

Im Folgenden wird der Entwicklungsprozess dargestellt, den die verfassungsrechtliche Rechtsprechung zum Datenschutz ausgehend vom Grundrecht auf informationelle Selbstbestimmung durchlaufen hat.

## I. Die Veränderung des Schutzziels und die Präzisierung des Schutzbereichs

Das Schutzziel des Rechts ändert sich vollkommen und wird nicht mehr als Verfügungsbefugnis formuliert: „Eine unmittelbar an die individuelle Verfügungsbefugnis anknüpfende Konzeption gewährte entweder Unmögliches (Informationsverfügungsbefugnis) oder aber normativ nicht Erforderliches (Datenverfügungsbefugnis). Unmittelbare Grundrechtsrelevanz entfalten allein Informationen.[249] Freiheitsbeeinträchtigungen resultieren erst aus sozialer Interaktion bzw. aus deren Antizipation durch die betroffene Person."[250]

Die Gefährdungen oder Beeinträchtigungen der Freiheit durch die Verarbeitung personenbezogener Daten entstehen erst in konkreten Verwendungskontexten. Die aus der Datenverarbeitung generierten Informationen bedrohen die Freiheit des Einzelnen sowohl durch die Antizipation bestimmter Fremderwartungen an die Person als auch durch die Befürchtung nachteiliger Entscheidungen.[251] Der Grundrechtsschutz soll sich also nicht an der Preisgabe von Daten, sondern vielmehr an subjektiven Verwendungskontexten orientieren.[252] In diesem Zusammenhang kann ein „Daten-Beherrschungsrecht" nur eine instrumentelle Rolle spielen, und zwar mit dem Zweck, den Einzelnen vor Gefahren zu schützen,

---

245 *Albers*, Informationelle Selbstbestimmung, S. 238.
246 So *Suhr*, Entfaltung der Menschen durch die Menschen, S. 83.
247 *Simitis*, Bundesdatenschutzgesetz, § 1, S. 46 ff.; *Hoffmann-Riem*, Informationelle Selbstbestimmung, S. 506 ff.
248 *Hoffmann-Riem*, Informationelle Selbstbestimmung, S. 507.
249 *Trute*, Verfassungsrechtliche Grundlagen, Rn. 19.
250 *Britz*, Informationelle Selbstbestimmung, S. 567.
251 Ebd.
252 *Simitis*, BDSG, § 1, Rn. 58 ff.

die „aus dem nicht regulierten Umgang mit personenbezogenen Daten resultieren".[253]

Demgemäß ist das Recht auf informationelle Selbstbestimmung mit dem Ziel konzipiert, äußere und innere Entfaltungsfreiheit der Persönlichkeit zu gewähren.[254] Gemäß dem Schutz äußerer Entfaltungsfreiheit können Geheimhaltungsinteressen gewährleistet werden, um den Einzelnen gegen relevante Nachteile, die durch die Offenbarung der Informationen entstehen können, zu schützen. Relevant sind nur die Nachteile, vor denen die Freiheitsrechte Schutz bieten.[255] Der Schutz der inneren Entfaltungsfreiheit rechtfertigt die Geheimhaltungsinteressen des Individuums, soweit die Offenbarung von Informationen das allgemeine Persönlichkeitsrecht beeinträchtigen kann. Schutzwürdig sind besonders die Interessen, die sich gegen eine Verarbeitung einer großen Menge von personenbezogenen Informationen richten, wie es bei Persönlichkeitsprofilen oder bei intensiver Persönlichkeitsausforschung der Fall ist. Besondere Arten von Daten rechtfertigen auch diesen Schutz, da sie Stereotypen schaffen, die dem Einzelnen zugeordnet werden können und dadurch seine innere Entfaltungsfreiheit bedrohen.[256]

Aus den beiden Schutzzielen lässt sich erkennen, dass die grundrechtliche Basis des Rechts auf informationelle Selbstbestimmung nicht nur das allgemeine Persönlichkeitsrecht ist. Vielmehr stützt sich dieses Recht auch auf die allgemeine Handlungsfreiheit und ist deshalb im Doppelgrundrecht des Art. 2 Abs. 1 GG verankert.[257]

Nachdem das Schutzziel sich geändert hat, änderte sich auch die Reichweite des Rechts: Das Recht entspricht sowohl einem konkreten Nachteilsschutz als auch einem konkreten und abstrakten Gefährdungsschutz.[258] So schützt zunächst das Recht auf informationelle Selbstbestimmung den Einzelnen gegen Informationsmaßnahmen, die die Basis für eine Entscheidung mit konkreten Nachteilen für ihn sind. Entscheidend für die Beurteilung, ob Nachteile entstanden sind oder nicht, ist der Verwendungszusammenhang. Demgemäß wird nicht jeder Infor-

---

**253** *Trute*, Verfassungsrechtliche Grundlagen, Rn. 19; *Britz*, Informationelle Selbstbestimmung, S. 568.

**254** *Britz*, Informationelle Selbstbestimmung, S. 566 ff.; *Hoffmann-Riem*, Informationelle Selbstbestimmung, S. 506 ff.

**255** *Britz*, Informationelle Selbstbestimmung, S. 570 ff.

**256** Ebd., S. 572 ff.

**257** *Bäcker*, Der Staat 1 (2012), 91, 96 ff.; *Britz*, Informationelle Selbstbestimmung, S. 573. Siehe auch *Bull*, Informationelle Selbstbestimmung, S. 57 ff., der das Recht allein auf die Handlungsfreiheit basiert.

**258** *Britz*, Informationelle Selbstbestimmung, S. 574.

mationsumgang in den grundrechtlichen Inhalt einbezogen, sondern nur derjenige, der zu einem konkreten Nachteil führt.[259]

Über die konkrete Nachteilsvermeidung hinaus schützt das Recht auch gegen besondere Gefährdungslagen. Diese dogmatische Konzeption weist sowohl Ähnlichkeiten als auch Unterschiede zu derjenigen auf, die im Volkszählungsurteil entwickelt wurde. Indem sie einen Gefährdungsschutz bietet, ermöglicht sie, wie in der Rechtsprechung des BVerfG, eine Erweiterung des Schutzes über die konkreten Wirkungen hinaus. Jedoch ist dieser Gefährdungsschutz enger als die vom Gericht zunächst entwickelte Konzeption, da er sich nur auf besondere Gefährdungslagen bezieht.[260]

Die Beschränkung des Gefährdungsschutzes auf die besondere Gefährdungslage erscheint sinnvoll. Einerseits erweist sich der Gefährdungsschutz als erforderlich, da ein reiner Nachteilschutz für den Einzelnen unwirksam ist, wenn er erst bei der Informationsmaßnahme eingreift, der Nachteil sich aber schon konkretisiert hat.[261] Andererseits würde ein umfassender Gefährdungsschutz viele Schwierigkeiten mit sich bringen, wie z. B. die Verrechtlichung aufgrund des Gesetzesvorbehalts und einen beachtlichen Konflikt mit der Informationsfreiheit.[262]

Erhöhte Gefährdungslagen lassen sich mehr oder weniger aus der Rechtsprechung des BVerfG rekonstruieren und stellen einen Bezug zu den neuen Schutzzielen des Rechts auf informationelle Selbstbestimmung her. Laut Britz können sechs besondere Gefährdungslagen identifiziert werden: a) wenn eine Kombination zwischen einem realistisch absehbaren Verwendungszusammenhang und einem intensiven Nachteilspotenzial besteht, wie z. B. im Fall des bayerischen Versammlungsgesetzes[263]; b) wenn die potenzielle Nachteilwirkung aus dem Inhalt der Daten oder Informationen erkennbar ist, wie z. B. bei der Sammlung von Informationen über Vorstrafen, schwere Erkrankungen, Teilnahme an Versammlungen, politische Meinungen, Gewerkschaftsmitgliedschaft etc.; c) wenn es sich um eine heimliche Informationserhebung handelt, da in diesem Fall der Einzelne weder Selbstschutzmöglichkeiten durch Verhaltensanpassung hat noch über nachträglichen Rechtsschutz verfügt; d) wenn statistische Annahmen mit konkreten personenbezogenen Daten kombiniert werden, dann steigt die Gefährdung für das Individuum, weil durch diese Kombination Fehler auftreten können, ohne dass sie sich korrigieren lassen; e) bei der elektronischen Datenverarbeitung entsteht eine besondere Gefährdungslage, indem eine große

---

259 Ebd.
260 Ebd., S. 578.
261 Ebd.
262 Siehe in diesem Kapitel A.II.
263 BVerfGE 122, 342, Bayerisches Versammlungsgesetz.

Menge von Daten erhoben und verarbeitet wird, die für den Einzelnen nicht überschaubar ist, wie z. B. bei der Erstellung von Persönlichkeitsprofilen, denn dadurch entstehen vor allem die Gefahren einer intensiven Verhaltenskontrolle und von fehlerhaften Informationen, die auch falsche Entscheidungen mit Nachteilen für den Betroffenen begründen können; f) eine erhöhte Gefährdungslage besteht letztlich, wenn die Datenverarbeitung die Verletzung von berechtigten Vertraulichkeitserwartungen verursacht, die von der Verfassung durch den Privatsphärenschutz, das Fernmeldegeheimnis, die Unverletzlichkeit der Wohnung und das Recht auf Vertraulichkeit und Integrität informationstechnischer Systeme gewährleistet sind.[264]

Aus dieser Analyse lässt sich erkennen, wie sich die jüngste Rechtsprechung des BVerfG an die in der Rechtswissenschaft vertretenen Positionen angenähert hat, indem sie das Recht auf informationelle Selbstbestimmung zunehmend als Gefährdungsschutz konzipiert, der sich an den gefährdeten Freiheitsrechten orientiert, statt einen ausschließlichen Selbstbestimmungsschutz zu formulieren. Daraus folgt, dass das Grundrecht auf informationelle Selbstbestimmung nur die Informationsmaßnahmen erfasst, die die Freiheit konkret beeinträchtigen oder die eine besondere Gefahr der Beeinträchtigung der Freiheit schaffen.[265]

## II. Die abwehrrechtliche Dimension

Was die dogmatische Konzeption des Rechts auf informationelle Selbstbestimmung betrifft, ergibt sich aus dessen Gewährleistungsinhalt einerseits eine abwehrrechtliche Dimension und andererseits ergeben sich Schutzpflichten, die den Einzelnen vor den Gefährdungen seiner Entfaltungsfreiheit durch Dritte schützen.[266]

Durch die Präzisierung des Schutzbereichs wird es möglich, die abwehrrechtliche Konstruktion beizubehalten und gleichzeitig eine eigentumsanaloge Konzeption abzulehnen.[267] Nach der Neujustierung des Rechts kann die informationelle Selbstbestimmung zwar nicht mehr als eigenständiges Schutzgut verstanden werden, sie dient aber trotzdem als ein Mittel, das das eigentliche Schutzgut gewährleistet, nämlich die Entfaltungs- und die Verhaltensfreiheit. So besteht ein abwehrrechtlicher Schutz als „Datenverfügungsbefugnis" immer dann, wenn dies für die Gewährleistung der Entfaltungsfreiheit erforderlich ist.

---

**264** *Britz*, Informationelle Selbstbestimmung, S. 579 ff.
**265** Ebd., S. 581.
**266** *Hoffmann-Riem*, JZ 21 (2008), 1009, 1013 ff.
**267** *Britz*, Informationelle Selbstbestimmung, S. 582.

Daraus folgt, dass ein Abwehrrecht nur gegen solche Informationsmaßnahmen existiert, die die innere und äußere Entfaltungsfreiheit des Einzelnen beeinträchtigen oder gefährden. Grundrechtsrelevante Informationsmaßnahmen liegen also in drei Ausprägungen vor: erstens, wenn sie eine Entscheidung mit nachteiligen Wirkungen für den Betroffenen begründen; zweitens, wenn sie durch besondere Informationsdichte bzw. Informationsinhalte die innere Entfaltungsfreiheit des Individuums bedrohen; drittens, wenn sie eine besondere Gefährdungslage begründen, auch wenn sie auf keinen konkreten Verwendungszweck gerichtet sind.[268]

Nach der Präzisierung des Schutzziels und des Schutzbereichs des Rechts auf informationelle Selbstbestimmung kann das vom BVerfG weiterentwickelte Eingriffskonzept beibehalten werden.[269] Die Erforderlichkeit der gesetzlichen Grundlage sowie das Gebot der Zweckbindung bestehen ebenfalls fort. Die Bestimmtheit des Gesetzes soll die Intensität des Eingriffs berücksichtigen. Um die Zulässigkeit eines Eingriffs zu prüfen, muss der Grundsatz der Verhältnismäßigkeit beachtet werden. Dabei spielen die Schutzziele des Rechts eine entscheidende Rolle. Der Verhältnismäßigkeitsgrundsatz begründet die Erhöhung der prozeduralen Eingriffsvoraussetzungen bei schwerwiegenden Eingriffen, wie z. B. die Erforderlichkeit eines Richtervorbehalts im Fall einer Online-Durchsuchung. Aus dem Grundsatz der Verhältnismäßigkeit lässt sich schließlich auch ein absolut geschützter Kernbereich formulieren.[270] Trotz der ständigen Rechtsprechung des BVerfG zu diesem Thema ist der konkrete Umfang dieses Kernbereichs noch sehr umstritten.[271]

### III. Die Betonung der Schutzverpflichtung des Staates

Nicht nur die abwehrrechtliche Konzeption des informationellen Selbstbestimmungsrechts wird durch die Neujustierung umformuliert. Der Prozess der Neujustierung führt auch und vor allem zu einer Verstärkung der Schutzverpflichtung dieses Rechts und dadurch zu einem anderen Verständnis der Rolle des Staates. Das ist auf zweierlei Aspekte zurückzuführen: Einerseits werden die Gefährdungen, die durch den Umgang privater Stellen mit Informationen und Daten entstehen, immer häufiger betont; andererseits wird deutlich, dass eine rein abwehrrechtliche Konzeption der Komplexität des Schutzes vor Informationsein-

---

**268** Ebd.
**269** Siehe in diesem Kapitel A.II. und C.I.
**270** BVerfGE 120, 274 (328 ff.), Online-Durchsuchungen.
**271** *Britz*, Informationelle Selbstbestimmung, S. 585.

griffen nicht gerecht wird und dass viele Lösungsansätze nur vom Gesetzgeber in geeigneter Weise formuliert werden können.

Vor diesem Hintergrund umfasst das Recht auf informationelle Selbstbestimmung eine Schutzpflichten-Dimension, die eine entscheidende Rolle für den Schutz des Einzelnen gegen den Umgang Dritter mit Informationen und Daten spielt. Wichtig ist, dass die Schutzpflichten nicht nur objektive Normen, sondern auch subjektive Ansprüche begründen können. Schutzbedarf besteht bei dem Umgang Dritter mit Daten und Informationen sowohl durch die Informationshandlungen, die gegen bzw. ohne den Willen des Betroffenen stattfinden, als auch durch diejenigen, die mit seinem Willen vorliegen. So muss die Dimension der Schutzverpflichtung beide Situationen erfassen. Auffallend bei diesem Recht ist, dass gerade die Informationshandlungen, die auf einem angeblichen Willen des Betroffenen beruhen, einen besonderen Schutzbedarf aufweisen.[272]

### 1. Schutz gegen unbefugte Datenverarbeitung

Vertraulichkeitssphären, die sich aus den spezifischen Freiheitsgewährleistungen ergeben, schützen den Einzelnen klassischerweise vor unbefugter Kenntnisnahme durch Dritte. Demgemäß soll eine Infrastruktur der Vertraulichkeit[273] für die Bereiche geschaffen werden, in denen ein berechtigtes Vertrauen in bestimmte Kommunikationen oder Inhalte besteht. Die traditionellen Rechte, die diese Funktion erfüllen, sind ausdrücklich im Grundgesetz vorgesehen, so Art. 10 und Art. 13 GG. Auch der Privatsphärenschutz erfüllt solch eine Funktion.

Hinzu kommt jetzt eine neue grundrechtliche Vertraulichkeitsgarantie, die vom BVerfG im Online-Durchsuchungs-Urteil erkannt wurde, und zwar das Recht auf Gewährleistung der Vertraulichkeit und Integrität informationstechnischer Systeme.[274] Dem Gericht zufolge umfasst der Schutzbereich dieses Rechts sowohl das Interesse des Nutzers an der Vertraulichkeit der gesamten im System verarbeiteten und gespeicherten Daten als auch die Integrität des Systems gegen allgemeine Zugriffe.[275] Einbegriffen sind Systeme, die eine große Anzahl von personenbezogenen Daten enthalten, wie z. B. Personal Computer, Mobiltelefone und elektronische Terminkalender.

Vor dem Hintergrund dieses neuen Rechts lassen sich die Defizite der früheren Konzeption des Rechts auf informationelle Selbstbestimmung deutlich erkennen:

---

**272** Ebd., S. 586 ff.; *Bäcker*, Der Staat 1 (2012), 91, 105 ff.
**273** *Hoffmann-Riem*, Informationelle Selbstbestimmung, S. 522; *Britz*, Informationelle Selbstbestimmung, S. 588 ff.
**274** BVerfGE 120, 274, Online-Durchsuchungen.
**275** BVerfGE 120, 274 (314), Online-Durchsuchungen.

Als ein reines Datenbestimmungsrecht kann „das Recht auf informationelle Selbstbestimmung die Berechtigung Vertraulichkeitssphären selbst nicht begründen. Es setzt die Vertraulichkeitsgewähr vielmehr voraus und knüpft in seinem Schutz daran an".[276]

## 2. Schutz gegen nur scheinbare Freiwilligkeit

Nicht nur die unbefugte Kenntnisnahme soll durch Schutzpflichten gesichert werden. Schutzbedürfnisse können auch entstehen, wenn die Preisgabe von Daten und Informationen freiwillig stattgefunden hat, aber die Freiwilligkeit sich als nur scheinbar erweist.[277] In dem Fall einer Versicherungsnehmerin, die einer Schweigepflichtentbindungserklärung nicht zugestimmt hat und deshalb die Leistung nicht bekommen hat, entschied eine Kammer des BVerfG, dass das Recht auf informationelle Selbstbestimmung der Beschwerdeführerin verletzt wurde.[278] Die Entscheidung lehnte sich an die frühere Rechtsprechung zur Störung der Vertragsparität an und wendete das Konzept des „erheblichen Verhandlungsungleichgewichts" in einem Fall an, in dem es nicht nur um ein schuldvertragliches Rechtsgeschäft ging, sondern auch um den Umgang mit Informationen und Daten.[279] Bedeutungsvoll bei der Argumentation des Gerichts ist, dass aus der objektiven Dimension des Rechts auf informationelle Selbstbestimmung eine Schutzpflicht abgeleitet wird, die darin besteht, die Bürger gegen eine scheinbare Zustimmung zu schützen.[280]

Der Staat kann die Schutzpflichten durch verschiedene Alternativen realisieren. Wird angenommen, dass die Kriterien, die das BVerfG für den Versicherungsfall angewendet hat, in einigen Verbrauchergeschäften systematisch erscheinen können, müssen auch systematische bzw. gemeinsame Lösungen gesucht werden[281]. In diesen Situationen könnten Lösungsansätze vom Gesetzgeber formuliert werden, die über eine punktuelle richterliche Kontrolle hinausgehen würden. Der Schutz gegen scheinbare Freiwilligkeit kann ebenfalls dadurch gewährleistet werden, dass einem Unternehmen verboten wird, den Abschluss

---

**276** *Britz*, Informationelle Selbstbestimmung, S. 590.

**277** Ebd., S. 591 ff.; *Bäcker*, Der Staat 1 (2012), 91, 105 ff.

**278** BVerfG(K), JZ 2007, 576, Schweigepflichtentbindung, Rn. 27.

**279** Ebd., Rn. 38.

**280** Ebd., Rn. 33.

**281** Aus der Entscheidung ergeben sich drei Kriterien für die staatliche Intervention zum Schutz des Rechts auf informationelle Selbstbestimmung: a) die unerhebliche Gefährdung der Entfaltungsfreiheit, b) das Machtungleichgewicht zwischen Betroffenen und Handelnden und c) die Feststellung, dass es zu einer Einwilligung keine ernsthafte Alternative für den Betroffenen gibt. So *Bäcker*, Der Staat 1 (2012), 91, 106.

eines Vertrags von einer Datenweitergabe für Werbungszwecke abhängig zu machen. Dabei handelt es sich um das Koppelungsverbot, das in § 28 Abs. 3b BDSG vorgesehen ist. Seine Anwendbarkeit setzt aber voraus, dass der Betroffene keinen Zugang zu ähnlichen Vertragsleistungen hat, ohne seine Einwilligung erteilen zu müssen.[282] Darüber hinaus können andere Arten von Schutzmaßnahmen zu diesem Zweck formuliert werden, nämlich die Pflichten zu Standardeinstellungen durch Internetbetreiber sowie Hinweis- und Aufklärungspflichten.[283]

## D. Zwischenergebnis

Aus der Analyse, die in diesem Kapitel durchgeführt wurde, ergibt sich, dass sich die ursprüngliche Konzeption des Rechts auf informationelle Selbstbestimmung gewandelt hat. Dies ist sowohl auf die Rechtswissenschaft als auch auf die Rechtsprechung des BVerfG zurückzuführen. Durch diese Entwicklung wird es möglich, ein Konzept des Rechts auf informationelle Selbstbestimmung zu formulieren, das seine Flexibilität und Anwendbarkeit beibehält, ohne dass die Komplexität des Phänomens der Information und die sozialen Machtverhältnisse vernachlässigt werden.

Vor allem zwei Urteile des BVerfG sind für diese Wandlung ausschlaggebend: die Entscheidung zur Schweigepflichtentbindungserklärung und das Urteil zur Online-Durchsuchung. In seinem Beschluss zur Schweigepflichtentbindung hat das BVerfG entschieden, dass es einer gerichtlichen Überprüfung bedarf, um zu sichern, dass die Geheimhaltungsinteressen der unterlegenen Partei nicht beeinträchtigt wurden.[284] Das Gericht wendete den Ansatz der Störung der Vertragsparität auf Informationshandlungen an und stellte fest, dass eine staatliche Verantwortung besteht, wenn tatsächlicher Selbstschutz nicht realisierbar ist. Daraus folgt, dass das informationelle Selbstbestimmungsrecht auch eine objektive Dimension enthält, die durch ihre Schutzpflichtenfunktion die Bürger vor einer nur scheinbaren Zustimmung zu schützen vermag.[285]

Während das Gericht in der Schweigepflicht-Entscheidung noch im Rahmen des Rechts auf informationelle Selbstbestimmung argumentiert, ändert sich dieser Ansatz im Online-Durchsuchungs-Urteil[286], indem das BVerfG selbst die Geeignetheit des informationellen Selbstbestimmungsrechts infrage stellt. In diesem

---

**282** Ebd., S. 108.
**283** *Britz*, Informationelle Selbstbestimmung, S. 592.
**284** BVerfG(K), JZ 2007, 576, Schweigepflichtentbindung.
**285** Ebd., Rn. 33.
**286** BVerfGE 120, 274, Online-Durchsuchungen.

Fall, der die Verfassungsmäßigkeit des heimlichen Zugriffs auf informationstechnische Systeme betrifft, wendet das Gericht das informationelle Selbstbestimmungsrecht nicht an, obwohl es auch auf diesen Gegenstand hätte erweitert werden können und dessen Anwendung sogar erwartet wurde. Stattdessen erkennt das Gericht eine neue Ausprägung des allgemeinen Persönlichkeitsrechts an, nämlich das Recht auf Gewährleistung der Vertraulichkeit und Integrität informationstechnischer Systeme. Der Schutzbereich dieses Rechts schließt sowohl das Interesse des Nutzers an der Vertraulichkeit der im System gespeicherten Daten als auch an der Integrität des Systems ein.[287] Die Angewiesenheit der Bürger auf vernetzte informationstechnische Systeme sowie das Risiko des unerlaubten Zugriffs Dritter stehen im Zentrum der Entscheidungsbegründung.[288]

Im Vergleich zum informationellen Selbstbestimmungsrecht fällt bei dieser neuen Konzeption der materiale Gewährleitungsinhalt auf. Das Gericht erklärt die eigengenutzten informationstechnischen Systeme für vertraulich, also in ähnlicher Weise wie bei den Grundrechten auf Briefgeheimnis und auf Unverletzlichkeit der Wohnung. Ohne sich ausdrücklich auf die Privatsphärentheorie zu beziehen, benutzt das Gericht eine analoge Formel, derzufolge ein materialer Bereich markiert wird, in dem der Einzelne gegen Gefährdungen geschützt ist.[289] So verzichtet es auf die Bestimmungsbefugnis und auf die Formalität der früheren Formel.

Die Gründe für den Wendepunkt liegen darin, dass unter den Umständen der allgegenwärtigen Datenverarbeitung die Vorbedingung für die Ausübung des Rechts auf informationelle Selbstbestimmung nicht immer gegeben ist, und zwar die Freiheit, die Entscheidungsbefugnis auszuüben. Wenn der Einzelne auf die neuen Medien angewiesen ist, fehlt die freie Entscheidungsmöglichkeit, welche die Grundlage für die Entscheidung über die Preisgabe von personenbezogenen Daten ist.[290] Stattdessen ist die digitale Welt von einem Kontrollverlust geprägt, indem der Einzelne, der mit den modernen Kommunikationsdiensten umgeht, kaum wahrnehmen kann, wie seine Daten verarbeitet werden, in welchen Kontexten sie verwendet werden können und wie er sich vor Missbrauch bewahren kann.[291] Unter diesen Bedingungen lässt sich der grundrechtliche Schutz nicht lediglich mit der Gewährleistung von Entscheidungsbefugnis durchsetzen. Vielmehr muss er sich auf ein Vertrauensschutzkonzept stützen, demzufolge der

---

287 BVerfGE 120, 274 (314), Online-Durchsuchungen.
288 BVerfGE 120, 274 (305 ff.), Online-Durchsuchungen.
289 So *Böckenförde*, Auf dem Weg zur elektronischen Privatsphäre, S. 938.
290 *Gusy*, DuD 1 (2009), 33, 34.
291 *Hoffmann-Riem*, AöR 134 (2009), 513, 524.

Einzelne sich auf die Sicherheit und Schutzwürdigkeit der personenbezogenen Daten verlassen kann.[292]

Diese wichtigen Entscheidungen führen zu einer Umgestaltung des dogmatischen Konzepts des Rechts auf informationelle Selbstbestimmung. Das Schutzziel des Rechts ändert sich und ist nicht mehr lediglich als Verfügungsbefugnis zu verstehen. Äußere und innere Entfaltungsfreiheit der Persönlichkeit zu sichern, ist nun Zweck dieses Rechts.[293] Somit ändert sich auch seine Reichweite: Das Recht umfasst einen konkreten Nachteilschutz sowie einen konkreten und abstrakten Gefährdungsschutz.[294] Der Gewährleistungsinhalt des Rechts auf informationelle Selbstbestimmung enthält sowohl eine abwehrrechtliche Dimension als auch eine Schutzpflichtendimension, die eine entscheidende Rolle für den Schutz des Einzelnen gegen den Umgang Dritter mit Informationen und Daten spielt.[295]

Dadurch, dass das BVerfG die frühere formale und abstrakte Konzeption des Rechts auf informationelle Selbstbestimmung in ein komplexeres und ausdifferenziertes Schutzkonzept umformuliert, verringert sich die Kluft zwischen der verfassungsgerichtlichen Rechtsprechung und der Rechtswissenschaft. Dieser Wandel der Selbstbestimmungsidee in ein gefährdungsabhängiges Schutzkonzept kann viel über die Herausforderungen des gegenwärtigen Datenschutzes in einer vernetzten Gesellschaft aussagen. Statt von einem handlungsorientierten Ansatz der Datenkontrolle mit individualschützendem Charakter ist jetzt vielmehr von einem interaktionalen Konzept, das sich an Informationsrisiken und Kommunikationsvoraussetzungen orientiert, die Rede. In diesem Zusammenhang können wichtige Ansätze formuliert werden, an denen sich die Gestaltung eines wirkungsvolleren und realitätsnäheren Datenschutzes orientieren könnte.

---

292 *Hoffmann-Riem*, JZ 21 (2008), 1009, 1012.
293 *Britz*, Informationelle Selbstbestimmung, S. 566 ff.
294 Ebd., S. 574.
295 *Hoffmann-Riem*, JZ 21 (2008), 1009, 1013 ff.

**Teil II: Die Rechtmäßigkeitsstruktur des privatrechtlichen Datenschutzmodells und das Primat der Datenkontrolle**

# 3. Kapitel:
# Die Rechtmäßigkeit privater Informations- und Datenverarbeitung im deutschen Recht

Der Zweck des dritten Kapitels liegt darin, die Verarbeitung personenbezogener Daten im Privatbereich zu analysieren, um Herausforderungen und Lösungsansätze der Rechtmäßigkeitsstruktur des deutschen Datenschutzrechts zu beleuchten. Nach der Feststellung im zweiten Kapitel, dass sich die grundrechtliche Konzeption des Datenschutzes gewandelt hat, und zwar in Richtung einer stärkeren Betonung der Schutzverpflichtung des Staates und der Entwicklung eines gefährdungsabhängigen Schutzes, lässt sich fragen, ob sich der zivilrechtliche Datenschutz ebenfalls geändert hat bzw. ändern sollte, was seine auf Datenkontrolle gerichtete Grundlage betrifft.[296] Mit anderen Worten: Es ist zu fragen, ob dem zivilrechtlichen Datenschutz noch die ursprüngliche prozedurale Struktur zugrunde liegt oder ob neue Instrumente entwickelt wurden, die eine materiale Zustimmung fördern sowie mit Informationsrisiken umgehen können.

Um dieser Frage nachzugehen, wird zunächst die Grundlage für die Zulässigkeit der Datenverarbeitung im Privatbereich untersucht. Danach werden die Grenzen dieser Konzeption behandelt, indem die vernachlässigten Elemente beleuchtet werden. Es wird sich zeigen, dass neben der Kritik an der Einwilligung als Fiktion andere Hilfskonstrukte verwendet wurden, um die formale Grundlage des Datenschutzes zu schaffen und beizubehalten. Hierauf folgt eine Darstellung der Lösungsansätze, die es ermöglichen, die Herausforderungen und Grenzen der traditionellen Konzeption zu überwinden.

## A. Die Grundlage für die Zulässigkeit der Verarbeitung personenbezogener Daten und Informationen im privaten Bereich

Von Anfang an ist das deutsche Datenschutzrecht durch ein mehr oder weniger prozedurales System charakterisiert, das den Rahmen für die erlaubte Datenverarbeitung festlegt: Welche Verarbeitungen und Verwendungen personenbezogener Daten zulässig sind, bestimmt § 4 Abs. 1 BDSG. Grundregel ist also das ge-

---

296 Zur verfassungsrechtlichen Neujustierung des Datenschutzrechts als Hintergrund für den Umbau des einfachen Datenschutzrechts im Kontext der Verwaltungsmodernisierung siehe *Eifert*, in: Gropp, Lipp und Steiger (Hrsg.), Rechtswissenschaft im Wandel, S. 144 ff.

nannte „Verbot mit Erlaubnisvorbehalt", nach dem die Erhebung, Verarbeitung oder Nutzung personenbezogener Daten prinzipiell verboten ist, es sei denn, sie wird durch die Einwilligung oder durch eine Rechtsvorschrift erlaubt oder angeordnet (§ 4 Abs. 1 BDSG).[297] Seit dem BDSG 1977 hat sich dabei nur der Gegenstand der Erhebung verändert: In den früheren Fassungen des Gesetzes war die Erhebung personenbezogener Daten durch private Stellen nicht vom Grundsatz des Verbots mit Erlaubnisvorbehalt erfasst; dies wurde erst durch die Novellierung von 2001 ergänzt.[298]

Der Erlaubnisvorbehalt gilt sowohl im Privatbereich als auch im öffentlichen Bereich, da die entsprechende Norm im ersten Teil des BDSG vorgesehen ist.[299] Der Anwendungsbereich ist aber gem. § 1 Abs. 2 Nr. 3 BDSG für nicht-öffentliche Stellen begrenzt.[300] Nach dieser Vorschrift findet das BDSG im Privatbereich immer Anwendung, wenn personenbezogene Daten unter Einsatz von Datenverarbeitungsanlagen oder nicht automatisierten Dateien verwendet oder verwertet werden. Somit wird die lediglich manuelle Verwendung personenbezogener Daten nicht vom Gesetz erfasst. Darüber hinaus wird die Datenverarbeitung für ausschließliche persönliche oder familiäre Tätigkeiten vom Anwendungsbereich des Gesetzes ausgeschlossen.[301]

Wird der Datenschutz als Vorfeldsicherung[302] verstanden, wird klar, welche Funktion der Erlaubnisvorbehalt zu erfüllen hat: Indem personenbezogene Daten nur unter den Voraussetzungen des Gesetzes verarbeitet werden können, wird der Schutz möglichst weit vorverlegt, um eine Beeinträchtigung des Persönlichkeitsrechts überhaupt zu vermeiden. Demgemäß bietet das Datenschutzrecht eine Art präventiven Schutzes.[303]

Sowohl das BDSG als auch andere Rechtsvorschriften gelten als Erlaubnistatbestände für die Datenverarbeitung. Spezifische Normen haben allerdings Vorrang vor dem BDSG, was sich aus § 1 Abs. 3 BDSG ergibt.[304] Insofern erweist sich das BDSG als ein Auffanggesetz. Bereichsspezifische Normen können nicht nur

---

**297** Vgl. *Gola* et al., Bundesdatenschutzgesetz Kommentar, § 4, Rn. 3; *Taeger*, Kommentar zum BDSG und zu den Datenschutzvorschriften des TKG und TMG, § 4, Rn. 1; *Sokol*, in: Simitis (Hrsg.), Bundesdatenschutzgesetz, § 4, Rn. 3, die die Terminologie des „Verbots mit Erlaubnis Vorbehalt" für missverständlich hält.

**298** *Taeger*, BDSG, § 4, Rn. 2.

**299** *Sokol*, BDSG, § 4, Rn. 3.

**300** Vgl. Ebd., § 4, Rn. 5; *Taeger*, BDSG, § 4, Rn. 2.

**301** Vgl. *Simitis*, BDSG, § 1, Rn. 136–154.

**302** Vgl. *Gola* et al., BDSG, § 1, Rn. 6; Bull spricht von „Datenschutz als Vorfeldrecht", siehe *Bull*, NJW 23 (2006), 1617, 1623.

**303** Vgl. *Gola* et al., BDSG, § 1, Rn. 6.; siehe auch *Taeger*, BDSG, § 4, Rn. 6.

**304** So *Sokol*, BDSG, § 4, Rn. 8–10; *Taeger*, BDSG, § 4, Rn. 11.

spezielle Erlaubnistatbestände vorsehen, sondern auch bestimmte Arten von Datenverarbeitungen untersagen, obwohl sie nach dem BDSG erlaubt wären.[305] Als solche Rechtsvorschriften gelten Gesetze, Rechtsverordnungen, landesrechtliche Rechtsvorschriften und Satzungen der bundesunmittelbaren Körperschaften des öffentlichen Rechts, jedoch nicht Erlasse und Verwaltungsvorschriften.[306]

Dadurch, dass das BDSG in seinem § 4 Abs. 1 die Einwilligung und die Rechtsvorschrift als Ermächtigungsgrundlage nebeneinanderstellt, ist das Verhältnis zwischen beiden sehr umstritten. Fraglich ist vor allem, ob private Stellen die Einwilligung des Betroffenen dennoch einholen können, wenn ein Erlaubnistatbestand für die Datenverarbeitung vorliegt. Grundsätzlich gilt, dass der Einwilligung eine Legitimationsfunktion für die Datenverarbeitung nur dann zukommt, wenn keine Ermächtigungsgrundlage besteht. Anderenfalls könnte der Betroffene aufgrund des Ersuchens um Einwilligung erwarten, dass er die Datenerhebung oder -verwendung durch eine Verweigerung verhindern könne.[307] Darüber hinaus können Schwierigkeiten eintreten, wenn der Betroffene sein Widerrufsrecht ausübt und die verantwortliche Stelle trotzdem die Daten aufgrund des Erlaubnistatbestandes weiterhin verarbeitet.[308] Lediglich als Auskunft könnten allerdings beide Zulässigkeitstatbestände nebeneinander bestehen. Sofern die Betroffenen darauf hingewiesen werden, dass es auch eine gesetzliche Grundlage für die Datenverarbeitung gibt, erfüllt die Einwilligungsklausel eher die Funktion eines Informationshinweises oder einer Benachrichtigung als einer wirklichen Zustimmungseinholung.[309]

---

305 Vgl. *Taeger*, BDSG, § 4, Rn. 9.

306 *Sokol*, BDSG, § 4, Rn. 8–10.

307 *Gola* et al., BDSG, § 4, Rn. 16; *Sokol*, BDSG, § 4, Rn. 6–7; *Taeger*, BDSG, § 4, Rn. 47; *Holznagel* und *Sonntag*, in: Roßnagel (Hrsg.), Handbuch Datenschutzrecht, Rn. 18 ff. Hinsichtlich der Einholung der Einwilligung trotz der vorliegenden Ermächtigungsgrundlagen behaupten die Autoren Folgendes: „Da die verantwortliche Stellen des privaten Bereichs nicht den Bindungen des Gesetzesvorbehaltes unterliegen, erscheint es hier unangemessen, eine solche Vorgehensweise generell zu beanstanden. Dies gilt zumindest in den Fällen, in denen der Betroffene auf die gesetzliche Alternative hingewiesen wird."

308 In diesem Fall lässt sich wegen des Grundsatzes von Treu und Glauben (§ 242 BGB) feststellen, dass die verantwortliche Stelle nicht mehr auf diese Tatbestände zurückgreifen kann. So *Gola* et al., BDSG, § 4, Rn. 16.

309 *Holznagel* und *Sonntag*, Die Einwilligung des Betroffenen, Rn. 18.

## I. Einwilligung

Während § 4 BDSG die allgemeine Regel des Verbots mit Gesetzesvorbehalt vorsieht, stellt § 4a BDSG eine eigenständige Regelung für die Einwilligung dar, deren Wirksamkeitsvoraussetzungen detailliert vorgesehen sind. Die Norm gilt sowohl für den privaten als auch für den öffentlichen Bereich. Es liegt aber auf der Hand, dass die Einwilligung eine stärkere Bedeutung für die Datenverarbeitung im Privatbereich erhält. Die Staatshandlungen werden durch die von den Gesetzen festgelegten Aufgaben und Kompetenzen ohnehin begrenzt. Das ist nicht der Fall bei den verantwortlichen Stellen des Privatbereichs, die ihre Informationshandlungen in hohem Maße durch Rechtsgeschäfte frei gestalten können.

Als Erlaubnistatbestand für die Datenverarbeitung ist die Einwilligung auch in bereichsspezifischen Gesetzen vorgesehen, nämlich dem TMG (§ 12 Abs. 1) sowie dem KUG (§ 22). Wird ein Bereich von mehr als einem Gesetz erfasst, kann eine parallele Anwendung stattfinden. So müssen z. B., wenn der Betroffene eine Einwilligung für die Datenverarbeitung im Rahmen eines Online-Dienstes erteilt, sowohl die Wirksamkeitsbedingungen der Einwilligung des TMG als auch die des BDSG, die detaillierter sind, erfüllt werden. Soll ein einziger Prozess zur Einholung der Einwilligung stattfinden, muss er den strengeren Voraussetzungen entsprechen.[310]

Die historische Entwicklung des Datenschutzes in Deutschland zeigt, dass die Einwilligung zwar von Anfang an als Erlaubnistatbestand vorgesehen wurde,[311] mit jeder neuen Fassung des BDSG allerdings strengere Bedingungen an ihre Wirksamkeit gestellt wurden. Das BDSG 1977 stellte in seinem § 3 nur die Datenverarbeitung unter den Vorbehalt der Einwilligung oder der Rechtsvorschrift; die Nutzung personenbezogener Daten wurde durch das BDSG 1990 einbezogen und die Erhebung erst im Zuge der Umsetzung der europäischen Datenschutzrichtlinie (95/46/EG) vorgesehen, obwohl die Erhebung schon vom BVerfG im Volkszählungsurteil als abhängig von einer Erlaubnisgrundlage verstanden worden war.[312] In der Novellierung von 1990 wurde auch festgestellt, dass die Einwilligung, die mit anderen Erklärungen erteilt wird, „im äußeren Erscheinungsbild besonders kenntlich" gemacht werden soll. Diese Norm ist bis heute erhalten geblieben, nur ist sie mit anderem Wortlaut zu finden: „Soll die Einwilligung zusammen mit anderen Erklärungen schriftlich erteilt werden, ist sie besonders hervorzuheben" (§ 4a Abs. 1 S. 4 BDSG).[313] Die letzte Novellierung hat eine weitere

---

310 Ebd., Rn. 15.
311 Siehe *Buchner*, Informationelle Selbstbestimmung, S. 81 ff.
312 *Holznagel* und *Sonntag*, Die Einwilligung des Betroffenen, Rn. 6.
313 Ebd.

wichtige Änderung für die Einwilligung gebracht, und zwar die Feststellung, dass sie auf der freien Entscheidung des Betroffenen beruhen muss (§ 4a Abs. 1 S. 1 BDSG).[314]

Die Einholung der Einwilligung des Betroffenen durch die verantwortliche Stelle rechtfertigt die Verarbeitung und Verwendung personenbezogener Daten. Es handelt sich dabei also um eine rechtfertigende Einwilligung im Sinne einer vorherigen Erlaubnis zum Eingreifen in ein Rechtsgut.[315] Von Rechtsverzicht ist aber nicht die Rede; vielmehr geht es um eine Rechtsausübung.[316]

Die Rechtsnatur der Einwilligung im Datenschutzrecht ist ein sehr umstrittenes Thema. Mal wird sie als rechtsgeschäftliche Erklärung,[317] mal als Realhandlung[318] oder als geschäftsähnliche Handlung[319] behandelt. Die rechtliche Einordnung ist wichtig, um zu klären, ob die Regelungen zum Rechtsgeschäft Anwendung finden oder nicht. Besonders die Anfechtungs- und Widerrufsmöglichkeiten sowie die rechtliche Beurteilung der Einsichtsfähigkeit von Minderjährigen hängen hiervon ab. Allerdings geht es nicht nur um die Rechtsnatur der rechtfertigenden Einwilligung, sondern vielmehr um die Funktion, die sie in der Rechtsbeziehung erfüllt. Diese war die Lösung, die *Kohte* für die umstrittene Frage vorgeschlagen hat: Wenn sowohl die rechtsgeschäftliche Erklärung als auch die rechtfertigende Einwilligung zum Ziel haben, die Selbstbestimmung des Einzelnen zu gewährleisten, können die Normen zum Rechtsgeschäft, die dieses Ziel bezwecken, auch bei der Datenschutzeinwilligung Anwendung finden.[320]

Hinsichtlich der Anwendung der Rechtsgeschäftslehre gibt es in der Datenschutzdogmatik einige geklärte und andere streitige Fragen. Was die Inhaltskontrolle der Einwilligung betrifft, herrscht im deutschen Recht Einigkeit darüber, dass die formularmäßige Einwilligung der AGB-Kontrolle nach §§ 305 ff. BGB unterliegt. Das ist seit der BGH-Entscheidung zum SCHUFA-Verfahren anerkannt, in der die Einwilligungsklausel nach dem damaligen AGB-Gesetz für unwirksam

---

314 Ebd.

315 *Kohte*, AcP 185, 2 (1985), 105, 108 ff.

316 *Taeger*, BDSG, § 4a, Rn. 4; *Gola* et al., BDSG, § 4a, Rn. 2.

317 Vgl. *Simitis*, BDSG, § 4a, Rn. 20; *Taeger*, BDSG, § 4a, Rn. 17.

318 Vgl. *Gola* et al., BDSG, § 4a, Rn. 10; *Spindler* und *Nink*, in: Spindler und Schuster (Hrsg.), Recht der elektronischen Medien, § 4a, Rn. 2.

319 *Holznagel* und *Sonntag*, Die Einwilligung des Betroffenen, Rn. 21; *Kohte*, Die rechtfertigende Einwilligung.

320 *Kohte*, Die rechtfertigende Einwilligung, S. 156: „Weitergehend ist zu fordern, dass grundsätzlich von der Funktionsgleichheit von rechtfertigender Einwilligung und rechtsgeschäftlicher Willenserklärung auszugehen ist, die Abweichungen nur auf Grund anderer rechtlicher Wertungen, vor allem der Einwirkung der Grundrechte auf das Privatrecht und der Verallgemeinerungsfähigkeit einzelgesetzlicher Regelungen, gestattet."

erklärt worden ist.[321] Seitdem mehren sich Entscheidungen, die die datenschutzrechtliche Einwilligung nach den Regelungen zu den AGB prüfen.

Was das Widerrufsrecht angeht, so ist die datenschutzrechtliche Einwilligung nach herrschender Meinung immer widerruflich. In diesem Sinne weicht sie also von einem Rechtsgeschäft ab, bei dem der Widerruf nur unter bestimmten Bedingungen stattfinden kann. Das liegt daran, dass die Einwilligung im Datenschutzrecht höchstpersönliche Güter betrifft. Daher soll der Betroffene immer die Möglichkeit haben, eine falsche bzw. ungünstige Entscheidung zu korrigieren. Der Widerruf wirkt nur für die Zukunft.[322] Wenn die Einwilligung widerrufen wird, kann die ausschließlich auf der Einwilligung basierende Datenverarbeitung nicht mehr stattfinden und die diesbezüglichen personenbezogenen Daten müssen prinzipiell gelöscht werden. Kein Zweifel besteht auch daran, dass die Einwilligung widerrufen werden kann, wenn das Rechtsgeschäft entfällt.[323] Es stellt sich allerdings die Frage, ob die datenschutzrechtliche Einwilligung widerrufen werden kann, auch wenn sie im Rahmen eines Rechtsgeschäfts erteilt wird.

Die Regelungen zur Willenserklärung, die die Geschäftsfähigkeit des Einzelnen bestimmen, können nicht automatisch auf das Datenschutzrecht angewendet werden. Das folgt aus dem persönlichen Charakter dieses Rechts. Die Geschäftsfähigkeit kommt nur in Betracht, wenn die Verwendung und Nutzung personenbezogener Daten mit vermögensrechtlichen Folgen verbunden ist; in diesem Fall muss folglich auch der gesetzliche Vertreter seine Zustimmung erteilen.[324] Grundsätzlich bestimmt die Einsichtsfähigkeit des Betroffenen, ab wann er wirksam in eine Datenverarbeitung einwilligen kann. Das bedeutet, dass die Einwilligung des Betroffenen nur wirksam ist, wenn er die Konsequenzen seiner Erklärung abschätzen kann. Es ist daher von einem flexiblen Konzept auszugehen, das sich an den konkreten Fall anpassen lässt, und nicht an einem konkreten Zeitpunkt wie der Geschäftsfähigkeit nach §§ 104 ff. BGB festzuhalten.[325] Unabhängig davon benutzen die Aufsichtsbehörden das Kriterium der Vollendung des 14. Lebensjahrs, das als objektiver Prüfstein für die Rechtsanwendung und Rechtsdurchsetzung dient.[326]

---

321 BGHZ 95, 362, Schufa-Klausel.
322 Ebenso *Simitis*, BDSG, § 4a, Rn. 102; *Däubler* et al., Bundesdatenschutzgesetz, § 4a, Rn. 36.
323 *Simitis*, BDSG, § 4a, Rn. 100; *Däubler* et al., § 4a, Rn. 38.
324 *Däubler* et al., § 4a, Rn. 5.
325 *Holznagel* und *Sonntag*, Die Einwilligung des Betroffenen, Rn. 21; *Simitis*, BDSG, § 4a, Rn. 20; *Däubler* et al., § 4a, Rn. 5; *Taeger*, BDSG, § 4a, Rn. 28.
326 *Holznagel* und *Sonntag*, Die Einwilligung des Betroffenen, Rn. 22.

Grundsätzlich werden also die Regelungen des BGB zur Willenserklärung angewendet, es sei denn, es geht um einen Gegenstand, bei dem die höchstpersönliche Eigenschaft des Datenschutzes hervortritt.[327]

Die Wirksamkeit der Einwilligung setzt voraus, dass sowohl prozedurale als auch inhaltliche Bedingungen zu erfüllen sind. Zu den prozeduralen Voraussetzungen zählen der Zeitpunkt, die Schriftform und die Erkennbarkeit. Inhaltliche Anforderungen sind die Freiwilligkeit, die Bestimmtheit und die Erfüllung der Informationspflichten. Die Bedingungen für die Wirksamkeit der Einwilligung werden im dritten Teil dieses Kapitels näher untersucht.

Es fällt besonders auf, dass heutzutage die Einwilligung sich auch als Kommerzialisierungsinstrument erweist.[328] Das heißt, dass der Betroffene in vielen Fällen seine Einwilligung gegen eine bestimmte Leistung im Rahmen eines Rechtsgeschäfts tauscht.[329] Dies wirft verschiedene Probleme auf: Zum einen ist zu befürchten, dass das Machtungleichgewicht zwischen dem Einzelnen und der verantwortlichen Stelle sowie die Angewiesenheit des Einzelnen auf Dienste und Produkte die Freiheit seiner Entscheidung beeinträchtigen. Zum anderen wird gefragt, inwiefern das Datenschutzrecht sich als Eigentumsrecht verstehen lässt und welche Konsequenzen dies für das allgemeine Persönlichkeitsrecht haben kann.[330]

## II. Gesetzliche Tatbestände

Die gesetzlichen Tatbestände, die die Datenverarbeitung im privaten Bereich erlauben, sind grundsätzlich in §§ 28–30 BDSG vorgesehen. Nach der Datenschutzrichtlinie mussten die Zulässigkeitstatbestände des nicht öffentlichen Bereichs erheblich verändert werden, weil sie die Datenerhebung nur sehr allgemein geregelt hatten.[331] Seit der Umsetzung der Richtlinie erfasst das BDSG nun das

---

327 *Kohte*, Die Rechtfertigende Einwilligung.
328 *Däubler* et al., § 4a, Rn. 1; *Holznagel* und *Sonntag*, Die Einwilligung des Betroffenen, Rn. 4; *Simitis*, BDSG, Rn. 5, der behauptet, „Die Einwilligung wird überdies durch eine fortschreitende Kommerzialisierung letztlich noch nachhaltiger entwertet."
329 Vgl. *Buchner*, DuD 1 (2010), 39, 39 ff.
330 Dazu *Buchner*, Informationelle Selbstbestimmung, S. 183; *Baston-Vogt*, Der sachliche Schutzbereich des zivilrechtlichen allgemeinen Persönlichkeitsrechts, S. 339 ff.
331 Die frühere Fassung des § 28 sah Folgendes vor: „Die Daten müssen nach Treu und Glauben und auf rechtmäßige Weise erhoben werden". Siehe *Hoeren*, Zulässigkeit der Erhebung, Verarbeitung und Nutzung im privaten Bereich, in: Roßnagel (Hrsg.), Handbuch Datenschutzrecht, Rn. 1.

Erheben, Speichern, Verändern und Übermitteln als Teile eines gemeinsamen Prozesses, wobei jeder Schritt den spezifischen Regelungen unterworfen ist.[332]

Die Systematik des Gesetzes ist die folgende: Während § 28 BDSG die Verarbeitung personenbezogener Daten für eigene Zwecke regelt, legen §§ 29 und 30 BDSG die Voraussetzungen für die Datenverarbeitung fest, die dem Zweck der Übermittlung dient. Beim ersten Tatbestand stellt die Verwendung personenbezogener Daten nicht das Hauptziel der verantwortlichen Stellen dar. Dies ist dafür bei den zwei anderen Tatbeständen der Fall, deren Anwendungsbereich die verantwortlichen Stellen umfasst, deren Hauptziel die Übermittlung personenbezogener Daten ist.

Der Anwendungsbereich der Erlaubnistatbestände des Privatbereichs ist durch § 27 BDSG festgelegt. Demzufolge sind auch öffentlich-rechtliche Wettbewerbsunternehmen des Bundes und der Länder diesen Vorschriften unterworfen. Voraussetzung für die Anwendung der gesetzlichen Tatbestände ist, dass „personenbezogene Daten unter Einsatz von Datenverarbeitungsanlagen verarbeitet, genutzt oder dafür erhoben werden" bzw. „in oder aus nicht automatisierten Dateien verarbeitet, genutzt oder dafür erhoben werden" (§ 27 Abs. 1 BDSG). Die Normen finden zudem Anwendung, wenn die Daten „offensichtlich aus einer automatisierten Verarbeitung entnommen worden sind" (§ 27 Abs. 2 BDSG). Dementsprechend reicht der Zusammenhang mit irgendeiner Art von automatisierter Datenverarbeitung aus, um die Anwendung des Gesetzes zu rechtfertigen.[333]

Zielt die Erhebung, Verarbeitung oder Nutzung personenbezogener Daten ausschließlich darauf, persönliche oder familiäre Tätigkeiten zu erfüllen, wird sie von §§ 28–30 BDSG nicht erfasst (§ 27 Abs. 1 S. 2 BDSG).[334] Diese Regel wurde anlässlich der DSRL eingefügt. Dem BDSG 1990 lag ein davon abweichender Ansatz zugrunde, nach dem die gesetzlichen Tatbestände nur auf die „geschäftsmäßige" Datenverarbeitung „für berufliche oder gewerbliche Zwecke" beschränkt waren. Die aktuelle Norm drehte diese Logik um, indem sie jetzt eine negative Definition vorsieht.[335] Zwar ergibt sich daraus eine Erweiterung des Anwendungsbereichs, aber die Norm gewinnt nicht an Deutlichkeit und Klarheit, weil nach wie vor Interpretationsprobleme auftauchen können. Auf jeden Fall ist die neue Regel zu begrüßen, da sie ein Ausdruck des Wandels der Rolle der Informationstechnologie in der Gesellschaft ist: Während in den 1970er Jahren die Datenverarbeitungsprozesse grundsätzlich auf großen Rechnern stattgefunden

---

**332** Ebd.
**333** Vgl. *Simitis*, BDSG, § 27, Rn. 28.
**334** Ebd., § 27, Rn. 43 ff.
**335** Ebd.

haben, ist die aktuelle technologische Landschaft von der allgegenwärtigen Datenverarbeitung geprägt.[336] Folglich ergibt es heutzutage keinen Sinn mehr, nur die „geschäftsmäßige" Verwendung und Nutzung personenbezogener Daten zu regulieren.

Die Novelle im Jahr 2009 hat § 28 BDSG in mehrfacher Hinsicht geändert: Erstens wurde die Terminologie an die Schuldrechtsmodernisierung angepasst und Abs. 1 S. 1 Nr. 1 spricht nun von Schuldverhältnissen und nicht mehr von Vertragsverhältnissen. Zweitens wurde das genannte Listenprivileg neu gefasst und die Nutzungsmöglichkeiten wurden erweitert, obwohl vom Ende des Listenprivilegs die Rede war (Abs. 3). Drittens wurde das Koppelungsverbot eingefügt, das schon im TKG in ähnlicher Weise vorgesehen war (Abs. 3b).[337] Schließlich wird die Datenverarbeitung in Arbeitsverhältnissen nicht mehr durch § 28 BDSG geregelt, sondern durch den neu eingefügten § 32 BDSG.

Drei zentrale und unterschiedliche Tatbestände bezüglich der Erfüllung eigener Geschäftszwecke sind in § 28 BDSG zu finden. Zunächst ist das Erheben, Speichern, Verändern und Übermitteln personenbezogener Daten zulässig, wenn es für die „Begründung, Durchführung oder Beendigung eines rechtsgeschäftlichen oder rechtsgeschäftsähnlichen Schuldverhältnisses mit dem Betroffenen erforderlich ist" (§ 28 Abs. 1 S. 1 Nr. 1 BDSG). Rechtsgeschäftliche Schuldverhältnisse ergeben sich aus einer Willenserklärung und begründen das Recht des Gläubigers, eine Leistung von dem Schuldner zu verlangen.[338] Nach § 241 BGB können dadurch auch zusätzliche Pflichten für beide Seiten entstehen, wobei die Rechte, Rechtsgüter und Interessen der anderen Partei berücksichtigt werden müssen. Die rechtsgeschäftlichen Schuldverhältnisse können durch einen Vertrag oder durch ein einseitiges Rechtsgeschäft entstehen.[339] Rechtsgeschäftsähnliche Schuldverhältnisse sind diejenigen, die keine Leistungspflichten begründen. Stattdessen begründen sie Informations- und Rücksichtnahmepflichten wie z. B. diejenigen, die aus den Vertragsverhandlungen entstehen (vorvertragliches Schuldverhältnis).[340]

Damit die Datenverarbeitung im Rahmen eines Schuldverhältnisses gerechtfertigt ist, muss diese für dessen Begründung, Durchführung oder Beendigung erforderlich sein. Das heißt, dass ein Zusammenhang zwischen dem Zweck der Verarbeitung und dem Zweck des Schuldverhältnisses bestehen muss.[341] Wichtig

---

336 Ebd.
337 *Wedde*, in: Däubler et al. (Hrsg.), Bundesdatenschutzgesetz, § 28, Rn. 2.
338 *Gola* et al., BDSG, § 28, Rn. 12.
339 Ebd.
340 Ebd.
341 *Simitis*, BDSG, § 28, Rn. 57.

ist der sich aus dem Vertrag ergebende objektive Zweck, der von den Parteien gemeinsam vereinbart wurde.[342] Zwar kann die Erforderlichkeit nicht abstrakt festgestellt werden, die Verwendung der sogenannten „Basisdaten" erweist sich jedoch üblicherweise als erlaubt, wie z. B. Name, Anschrift und Inhalt des Rechtsgeschäfts.[343] Als weitere Beispiele lassen sich erwähnen: Daten bezüglich der Anschrift eines Kunden, damit die über eine Internetseite gekaufte Ware dem Kunden geschickt werden kann; Daten hinsichtlich früherer Mietschulden können auch im Rahmen eines Mietvertrags als erforderlich betrachtet werden;[344] die personenbezogenen Daten bezüglich einer Reise können durch eine Reiseagentur an Fluggesellschaften und Hotels übermittelt werden, da die Übermittlung für die Erfüllung des Vertrags notwendig ist.[345]

Im Rahmen der Erfüllung eigener Geschäftszwecke gilt auch die „Wahrung berechtigter Interessen" als ein Erlaubnistatbestand, solange nicht angenommen werden kann, dass schutzwürdige Belange des Betroffenen die Interessen der verantwortlichen Stelle überwiegen (§ 28 Abs. 1 S. 1 Nr. 2 BDSG). Nach allgemeiner Meinung findet diese Alternative nur Anwendung, wenn kein rechtsgeschäftliches oder rechtsgeschäftsähnliches Schuldverhältnis besteht, das eine Datenverarbeitung erlaubt.[346] Als berechtigtes Interesse kann jedes von der Rechtsordnung gebilligte Interesse angesehen werden, sei es ein wirtschaftliches oder ein ideelles Interesse.[347] Die Anwendung dieser Norm setzt voraus, dass die Datenverarbeitung für die Wahrung des berechtigten Interesses erforderlich ist und eine Interessenabwägung vorgenommen wird.[348] Dies wird im dritten Teil des Kapitels näher analysiert.

Der dritte Zulässigkeitstatbestand des ersten Absatzes besagt, dass die allgemein zugänglichen Daten verarbeitet werden können, insofern kein schutzwürdiges Interesse des Betroffenen gegenüber dem Interesse der verantwortlichen Stellen offensichtlich überwiegt (§ 28 Abs. 1 S. 1 Nr. 3 BDSG). Diese Norm ist auf das Grundrecht der Informationsfreiheit zurückzuführen, das in Art. 5 Abs. 1 S. 1 GG garantiert ist.[349] Die Daten müssen aus einer öffentlichen Informationsquelle stammen, die der Allgemeinheit zugänglich ist, wie Rundfunk und Fernsehen, Zeitungen und Zeitschriften, Telefonbücher, öffentliche Informationen im Internet

---

342 Ebd., § 28, Rn. 59; *Wedde*, BDSG, § 28, Rn. 16.
343 *Wedde*, BDSG, § 28, Rn. 18.
344 *Gola* et al., BDSG, § 28, Rn. 17.
345 Ebd., § 28, Rn. 18.
346 So *Wedde*, BDSG, § 28, Rn. 47; *Simitis*, BDSG, § 28, Rn. 55; *Gola* et al., BDSG, § 28, Rn. 8 ff.
347 *Gola* et al., BDSG, § 28, Rn. 24; *Wedde*, BDSG, § 28, Rn. 48.
348 *Gola* et al., BDSG, § 28, Rn. 24 ff.
349 Ebd., § 28, Rn. 32; *Wedde*, BDSG, § 28, Rn. 57.

etc.[350] Zu den allgemein zugänglichen Daten zählen nicht die SCHUFA, das Schuldnerverzeichnis oder Daten, die gegen den Willen des Betroffenen im Internet veröffentlicht wurden.[351] Daten, die aus dem zugriffsbeschränkten Profil eines Nutzers eines sozialen Netzwerks stammen, gehören auch nicht dazu.[352] Werden die Daten mit anderen personenbezogenen Daten kombiniert, um neue Informationen zu gewinnen, reicht dieser Tatbestand nicht mehr aus und eine Einwilligung des Betroffenen muss eingeholt werden.[353]

Neu in das BDSG eingefügte Erlaubnistatbestände sind §§ 28a und 28b, die die Übermittlung von Daten an Auskunfteien sowie das Scoringverfahren regeln. Zweck des § 28a BDSG ist es, zu bestimmen, wann und unter welchen Voraussetzungen personenbezogene Daten an Auskunfteien übermittelt werden können, um ein Gleichgewicht zwischen Verbrauchern und Unternehmen wiederherzustellen.[354] Ohnehin können Übermittlungen auf Basis einer Einwilligung erfolgen, vorausgesetzt, dass der vorgesehene Interessenausgleich nicht beeinträchtigt wird.[355]

Grundlage für die Datenverarbeitung im Privatbereich stellen schließlich §§ 29 und 30 BDSG dar. Beide Paragrafen umfassen die verantwortlichen Stellen, deren Hauptziel die Übermittlung von Daten ist. Die Unterscheidung liegt aber darin, dass, während der erste sich mit personenbezogenen Daten beschäftigt, der zweite die Übermittlung von Daten in anonymer Form regelt. Ziel der beiden Normen ist es, die Aktivität der Datenverarbeitung zu regeln, die sich als Geschäftsgegenstand erweist.[356]

## B. Die vernachlässigten Elemente im deutschen Datenschutzrecht

Wie oben gezeigt wurde, setzen die Erhebung, Verarbeitung und Nutzung personenbezogener Daten durch private Stellen entweder das Vorliegen einer Einwilligung des Betroffenen oder einer gesetzlichen Grundlage voraus. Aus dem

---

**350** *Wedde*, BDSG, § 28, Rn. 58.
**351** Ebd.
**352** Ebd.
**353** *Gola* et al., BDSG, § 28, Rn. 31.
**354** *Wedde*, BDSG, § 28a, Rn. 3.
**355** Ebd.
**356** *Gola* et al., BDSG, § 29, Rn. 2.

Gesetz folgt also die Erlaubnis für die Erhebung, Verarbeitung und Nutzung von Daten in bestimmten Konstellationen.[357]

Dadurch, dass die gesetzlichen Tatbestände den Erlaubnisumfang bestimmen, soll garantiert werden, dass der Einzelne in seinem Persönlichkeitsrecht nicht verletzt wird (§ 1 Abs. 1 BDSG). Allerdings lässt sich die Effektivität des Schutzes infrage stellen, weil zugrunde liegende Elemente des Prozesses der Datenverarbeitung vernachlässigt werden. Zum einen übersieht das Gesetz, dass sowohl das Machtungleichgewicht zwischen dem Betroffen und der verantwortlichen Stelle als auch das Verständnisdefizit des Betroffen die Freiwilligkeit seiner Entscheidung beeinträchtigen können. Zum anderen ist die normative Systematik des Gesetzes nicht in der Lage, den Wirkungen von Informationen ausreichend Rechnung zu tragen: Wenn sich das Datenschutzrecht ausschließlich als Vorfeldsicherung erweist, kann es nicht mit dem Risiko von künftigen Anwendungen und Entscheidungen mit nachteiligen Wirkungen umgehen, die mit der Datenverarbeitung in Verbindung stehen.

Diese vernachlässigten Elemente können auch als Fiktionen des Datenschutzes beschrieben werden. Dies näher zu analysieren, ist das Ziel des zweiten Teils dieses Kapitels.

## I. Der Kontrollverlust aufgrund von Machtungleichgewicht und Verständnisdefiziten

Die Funktion der Einwilligung im privaten Bereich ist eines der kontroversesten Themen der Datenschutzdogmatik. Einerseits wird sie als Ausdruck des Rechts auf informationelle Selbstbestimmung betrachtet und folglich auch als das wichtigste Instrument, das die Autonomie des Einzelnen hinsichtlich der Verwendung von auf diesen bezogenen Daten gewährleistet.[358] Andererseits wird gerade ihre Fähigkeit bezweifelt, reale Autonomie in einer Welt der allgegenwärtigen Datenverarbeitung zu garantieren. Es könnte sogar von einem Paradox gesprochen werden, nach dem die Einwilligung gleichzeitig als Heilmittel und als Fiktion[359] behandelt wird. Ebenso umstritten ist die Rolle der Einwilligung in einem künftigen modernen Datenschutz: Während einige ihr eine zunehmende

---

357 *Sokol*, BDSG, § 4a, Rn. 3.
358 *Buchner*, DUD 1 (2010), 39.
359 So *Simitis*, BDSG, § 4a, Rn. 3, der behauptet: „Der Gesetzgeber hat freilich wider besseres Wissen an einer Fiktion festgehalten".

Funktion zuschreiben[360], fordern andere, dass sie durch bereichsspezifische Normen ersetzt werden müsse.[361]

Die Möglichkeit, einen privatautonomen Datenschutz durch die Einwilligung zu gestalten, wurde von Beginn der Datenschutzdiskussion an infrage gestellt. Die Einwände haben sich gegen die Machtverhältnisse[362], die Angewiesenheit des Einzelnen auf bestimmte Dienste und Produkte[363] oder die Komplexität der der Datenverarbeitung zugrunde liegenden Technologie gerichtet; all dies führe dazu, dass der Interessenausgleich zulasten des Betroffenen ausfallen würde. Trotz der Kritik ist die formale Einwilligungslösung seit dem BDSG 1977 beibehalten worden und wird auch in bereichsspezifischen Gesetzen, wie dem TMG, wiederholt.

Werden die neuen technologischen und sozialen Entwicklungen berücksichtigt, gewinnt der Einwand an Bedeutung, dass heutzutage die Herausforderungen an die Freiwilligkeit der Einwilligung erheblich gestiegen sind. Es ist sogar die Rede von einem Kontrollverlust der Betroffenen in der elektronisch vernetzten Welt.[364] Vier unterschiedliche Situationen lassen sich identifizieren, in denen die Freiwilligkeit der individuellen Entscheidung beeinträchtigt wird.

Auffallend ist zunächst ein Transparenzdefizit.[365] Wird der Einzelne nicht ausreichend über die Verwendung und Nutzung seiner Daten informiert, kann er selbstverständlich nicht freiwillig entscheiden, ob, wann und wie die Verarbeitung stattfinden soll. Das ist häufig der Fall, wenn die Einwilligungsklausel sehr pauschal und allgemein formuliert wird, ohne den Gegenstand und den Zweck des Verarbeitungsprozesses zu präzisieren.[366] Beispiel dafür ist eine SCHUFA-Klausel, die vom BGH wegen § 9 AGBG für unwirksam erklärt wurde.[367] Das Gericht argumentierte, dass die pauschale Formulierung der Einwilligungsklausel zur unangemessenen Benachteiligung des Kreditnehmers führe, indem der Ausdruck

---

**360** *Roßnagel*, *Pfitzmann* und *Garstka*, Modernisierung des Datenschutzrechts.
**361** *Simitis*, JZ 41 (1986), 188, 188.
**362** So *Mallmann*, Zielfunktionen des Datenschutzes, S. 28, der behauptet: „Echte Möglichkeiten informationeller Selbstbestimmung bestehen – in situativ jeweils unterschiedlichem Ausmaß – nur in der Interaktion zwischen machtmäßig annähernd gleichgewichtigen Partnern. Im Verhältnis des einzelnen zu öffentlicher Verwaltung und privatwirtschaftlichen Institutionen ist jedoch die Ausgangspositionen völlig anders".
**363** Ebd.: „(...) Informationen völlig verweigern kann der einzelne nur um den Preis eines Verzichts auf die gewünschte Leistung – eine allerdings recht hypothetische Möglichkeit: Auf einen Arbeitsplatz, den Abschluss von Versicherungsverträgen und zahlreichen Formen staatlicher Daseinsvorsorge ist fast jeder angewiesen".
**364** *Hoffmann-Riem*, AöR 134 (2009), 513, 524.
**365** *Buchner*, Informationelle Selbstbestimmung, S. 103 ff.
**366** Ebd., S. 104 ff.
**367** BGHZ 95, 362, Schufa-Klausel.

„Daten des Kreditnehmers über die Abwicklung des Kredits" auch Negativmerkmale umfasse, die nur unter einer Interessenabwägung verarbeitet werden dürften; die Klausel erlaube aber, dass auch die Negativmerkmale ohne die benötigte
Interessenabwägung übermittelt würden.[368]

Zweitens kann das Problem eines Verständnisdefizits auftreten. Dieses liegt
vor, wenn aufgrund der Komplexität der Datenverarbeitung (wie z. B. beim Data
Warehouse oder Data Mining) der Einzelne nicht voraussehen kann, wie eine
bestimmte Datenverarbeitung auf seine Persönlichkeit einwirkt, und deshalb
keine wirklich autonome Entscheidung treffen kann.[369] Beim Data Mining wird das
Problem deutlich: Eine raffinierte Verarbeitung von Daten erschafft ein vollständiges Bild des Einzelnen, dessen künftige Nutzung und Wirkungen er kaum
nachvollziehen kann. Es liegt also auf der Hand, dass die in dieser Konstellation
eingeholte Einwilligung nicht dem tatsächlichen Willen des Einzelnen entsprechen kann.

Drittens können auch Machtungleichgewichte oder die Angewiesenheit des
Einzelnen auf bestimmte Leistungen zu einer nur scheinbaren Freiwilligkeit
führen.[370] Dies entspricht dem Fall, in dem der Einzelne keine echte Wahl hat und
sich in einer Situation des „take it or leave it" befindet.[371] Bei der Datenverarbeitung ist das ein sehr gravierendes Problem, da die Konsequenzen der Datenverarbeitung für den Betroffenen weniger spürbar sind als der wirtschaftliche
Nutzen, der meistens mit der Datenverarbeitung in Verbindung steht.[372] Diese
Situation liegt z. B. bei Versicherungsverträgen, Bankverträgen oder Internetdiensten (wie Google oder Facebook) vor, bei denen der Einzelne über keine reale
Gestaltungsmöglichkeit des Vertragsinhalts verfügt; als Ausweg bleibt ihm nur der
Verzicht auf den Vertrag.[373]

Schließlich kann von einer unbedachten Preisgabe personenbezogener Daten
gesprochen werden, die auch eine autonome Entscheidung infrage stellt.[374] Besonders in sozialen Netzwerken ist dieses Phänomen zu sehen: Die Nutzer geben
eine Vielzahl persönlicher Informationen preis, ohne mögliche Konsequenzen
wahrzunehmen, die mit dieser Preisgabe verbunden sind.[375] Demgemäß fehlt dem

---

**368** Ebd.

**369** *Buchner*, Informationelle Selbstbestimmung, S. 106 ff.

**370** Zur grundrechtlichen Diskussion über die fehlende Freiwilligkeit siehe oben Kap. 2.B.I.

**371** Ebd., S. 108 ff. Zu der amerikanischen Diskussion darüber siehe statt vieler *Rakoff*, Harvard
Law Review 96 (1983), 1173.

**372** *Bäcker*, Der Staat 1 (2012), 91, 105.

**373** BVerfG(K), JZ 2007, 576, Schweigepflichtentbindung, Rn. 38.

**374** *Britz*, Informationelle Selbstbestimmung, S. 592; *Hohmann-Dennhardt*, Recht der Datenverarbeitung 1 (2008), 1, 1 ff.

**375** *Britz*, Informationelle Selbstbestimmung, S. 592.

Einzelnen in unterschiedlichen Zuständen ein „Bewusstsein der Schutzbedürftigkeit seiner persönlichen Daten"[376], was die Chancen eines realen Selbstschutzes verringert.

All diese erwähnten Situationen zeigen, dass die Voraussetzungen für den Selbstschutz und das autonome Entscheiden häufig nicht gegeben sind und die Einwilligung deshalb nicht als ein Instrument der Autonomie wirken kann. Das deutet an, dass eine rein formale Konzeption des Schutzes, wie sie mit der datenschutzrechtlichen Einwilligung verbunden ist, nicht ausreicht, um die Persönlichkeit des Einzelnen vor den aktuellen Gefährdungen zu schützen. In diesem Sinne erweist sich die Einwilligung tatsächlich als eine Fiktion, in Simitis Worten[377], die vielmehr Fremdbestimmung als Selbstbestimmung schafft. Das bedeutet allerdings nicht, dass es keinen Raum mehr für einen auf Autonomie basierten Datenschutz gibt, sondern dass er in einer komplexeren und differenzierten Weise aufgebaut werden muss.

Entscheidend ist also die Frage, wie das Datenschutzrecht auf diese Entwicklungen reagiert hat. In Deutschland haben sowohl die Rechtsprechung als auch der Gesetzgeber auf verschiedenen Wegen versucht, diese Probleme zu bewältigen. Der dritte Teil dieses Kapitels wird sich damit beschäftigen, welche aktuellen Lösungsansätze im Datenschutz zu finden sind und inwiefern sie die vorliegenden Probleme tatsächlich lösen bzw. neue Probleme schaffen.

## II. Die Wirkungen von Informationen: Risiko von künftigen Anwendungen und Entscheidungen mit nachteiligen Wirkungen

Damit sich das Datenschutzrecht auf die Einwilligung als zentrale Grundlage stützen konnte, musste es den Kontrollverlust des Einzelnen übersehen und die bei der Datenverarbeitung vorliegenden Machtverhältnisse vernachlässigen. Allerdings sind dies nicht die einzigen Fiktionen des Datenschutzes.

Ein anderes vernachlässigtes Element ist die Wirkung der Verwendung von Informationen auf den Einzelnen. Zwar rechtfertigt sich das Datenschutzrecht gerade aus den Wirkungen und Risiken, die die Datenverarbeitung für den Einzelnen verursachen kann, jedoch wurde dieses Recht so umgebaut, dass seine Instrumente nicht mit diesen Risiken und Wirkungen umgehen mussten. Dies ist auf das Modell des Datenschutzes als ausschließliche Vorfeldsicherung und Datenkontrolle zurückzuführen.

---

376 *Hoffmann-Riem*, JZ 21 (2008), 1009, 1011.
377 *Simitis*, Die informationelle Selbstbestimmung, S. 401.

Weder die Einwilligung noch die gesetzlichen Tatbestände weisen eine direkte Verbindung mit den Risiken der Datenverarbeitung auf. Indem beide die Erhebung, Verwendung und Nutzung personenbezogener Daten erlauben, sollten sie den Erlaubnisumfang bestimmen. Die Tatbestände regeln also den Ausgangspunkt der Datenverarbeitung, nicht aber deren Grenzen. Diese Schwierigkeiten erscheinen bei der Einwilligung noch größer zu sein, da diese nach dem Gesetz gar keinen Grenzen unterliegt, selbst dann nicht, wenn die Verwendung von Daten unerwartete Risiken verursacht. Aus dem Inhalt der anderen Erlaubnistatbestände können sich zwar Beschränkungen ergeben, diese sind aber nicht zwingend mit den Risiken der Datenverarbeitung verbunden.

Es wird also angenommen, dass das allgemeine Verbot mit Erlaubnisvorbehalt ausreicht, um den Einzelnen gegen die sich aus den Informationsmaßnahmen ergebenden Gefährdungen zu schützen, ohne dass die Gefährdungslagen selbst thematisiert werden. Das Modell kann so zusammengefasst werden: Wird die Datenverarbeitung mit prozeduralen Instrumenten vorher geregelt, müssen die einzelnen Gefährdungssituationen nicht behandelt werden.

Der Ausgangspunkt der Problematik liegt in der unzureichenden Unterscheidung von Daten und Informationen im Rahmen des einfachrechtlichen Datenschutzes. Wirkungen und Risiken für den Einzelnen können vor allem Informationen verursachen, weil sie das Resultat einer Interpretationsleistung in einem bestimmten Zusammenhang sind. Daten sind „Zeichnen, die auf einem Datenträger festgehalten sind und als Informationsgrundlagen fungieren können"[378]. Sie sind deshalb „potentielle Informationen"[379], enthalten aber selbst keine Bedeutung. Dafür müssen Daten erst in einem sozialen Kontext interpretiert werden und durch eine Deutungs- und Rekonstruktionsleistung Sinngehalt erhalten.[380]

Obwohl diese Unterscheidung in der Datenschutzgesetzgebung nicht immer deutlich wird, kann festgestellt werden, dass der Datenschutz sich nicht direkt mit Informationen beschäftigt; er konzentriert sich vielmehr auf Daten, um die Wirkungen und Risiken der sich aus den Daten ergebenden Informationen zu bewältigen. In diesem Sinne ist der Vorfeldschutz tatsächlich nur im Rahmen eines *Daten*schutzes zu verstehen. *Informations*schutz könnte erst eintreten, wenn die Verwendungszusammenhänge in Betracht kommen. Setzt sich das Datenschutzrecht tatsächlich nur mit Daten auseinander, ist es nicht in der Lage, künftigen Wirkungen und Risiken direkt zu begegnen.

---

**378** *Albers*, Umgang mit personenbezogenen Informationen und Daten, Rn. 11.
**379** *Albers*, Informationelle Selbstbestimmung, S. 89.
**380** Ebd., S. 90 ff.

Das Problem lässt sich besser verstehen, wenn der Gegenstand der sensitiven Daten, die auch als besondere Art personenbezogener Daten bezeichnet werden, betrachtet wird. Das BDSG sieht spezifische Regelungen für die Verarbeitung von besonderen Arten personenbezogener Daten vor (§ 3 Abs. 9). Der Grund dafür ist die erhöhte Gefährdungslage, die mit der Erhebung, Verwendung und Nutzung dieser Arten von Daten verbunden ist.[381] Nichtsdestotrotz begründet diese Regelung zwei Dilemmas, wie Simitis zu Recht darlegt: Einerseits wird nach einer vollständigen Liste der besonderen Arten personenbezogener Daten verlangt, obwohl gleichzeitig gefordert wird, dass mehrere Daten in die Liste aufgenommen werden sollten. Andererseits wird ein grundsätzliches Verbot der Verarbeitung dieser Daten erklärt, wenngleich immer mehr Situationen als Ausnahmen behandelt werden.[382]

Das Gesetz versucht, ein Problem durch die Kategorisierung von Daten zu lösen, das allerdings sachgerecht nur im Hinblick auf seine Informationswirkungen behandelt werden könnte. Das heißt, dass die nachteiligen und diskriminierenden Wirkungen, die aus der Verarbeitung von sensitiven Daten entstehen können, nicht auf die Natur der Daten, sondern vielmehr auf die Verwendungszusammenhänge, in denen Informationen entstehen und genutzt werden, zurückzuführen sind. Indem ein allgemeines Datenschutzgesetz nicht in der Lage ist, konkrete Zusammenhänge vorzusehen, wird es ihm nicht gelingen, sensible Daten effektiv zu regulieren.

Nach Simitis können also nur bereichsspezifische Regelungen solche Verwendungszusammenhänge vorsehen und folglich sinnvolle Schutzinstrumente (und nicht nur das Verbot der Datenverarbeitung) bestimmen.[383] Allerdings kann auch diese Lösung angezweifelt werden, da die möglichen Verwendungszusammenhänge unendlich sind; selbst eine spezifische Norm wird dies nicht gänzlich beschränken können. Das grundsätzliche Problem bleibt also bestehen: Intendiert der Datenschutz, in erster Linie Daten zu regulieren, wird er immer auf Schwierigkeiten stoßen, den Wirkungen und nachteiligen Entscheidungen aufgrund von Informationen effektiv zu begegnen.

---

381 *Scholz*, in: *Simitis* (Hrsg.), Bundesdatenschutzgesetz, § 3, Rn. 263.
382 *Simitis*, Review of the answers, S. 3.
383 Laut Simitis: „Both requirements reveal and underscore however also the limits of omnibus regulations. If the context is really to be the primal criterion for restating the prerequisites of an adequate protection, the conditions of the processing must be fixed in a sectoral regulation. Only where the legislators can fully concentrate on a specific context, are they also able to reach a degree of precision that appropriately responds to the particularities of the processing circumstances. A situational approach is, as experience at both the national and the international level have time after time demonstrated, necessarily also a sectoral approach" – ebd., S. 8.

## C. Aktuelle Lösungsansätze und Tendenzen im deutschen Recht

Die Grundlage für die Zulässigkeit der Erhebung, Verwendung und Nutzung personenbezogener Daten, wie sie im BDSG vorgesehen ist, ist auf vehemente Kritik gestoßen und wurde deshalb einer Änderung zugeführt. Dabei wurde vor allem gefordert, sowohl die Schwäche einer rein formalen Einwilligung als auch die fehlende Fähigkeit dieses Gesetzes, mit den Risiken und Wirkungen von Informationen umzugehen, anzuerkennen. Um diesen Defiziten entgegenzutreten, hat sich das deutsche Datenschutzrecht allmählich geändert und Raum für neue Lösungsansätze eröffnet. Zwei Tendenzen fallen dabei auf: Zum einen sind die formalen Anforderungen an die Einwilligung strenger geworden; zum anderen tauchen immer häufiger materiale Ansätze auf, die die Inhaltskontrolle von AGB und die Annäherung an den Verbraucherschutz fördern.

### I. Prozedurale Mechanismen zur Sicherung einer freiwilligen Einwilligung

Durch strengere formale und prozedurale Instrumente soll gesichert werden, dass der Betroffene seine Entscheidung über die Preisgabe persönlicher Daten möglichst freiwillig treffen kann. Dabei handelt es sich darum, einerseits die Bedingungen für eine wirksame Einwilligung zu erhöhen und andererseits ein Koppelungsverbot, wie es im TMG und TKG schon vorgesehen ist, auch im BDSG einzufügen.

### 1. Verstärkung der Bedingungen für eine wirksame Einwilligung

Die Novellierung im Jahr 1990 brachte eine wichtige Änderung der Voraussetzungen für eine wirksame Einwilligung im BDSG: Die Einwilligung, die zusammen mit anderen Erklärungen erteilt wird, muss seither „im äußeren Erscheinungsbild besonders kenntlich gemacht" werden.[384] Nachfolgend ist diese Idee zwar beibehalten worden, der Satz hat sich allerdings umgewandelt, nämlich in die folgende Fassung des heutigen BDSG: „Soll die Einwilligung zusammen mit anderen Erklärungen schriftlich erteilt werden, ist sie besonders hervorzuheben" (§ 4a Abs. 1 S. 4).

Die Datenschutzrichtlinie war ein wichtiger Anlass dafür, strengere Bedingungen für die Einwilligung festzustellen. Nach der Richtlinie muss die Einwil-

---

384 *Holznagel* und *Sonntag*, Die Einwilligung des Betroffenen, Rn. 7.

ligung „ohne Zweifel" erteilt werden; dazu soll sie auch „ohne Zwang" eingeholt werden. Nach der Novellierung von 2001, die die europäische Rechtslage in das deutsche Recht umgesetzt hat, wurde die Einwilligung in § 4a BDSG zu einer selbstständigen Regel mit spezifischen prozeduralen Voraussetzungen für ihre Wirksamkeit. Danach muss die Einwilligung „auf der freien Entscheidung des Betroffenen" beruhen (§ 4a Abs. 1 S. 1 BDSG). Darüber hinaus bedarf sie „der Schriftform, soweit nicht wegen besonderer Umstände eine andere Form angemessen ist" (§ 4a Abs. 1 S. 3 BDSG). Andere formale Mechanismen wurden hinsichtlich der Informationspflichten normiert: Der Betroffene muss nun Auskunft über den „vorgesehenen Zweck der Erhebung, Verarbeitung oder Nutzung" persönlicher Daten als auch über die Konsequenzen der Verweigerung der Einwilligung erhalten (§ 4a Abs. 1 S. 2 BDSG).

## 2. Das Koppelungsverbot

Das Koppelungsverbot kann ebenfalls als ein prozeduraler Mechanismus zur Sicherung der freiwilligen Einwilligung gesehen werden. Dieses Instrument, das zunächst in TDDSG (§ 3 Abs. 4), MDStV (§ 17 Abs. 4) und TKG (§ 95 Abs. 5) vorgesehen wurde, ist nun in ähnlicher Weise durch die Novellierung von 2009 in das BDSG eingefügt worden. § 28 Abs. 3b BDSG sieht Folgendes vor: „Die verantwortliche Stelle darf den Abschluss eines Vertrags nicht von einer Einwilligung des Betroffenen nach Absatz 3 Satz 1 abhängig machen, wenn dem Betroffenen ein anderer Zugang zu gleichwertigen vertraglichen Leistungen ohne die Einwilligung nicht oder nicht in zumutbarer Weise möglich ist. Eine unter solchen Umständen erteilte Einwilligung ist unwirksam."

Ziel des Koppelungsverbots ist es, eine freie Willensbildung zu sichern; dem liegt der Gedanke zugrunde, dass der Betroffene nicht freiwillig entscheiden kann, wenn eine Leistung, auf die er angewiesen ist, von seiner Einwilligung abhängig gemacht wird.[385] Dies gilt nicht allgemein, sondern nur, wenn eine gleichwertige vertragliche Leistung ohne die Einwilligung nicht in zumutbarer Weise vorhanden ist. Gemeint ist also Ähnliches wie beim Missbrauch einer Monopolstellung im Wettbewerbsrecht, bei der das Unternehmen seine privilegierte Stellung ausnutzt, um den Vertrag ausschließlich zugunsten seiner Interessen zu gestalten.[386]

Deutlich wird also die Voraussetzung, dass eine ähnliche Leistung am Markt verfügbar sein muss, die nicht mit der Erteilung einer Einwilligung verbunden ist.

---

385 So *Buchner*, Informationelle Selbstbestimmung, S. 265; *Holznagel* und *Sonntag*, Die Einwilligung des Betroffenen, Rn. 77.
386 *Buchner*, Informationelle Selbstbestimmung, S. 264; *Wedde*, BDSG, § 28, Rn. 136.

Umstritten ist jedoch, was unter „gleichwertige vertragliche Leistung" und „nicht in zumutbarer Weise" zu verstehen ist. Die Unzumutbarkeit ist nur im Einzelfall gegeben und kann angenommen werden, wenn z. B. der Preis für die vergleichbare Leistung erheblich höher ist oder wenn eine neue Angebotssuche mit beachtlichem Zeitaufwand verbunden ist.[387]

Die Beweislast dafür, dass gleichwertige Leistungen nicht oder nicht in zumutbarer Weise ohne Einwilligung zu finden sind, trägt die verantwortliche Stelle.[388] Liegen die Voraussetzungen des § 28 Abs. 3b BDSG vor, ist die Einwilligung unwirksam und die gespeicherten personenbezogenen Daten können nicht zu Werbungszwecken oder zum Adresshandel verwendet werden. Zwei Situationen lassen sich bei Unwirksamkeit der Einwilligung beschreiben. Wenn über die Einwilligung hinaus eine gesetzliche Grundlage für die Datenverarbeitung besteht (wie die berechtigten Interessen oder die Erforderlichkeit der Datenverarbeitung für die Vertragserfüllung), ist die Verwendung personenbezogener Daten nicht grundsätzlich unzulässig, aber sie muss für Werbungszwecke oder Adresshandel gesperrt werden. Ist das nicht der Fall, gibt es überhaupt keine Gründe für die Verwendung der Daten, die von der verantwortlichen Stelle gelöscht werden müssen.[389]

Das Koppelungsverbot dient zwar zur Sicherung der Freiwilligkeit der Einwilligung und verfolgt folglich ein materiales Ziel; trotzdem lässt es sich als eine formale Lösung beschreiben, indem es kein inhaltliches Kriterium, sondern nur formale Voraussetzungen bezüglich der Zugänglichkeit ähnlicher Dienste, die keine Einwilligung erfordern, vorsieht.

Dadurch, dass die Häufigkeit der Datenverarbeitung im privatrechtlichen Bereich offensichtlich gestiegen ist, hat die Einwilligung an Bedeutung gewonnen.[390] Dies ist auf eine Veränderung der technologischen und sozialen Bedingungen zurückzuführen, die durch die allgegenwärtige Computerisierung und Vernetzung eine Vielfalt von Datenverarbeitungsprozessen zwischen Privaten ermöglicht haben, die früher nur dem Staat zugänglich waren.[391] So erklärt sich, warum das BDSG nun eine eigenständige Regelung für die Einwilligung vorsieht und deren Wirksamkeitsvoraussetzungen in detaillierter Weise bestimmt. Das Koppelungsverbot verfolgt den gleichen Zweck und nutzt dieselbe prozedurale

---

387 Vgl. *Wedde*, BDSG, § 28, Rn. 135; *Holznagel* und *Sonntag*, Die Einwilligung des Betroffenen, Rn. 83; anders *Buchner*, Informationelle Selbstbestimmung, S. 265 ff.; *Gola* et al., BDSG, § 28, Rn. 46.

388 *Wedde*, BDSG, § 28, Rn. 137.

389 Ebd., § 28, Rn. 138.

390 *Holznagel* und *Sonntag*, Die Einwilligung des Betroffenen, Rn. 8.

391 Siehe *Hoffmann-Riem*, AöR 134 (2009), 513, 519 ff.

Methode. Deutlich ist also eine Tendenz zu sehen, wie die Verfahrensanforderungen[392] immer mehr verstärkt werden, um eine autonome Entscheidung der Betroffenen zu sichern.

## II. Materiale Ansätze

Wie im zweiten Abschnitt dieses Kapitels gezeigt wurde, gibt es zahlreiche Situationen, in denen die Einwilligung als ein Instrument der Gewährleistung von realer Autonomie infrage gestellt wird. Zwar können formale Lösungen dazu beitragen, eine freiwillige Entscheidung zu bilden; sie reichen jedoch allein nicht immer aus. Vor allem Transparenzdefizite, Verständnisdefizite sowie Machtungleichgewichte sind Beispiele dafür, dass die durch formale Instrumente gesicherte Einwilligung nicht unbedingt die Selbstbestimmung garantieren kann. Wenn ein Prozess zur freien Willensentscheidung nicht wirksam stattfinden kann, dann muss das Recht in der Lage sein, Schutz durch Informationspflichten und inhaltliche Gebote zu gewährleisten. Mit anderen Worten muss das Recht einen geeigneten und objektiven Rahmen für Konfliktlösungen schaffen, auch wenn oder gerade weil die Bedingungen für eine reale autonome Entscheidung nicht gegeben sind.

In diesem Zusammenhang ist bereits früh eine interessante Tendenz zu sehen, die darauf abzielt, material-rechtliche Grenzen der Einwilligung anhand von Willensmängeln und Machtmissbrauch zu erkennen.[393] Anlass dafür ist vor allem die Diskussion über die Rechtsnatur der Einwilligung im Datenschutzrecht. Zwar herrscht Einigkeit darüber, dass die datenschutzrechtliche Einwilligung zur Kategorie der rechtfertigenden Einwilligung gehört, die von der rechtsgeschäftlichen Einwilligung abweicht. Allerdings wurde eben klar, dass nur im Rahmen der Rechtsgeschäftslehre die rechtfertigende Einwilligung ihr Ziel erreichen kann, Selbstbestimmung zu schaffen.

Kohte führt in seinem Beitrag zur rechtfertigenden Einwilligung[394] eine induktive Analyse durch, um die Annäherung dieser Einwilligung an die rechtsgeschäftliche Willenserklärung zu begründen. Ausgangspunkt seiner Untersuchung ist die Funktionsgleichheit der beiden Einwilligungen, dadurch dass beide die Verwirklichung der Selbstbestimmung verfolgen. Die Rechtsnatur spielt dabei keine entscheidende Rolle. Er behauptet, dass dies der einzige Weg sei, um einen

---

**392** So *Holznagel* und *Sonntag*, Die Einwilligung des Betroffenen, Rn. 9.
**393** Siehe *Kohte*, Die rechtfertigende Einwilligung, S. 234 ff.
**394** Ebd., S. 106 ff.

effektiven Datenschutz zu schaffen und somit Simitis' Vorwurf der fiktiven Einwilligung entgegenzutreten.[395] Aus den material-rechtlichen Ansätzen der Willenserklärung ergibt sich die Möglichkeit, die inhaltliche Kontrolle der Einwilligung auch im Datenschutzrecht durchzuführen: sei es die Prüfung von Einwilligungsklauseln in AGB, die Kontrolle gemäß Sittenwidrigkeit sowie Treu und Glauben (§§ 183, 240 BGB) oder die Anfechtbarkeit aufgrund von Willensmängeln.[396]

Aus diesen Gedanken folgt also das Konzept, dass sich materiale Kriterien und Verfahrensinstrumente gegenseitig ergänzen, und zwar mit dem Ziel, informationelle Selbstbestimmung tatsächlich zu schaffen. Von der „Renaissance rechtsgeschäftlicher Argumentation"[397] im Rahmen der datenschutzrechtlichen Einwilligung kann somit die Rede sein.

### 1. Die Inhaltskontrolle von allgemeinen Geschäftsbedingungen

Bei den erwähnten material-rechtlichen Ansätzen fällt besonders auf, dass die richterliche Kontrolle der vorformulierten Einwilligungserklärungen oder der Einwilligungsklauseln in AGB in der Datenschutzpraxis sehr viel an Bedeutung gewonnen hat. In der Rechtsprechung hat sich die Inhaltskontrolle von allgemeinen Geschäftsbedingungen hinsichtlich Datenschutzerklärungen schon früh durchgesetzt.

Bereits 1986 hat sich der BGH mit einer SCHUFA-Klausel beschäftigt und sie gemäß dem damaligen AGB-Gesetz für unwirksam erklärt.[398] Dabei handelte es sich um eine Formulareinwilligung in einem Kreditvertrag, die die Übermittlung aller Daten des Kreditnehmers über die Aufnahme und Abwicklung des Kredits an die SCHUFA erlaubte. Laut dem Gericht erwies sich die Klausel als eine unangemessene Benachteiligung gemäß § 9 AGBG, weil die „formularmäßige Einwilligung sich nicht auf bestimmte Kreditdaten beschränkt, sondern pauschal unter der Bezeichnung ‚Daten des Kreditnehmers über die Abwicklung des Kredits'"[399] eine unbestimmbare Menge von Daten umfasst. Der BGH erkennt also ein Transparenzdefizit, das eine freie und informierte Entscheidung unmöglich

---

**395** Ebd., S. 152: „Bei der Abgabe und Erklärung der rechtfertigenden Einwilligung vermeidet nur der Rückgriff auf die Rechtsgeschäftslehre die Zuflucht zu Fiktionen, die letztlich zu einer Verkürzung individueller Rechte führen".
**396** Ebd., S. 128 ff.
**397** Ebd., S. 156.
**398** BGHZ 95, 362, Schufa-Klausel.
**399** Ebd.

macht.[400] Interessant in der Entscheidung ist auch, wie das Gericht die Erforderlichkeit der Inhaltskontrolle betont, um zu vermeiden, dass die Einwilligung „zu einer reinen Formalität absinkt".[401] Darüber hinaus stellt der BGH fest, dass die SCHUFA-Klausel der in § 24 BDSG vorgesehenen Interessenabwägung nicht gerecht wurde, indem sie auch die Übermittlung von harten Negativmerkmalen erlaubte, ohne die Interessen der Bankkunden hinreichend zu berücksichtigen.

In diesem Zusammenhang sind also zwei unterschiedliche Argumente in der Entscheidung zu sehen, die zur Unwirksamkeit der SCHUFA-Klausel geführt haben: Einerseits ist die Klausel deswegen unwirksam, weil sie sich als eine pauschale Erlaubnis erweist; andererseits stützt sich ihre Unwirksamkeit darauf, dass bestimmte Negativmerkmale eben nicht mit einer spezifischen Einwilligung übermittelt werden können, ohne dass eine Interessenabwägung im einzelnen Fall gemacht wird.[402] Das bedeutet also, dass nicht einmal eine verbesserte SCHUFA-Klausel als Grundlage für die Übermittlung von weichen Negativmerkmalen dienen könnte; erst nach einer Einzelfallabwägung, in der die berechtigten Interessen der verarbeitenden Stelle sich als überwiegend erweisen, könnte diese Übermittlung stattfinden.[403]

Was in der Entscheidung auffällt, ist die gleichzeitige Anwendung von zwei parallelen Kriterien des BDSG: der Einwilligung und eines der gesetzlichen Erlaubnistatbestände. Um die Grenzen der Einwilligung zu ziehen, die im BDSG nicht deutlich vorgegeben sind, interpretiert das Gericht den damaligen § 3 bezüglich der Bedingungen der Einwilligung zusammen mit § 24, der eine Interessenabwägung für eine Übermittlung im Einzelfall vorsah.[404] Das führt zu einem interessanten Resultat, weil § 24 BDSG ursprünglich als Flexibilitätssicherung[405] für die Datenverarbeitung gedacht war und nun in diesem Fall als Einschränkung ausgelegt wurde.

Der BGH hatte sich mit den harten und weichen Negativmerkmalen in zwei früheren Entscheidungen aus dem Jahr 1983 auseinandergesetzt.[406] Darin wurde festgestellt, dass Angaben zur „Eröffnung des Konkursverfahrens", zur „Abgabe der eidesstattlichen Versicherung" und zur „Zwangsvollstreckung" sich als harte Negativmerkmale verstehen lassen; folglich würde das Resultat einer Abwägung regelmäßig zu der Zulässigkeit der Datenverarbeitung führen, da in diesen Fällen

---

**400** *Buchner*, Informationelle Selbstbestimmung, S. 104 ff.
**401** BGHZ 95, 362, Schufa-Klausel.
**402** *Schapper* und *Dauer*, RDV 4 (1987), 169, 173.
**403** Ebd.
**404** *Holznagel* und *Sonntag*, Die Einwilligung des Betroffenen, Rn. 16.
**405** *Simitis*, JZ 41 (1986), 188, 189.
**406** BGH, NJW 8 (1984), 436; BGH, NJW 34 (1984), 1889.

die Interessen der verarbeitenden Stelle fast immer gegenüber den schutzwürdigen Belangen der Betroffenen überwiegen würden.[407] Dies ist aber dann nicht der Fall, wenn auch die Übermittlung weicher Negativmerkmale in Betracht kommt, wie z. B. Mahnbescheid, da sie die Bonität des Kunden nicht präzise aufzeigen.[408] Für die Zulässigkeit von deren Übermittlung bedarf es einer Einzelfallabwägung zwischen den Interessen der verarbeitenden Stelle oder der Allgemeinheit und den schutzwürdigen Belangen der Betroffenen.[409]

Im Payback-Urteil hat der BGH eine Inhaltskontrolle hinsichtlich der Zustimmung für Werbezwecke angenommen.[410] Das Gericht hielt die Einwilligungsklausel für unangemessen laut § 307 Abs. 2 Nr. 1 BGB, da sie vom UWG (§ 7 Abs. 2 Nr. 3 Var. 3) abweiche. Nach dieser Vorschrift stellt die Werbung per E-Mail und SMS eine unzumutbare Belästigung dar, wenn keine Einwilligung vorliegt.[411] Der BGH stellte fest, die Einwilligungsklausel in dem Payback-Vertrag stelle keine Opt-in-Erklärung für die Werbung per E-Mail und SMS dar. Vielmehr erweise sich die vorformulierte Klausel als ein Opt-out-Ansatz, indem sie zusammen mit anderen Erklärungen und nicht gesondert erteilt wurde.[412] Der BGH begründete diese Ansicht folgendermaßen: „Es fehlt bei derart vorformulierten Erklärungen an der geforderten spezifischen Einwilligungserklärung, wenn der Kunde weder ein bestimmtes Kästchen anzukreuzen hat noch sonst eine vergleichbar eindeutige Erklärung seiner Zustimmung abzugeben braucht. Eine solche Erklärung liegt insbesondere nicht allein schon in der Unterschrift, mit der der Kunde das auf Rabattgewährung gerichtete Vertragsangebot annimmt."[413]

Auffallend in der Entscheidung war außerdem, dass über einen ähnlichen Gegenstand im selben Fall zuvor anders entschieden worden war.[414] Was die Frage

---

**407** *Schapper* und *Dauer*, RDV 4 (1987), 169, 173; BGH, NJW 8 (1984), 436, 437. So der BGH: „Dieses Abwägungsgebot schließt es indes nicht aus, daß in bestimmten Fällen eine Datenübermittlung regelmäßig zulässig sein wird, weil den für eine Datenübermittlung sprechenden berechtigten Interessen ein solches Gewicht zukommt, daß die Belange des Betroffenen demgegenüber zurücktreten müssen. So werden die berechtigten Interessen der Allgemeinheit an einem Schutz vor der Vergabe von Krediten an Zahlungsunfähige oder -unwillige eine Weitergabe von Daten über die Eröffnung des Konkursverfahrens, die Abgabe der eidesstattlichen Versicherung nach § 807 ZPO durch den Schuldner oder die Zwangsvollstreckung in sein Vermögen in aller Regel rechtfertigen (vgl. auch *Louis*, Rdnr. 167)".

**408** BGH, NJW 34 (1984), 1889, 1890.

**409** *Schapper* und *Dauer*, RDV 4 (1987), 169, 173; BGH, NJW 34 (1984), 1889, 1890.

**410** BGH, DUD 12 (2008) 818, 820.

**411** Ebd., S. 821.

**412** Ebd.

**413** Ebd.

**414** *Buchner*, DUD 1 (2010), 39, 42 ff.

nach der Erforderlichkeit einer Opt-in-Erklärung für die Datenverarbeitung im Rahmen des Paybacks betrifft, hatte der BGH festgestellt, dass diese nicht nötig sei; das Opt-out-Modell reiche aus, um die Datenverarbeitung gemäß § 4a Abs. 1 S. 1 BDSG zu rechtfertigen.[415] Laut dem Gericht wurden die durch diese Vorschrift vorgesehenen Bedingungen erfüllt, nämlich die Freiwilligkeit und die Hervorhebung.

Diese Entscheidung ist auf Kritik gestoßen, weil sie zum einen unterschiedliche Kriterien für ähnliche Gegenstände angewendet hat und zum anderen mit der Opt-out-Lösung verhindert hat, mehr Transparenz und Bewusstsein auf Seiten des Betroffenen in der Datenverarbeitung zu schaffen.[416] Jedenfalls ist der Fall insofern wichtig, als der BGH die Inhaltskontrolle von vorformulierten Einwilligungsklauseln im Rahmen des Datenschutzes bestätigt hat.

## 2. Die Forderung nach einer konzeptionellen Annäherung zum Verbraucherschutz

Das Verhältnis zwischen Datenschutz und Verbraucherschutz lässt sich aus zwei Perspektiven betrachten. Einerseits ist seit Entstehung des Datenschutzrechts darauf hingewiesen worden, dass die Anwendung von Datenschutzvorschriften ebenfalls dem Verbraucherschutz dient. Andererseits werden seit einigen Jahren Forderungen nach einer konzeptionellen Annäherung zwischen dem Datenschutzrecht und dem Verbraucherrecht immer lauter.[417]

Die erste Perspektive nimmt die deskriptive Erkenntnis auf, wonach eine Vielfalt von Problemen der Datenverarbeitung im Rahmen des rechtsgeschäftlichen Verkehrs stattfindet und deshalb beide Bereiche sich mehrmalig überschneiden. Das erklärt z. B., warum die Datenschutz-Aufsichtsbehörden sich immer wieder mit der Kredit- und Versicherungswirtschaft sowie mit Marketingfirmen und Adressenhändlern beschäftigt haben.[418] Hinzu kommt die Tendenz der Wirtschaft in Richtung einer Individualisierung und Personalisierung der Produktion und des Marketings, die mit der massiven Erhebung und Verarbeitung personenbezogener Daten von Verbrauchern verbunden ist.[419]

---

**415** BGH, DUD 12 (2008) 818, 820.
**416** Siehe *Buchner*, DUD 1 (2010), 39, 42.
**417** So *Buchner*, Informationelle Selbstbestimmung, S. 109.
**418** Siehe *Schapper* und *Dauer*, RDV 4 (1987), 169, 177, die behaupten, „dass Datenschutz gleichzeitig Verbraucherschutz ist".
**419** *Podlech* und *Pfeifer*, RDV 14, 4 (1998), 139, 140; *Weichert*, in: Klumpp et al. (Hrsg.), Informationelles Vertrauen für die Informationsgesellschaft, S. 40 ff.

Die zweite Perspektive interessiert hier am meisten, da sie die Diskussion über die künftige Gestaltung eines wirksamen Datenschutzes fördert und normative Ansätze mit sich bringt. Anlässlich der Datenschutz-Debatte über die Einwilligung als Fiktion wurde vorgebracht, dass die Konzeption des Verbraucherschutzrechts ein Beispiel für die Selbstbestimmung trotz Informations- und Machtungleichgewicht darstelle und deshalb als mögliches Vorbild für den Datenschutz benutzt werden könne.[420] Diesem Gedanken zufolge ließen sich die Probleme zur Sicherung einer freiwilligen Einwilligung also damit lösen, dass Schutzmaßnahmen die fehlende Selbstbestimmung ergänzen. Vor allem die Position des Betroffenen als der „sozial Schwächere"[421] und seine „informationelle Unterlegenheit"[422] werden betont, um die ergänzenden künftigen Maßnahmen zu rechtfertigen. Als Beispiele dafür gelten jedenfalls Informationspflichten, Widerrufsrechte und zwingende Regelungen, die bestimmte Arten von Datenverarbeitungen oder Zweckentfremdungen verbieten.

Die Tendenz in Richtung des Verbraucherschutzes deutet an, dass eine gewisse Materialisierung des Datenschutzrechts stattfindet oder zumindest als eine mögliche Lösung für die aktuellen Defizite dieses Rechtsgebiets gesehen wird.[423] Allerdings ist noch nicht klar, wie das grundsätzlich formale Datenschutzrecht sich dem material orientierten Verbraucherrecht annähern soll. Eindeutig ist nur, dass die reale informationelle Selbstbestimmung des Einzelnen nicht gewährleistet werden kann, wenn das Datenschutzrecht ganz und gar soziale Machtverhältnisse vernachlässigt.

---

**420** Siehe dazu *Roßnagel, Pfitzmann* und *Garstka*, Modernisierung des Datenschutzrechts, S. 91; *Buchner*, Informationelle Selbstbestimmung, S. 109 ff.; *Spindler*, Persönlichkeitsschutz im Internet, S. 100.

**421** *Spindler*, Persönlichkeitsschutz im Internet, S. 100. Laut Spindler „bedarf es zusätzlicher flankierender staatlicher Regeln, wie im Verbraucherschutzrecht, um die privatautonome Entscheidung angesichts der informationellen Unterlegenheit der Nutzer zu gewährleisten".

**422** *Roßnagel, Pfitzmann* und *Garstka*, Modernisierung des Datenschutzrechts, S. 91. Die Verfasser behaupten Folgendes: „Einerseits sind gesetzliche Vorgaben notwendig, um die Verwirklichungsbedingungen der Selbstbestimmung zu ermöglichen. Wie im Verbraucherschutzrecht ist dem sozial Schwächeren ein gewisser Grundschutz zu bieten. Statt einer formalen Autonomie muss das Datenschutzrecht die Selbstverwirklichungschance des Einzelnen schützen. Andererseits dürfen solche Regelungen nicht zur Bevormundung der betroffenen Person führen. Die gesetzliche Umhegung der Selbstbestimmung muss sich auf deren Schutz und Förderung beschränken. Ist sichergestellt, dass die betroffene Person umfassend über die beabsichtigte Datenverarbeitung informiert ist und völlig freiwillig in sie einwilligt, muss die Einwilligung grundsätzlich die Datenverarbeitung rechtfertigen können".

**423** Anders *Buchner*, Informationelle Selbstbestimmung, S. 111 ff.

## 3. Interessenabwägung nach § 28 Abs. 1 S. 1 Nr. 2 BDSG

Das BDSG sieht eine Interessenabwägung ausdrücklich vor, wann immer eine Datenverarbeitung aufgrund eines berechtigten Interesses stattfinden soll (§ 28 Abs. 1 S. 1 Nr. 2). Laut dem Gesetz rechtfertigt ein berechtigtes Interesse die Erhebung, Speicherung, Veränderung oder Übermittlung personenbezogener Daten nur dann, wenn es keinen Grund gibt, anzunehmen, dass ein schutzwürdiges Interesse des Betroffenen überwiegt. Die Kriterien für das Vorliegen berechtigter und schutzwürdiger Interessen sind nicht im Gesetz spezifiziert; sie lassen sich erst im Einzelfall nach der konkreten Verarbeitungssituation näher präzisieren.[424] Als berechtigte Interessen der verarbeitenden Stelle gelten sowohl wirtschaftliche als auch ideelle Interessen, die von der Rechtsordnung gebilligt sind.[425]

Um die Bedeutung der schutzwürdigen Interessen zu beleuchten, ist es sinnvoll, nach dem Schutzziel des BDSG zu fragen: Der Schutz des Persönlichkeitsrechts und der informationellen Selbstbestimmung des Einzelnen sowie die Gewährleistung von Vertraulichkeitssphären können dabei helfen, den Sinn dieses Begriffs aufzuklären.[426] Dazu zählen auch die wirtschaftlichen und beruflichen Interessen des Einzelnen, die durch die Erhebung, Verwendung und Übermittlung personenbezogener Daten beeinträchtigt werden können.[427]

Das Ziel der Regelung liegt darin, das Persönlichkeitsrecht des Einzelnen sowie die sich aus der Datenverarbeitung ergebenden Folgen gegenüber den Interessen der verarbeitenden Stelle abzuwägen. Wird in einer konkreten Situation festgestellt, dass die Interessen der verarbeitenden Stelle gegenüber den Interessen des Betroffenen überwiegen, ist die Erhebung, Verwendung oder Übermittlung datenschutzrechtlich zulässig. Kriterien für die Interessenabwägung können z. B. „Art, Inhalt und Aussagekraft der beanstandeten Daten" sowie „Angaben und Zwecke", an denen die Datenverarbeitung ausgerichtet ist, sein.[428] Wichtig ist dabei, den Verhältnismäßigkeitsgrundsatz zu beachten.

Die Bedeutung der Abwägung für das Datenschutzrecht lässt sich deutlich in dem SCHUFA-Urteil des BGH erkennen, da sie die Grundlage für die Unwirksamkeitserklärung der Übermittlungsklausel darstellte.[429] Dem BGH gelang es also, die Formalität des Datenschutzrechts zu überwinden, indem er das damalige AGB-Recht sowie die Erforderlichkeit der Interessenabwägung angewendet hat, um die Unwirksamkeit der Einwilligungsklausel zu erklären. Das Gericht hat nicht

---

**424** *Simitis*, BDSG, § 28, Rn. 125.
**425** *Gola* et al., BDSG, § 28, Rn. 24; *Wedde*, BDSG, § 28, Rn. 48.
**426** *Gola* et al., BDSG, § 28, Rn. 26.
**427** Ebd.
**428** Ebd., § 28, Rn. 27.
**429** BGHZ 95, 362, Schufa-Klausel.

nur mehr Transparenz gefordert; vielmehr hieß es im Urteil, dass eine Einwilligungsklausel allein nicht in der Lage sei, die vorgesehene Interessenabwägung zu ersetzen.[430]

Durch die Interessenabwägung ermöglicht das Gesetz, dass wichtige materiale Argumente in die Analyse der Zulässigkeit der Datenverarbeitung hineinfließen, die sonst nicht hinreichend im Datenschutzrecht berücksichtigt werden, wie z.B. die mit einer bestimmten Art von Datenverarbeitung verbundenen Gefährdungen sowie das Nachteilpotenzial einer auf persönlichen Daten basierenden künftigen Entscheidung. So wird es möglich, die formale Zustimmung des Einzelnen mit objektiven Kriterien der konkreten Verarbeitungssituation zu verbinden, die der Komplexität des Phänomens der Informationsverarbeitung besser Rechnung tragen können. Allerdings spielt die Abwägung im Datenschutzrecht nur eine beschränkte Rolle, weil sie in der Praxis von der Auswahl der Rechtsgrundlage durch die verarbeitende Stelle abhängt und ohnehin durch die Einwilligung umgangen werden kann. Darüber hinaus fehlen für die Abwägung bislang konkrete Kriterien. Damit sie sich nicht als eine „nichtssagende Klausel"[431] erweist, müssten sowohl gesetzliche Kriterien als auch dogmatische Ansätze ihren Inhalt konkretisieren und erweitern.

## D. Zwischenergebnis

Es bleibt festzuhalten, dass das deutsche Datenschutzrecht seit seiner Entstehung in erster Linie von einer formalen Konzeption geprägt wird, die die Grenzen für die zulässige Datenverarbeitung vor allem durch Verfahrensinstrumente bestimmt. Das BDSG sieht in seinem § 4 Abs. 1 die Voraussetzung für die Verwendung personenbezogener Daten vor, nämlich das Vorliegen einer Einwilligung des Betroffenen oder aufgrund einer Rechtsvorschrift. Daraus ergibt sich das Verbot mit Erlaubnisvorbehalt als grundsätzliches Prinzip der Datenverarbeitung. Geht es um die Verarbeitung personenbezogener Daten im privaten Bereich, dann stellt sich die Einwilligung als die zentrale Grundlage für die Rechtfertigung des Umgangs mit personenbezogenen Informationen und Daten dar (§ 4a BDSG, § 12 Abs. 1 TMG).[432] Eine Einwilligung ist nur in dem Ausnahmefall entbehrlich, dass eine Gesetzvorschrift eine Eingriffsermächtigung vorsieht.[433] Demgemäß hat der Ge-

---

**430** *Schapper* und *Dauer*, RDV 4 (1987), 169, 173.
**431** *Simitis*, BDSG, § 28, Rn. 126.
**432** Siehe *Buchner*, DUD 1 (2010), 39, 40; *Bäcker*, Der Staat 1 (2012), 91, 105; *Hoffmann-Riem*, AöR 134 (2009), 513, 526.
**433** *Hoffmann-Riem*, AöR 134 (2009), 513, 526.

setzgeber die Autonomie sowohl als Ziel als auch als Mittel für die Freiheitssicherung vorgesehen.[434]

Dem Verbot mit Erlaubnisvorbehalt liegt die Idee zugrunde, dass die Persönlichkeitsrechte des Einzelnen dadurch gewährleistet werden können (§ 1 Abs. 1 BDSG), dass die gesetzlichen Tatbestände den Erlaubnisumfang objektiv bestimmen. Jedoch wird die tatsächliche Wirkung dieses Schutzkonzepts immer häufiger infrage gestellt, da es wesentliche Elemente der Datenverarbeitung übersieht bzw. vernachlässigt.

Der zweite Teil des Kapitels setzt sich daher mit diesen vernachlässigten Elementen auseinander. Einerseits berücksichtigt das Gesetz nicht ausreichend, dass die freiwillige Entscheidung des Betroffenen durch Machtungleichgewicht und Verständnisdefizite verhindert werden kann. Andererseits erschwert es die Systematik des Gesetzes, die Wirkungen der Datenverarbeitung auf den Betroffenen hinreichend zu berücksichtigen: Indem der Datenschutz grundsätzlich eine Vorfeldsicherung gestattet, ist er nicht in der Lage, den Einzelnen vor den Risiken von künftigen Anwendungen und Entscheidungen mit nachteiligen Folgen zu schützen, die sich aus der Verwendung und Übermittlung von Informationen ergeben können.

Da die Grundlage für die Zulässigkeit der Erhebung, Verwendung und Nutzung personenbezogener Daten im BDSG auf Kritik gestoßen ist, steht das Datenschutzrecht unter Veränderungsdruck, um seine Defizite und Fiktionen zu überwinden. Der letzte Abschnitt des Kapitels zielt deshalb darauf, diese Lösungsansätze im deutschen Recht zu identifizieren. Besonders zwei Tendenzen fallen dabei auf.

Die erste Tendenz besteht darin, die formalen Anforderungen an die Einwilligung zu erhöhen, damit die Freiwilligkeit der individuellen Entscheidung gewährleistet werden kann. Dafür wurden zum einen die Bedingungen für eine wirksame Einwilligung verschärft und zum anderen wurde das Koppelungsverbot erweitert, das schon im TMG und TKG geregelt war.

Die zweite Tendenz betrifft die Anwendung materialer Ansätze im Datenschutz. Im Hintergrund steht der Gedanke, dass ausschließlich formale Lösungen nicht ausreichen, um eine freiwillige Entscheidung zu sichern: Materiale Kriterien und Verfahrensinstrumente müssen sich gegenseitig ergänzen, damit tatsächliche informationelle Selbstbestimmung garantiert wird. Dabei geht es darum, einerseits die richterliche Kontrolle von vorformulierten Datenschutzerklärungen nach § 305 ff. BGB durchzusetzen. Andererseits wird seit einigen Jahren eine konzeptionelle Annäherung zwischen dem Datenschutz und dem Verbraucherrecht ge-

---

**434** Ebd.

fordert; somit könnten Schutzmaßnahmen im Rahmen des Datenschutzrechts geschaffen werden, um die fehlende Selbstbestimmung zu ergänzen.[435] Letztlich kann ebenso die Durchführung einer Interessenabwägung dabei helfen, wichtige materiale Ansätze für die Analyse der Zulässigkeit der Datenverarbeitung zu liefern, die sonst im Datenschutz nicht ausreichend berücksichtigt werden.

Die Lösungsansätze und Tendenzen im deutschen Recht weisen also darauf hin, dass tatsächliche Selbstbestimmung erst zu sichern ist, wenn Schutzinstrumente die fehlende Selbstschutzmöglichkeit des Einzelnen ausgleichen. Erst wenn die formale Zustimmung des Einzelnen durch objektive Kriterien der konkreten Verarbeitungssituation ergänzt wird, kann der Komplexität des Phänomens der Informationsverarbeitung genügend Rechnung getragen werden. Wie diese Lösungsansätze weiter zu entwickeln sind, um einen wirksamen Datenschutz zu gestalten, wird in den nächsten Kapiteln näher betrachtet, anhand der Analyse des Entwurfs für eine europäische Datenschutz-Grundverordnung.

---

**435** Siehe dazu *Roßnagel*, *Pfitzmann* und *Garstka*, Modernisierung des Datenschutzrechts, S. 91; Buchner, Informationelle Selbstbestimmung, S. 109 ff.; *Spindler*, Persönlichkeitsschutz im Internet, S. 100.

# 4. Kapitel:
# Die Rechtmäßigkeit privater Informations- und Datenverarbeitung im europäischen Recht

Die Datenverarbeitung als regulierungsbedürftiger Gegenstand wird in Europa seit vielen Jahren thematisiert. 1950 wurde das Europäische Übereinkommen zum Schutz der Menschenrechte und Grundfreiheiten (EMRK) unterzeichnet, das zwar ein Recht auf Achtung der Privatsphäre in seinem Art. 8[436] vorsieht, allerdings anfangs noch keinen ausdrücklichen datenschutzrechtlichen Ansatz enthielt.[437] Von großer Bedeutung für die Geschichte des Datenschutzes war das Übereinkommen 108 des Europarats von 1981, das auch als Konvention 108 bekannt geworden ist: Als erstes internationales Instrument, das sich explizit mit dem Datenschutz auseinandersetzt, hat es grundlegende Prinzipien festgelegt und die Grundsätze der damaligen nationalen Gesetze zusammengefasst.[438] Um einen möglichst breiten Wirkungskreis zu schaffen, stand die Konvention jedem Staat zur Ratifikation offen, also nicht nur den Mitgliedstaaten. Dadurch, dass die Konvention sich als ein „non self-executing treaty" erweist, muss sie in den ratifizierenden Staaten durch datenschutzrechtliche Gesetze umgesetzt werden.[439]

Eine wichtige Rolle für die Konsolidierung des Datenschutzrechts spielt auch die in Nizza im Jahr 2000 unterzeichnete europäische Grundrechtscharta, die seit dem Lissabon-Vertrag verbindlich geworden ist.[440] Sie sieht ausdrücklich den

---

**436** „Artikel 8. Recht auf Achtung des Privat- und Familienlebens
(1) Jede Person hat das Recht auf Achtung ihres Privat- und Familienlebens, ihrer Wohnung und ihrer Korrespondenz.
(2) Eine Behörde darf in die Ausübung dieses Rechts nur eingreifen, soweit der Eingriff gesetzlich vorgesehen und in einer demokratischen Gesellschaft notwendig ist für die nationale oder öffentliche Sicherheit, für das wirtschaftliche Wohl des Landes, zur Aufrechterhaltung der Ordnung, zur Verhütung von Straftaten, zum Schutz der Gesundheit oder der Moral oder zum Schutz der Rechte und Freiheiten anderer".
**437** Erst unter Einfluss der EG-Datenschutzrichtlinie wurde in Art. 8 der europäischen Menschenrechtkonvention ein datenschutzrechtlicher Ansatz „hineingelesen". So *Simitis*, BDSG, Einleitung, Rn. 151; vgl. auch *Albers*, Informationelle Selbstbestimmung, S. 293 ff.: „Art. 8 EMRK schließt einen Schutz hinsichtlich des Umgangs mit personenbezogenen Informationen und Daten ein".
**438** *Simitis*, BDSG, Einleitung, Rn. 136, 155 ff.
**439** Ebd., Einleitung, Rn. 153; *Albers*, Informationelle Selbstbestimmung, S. 298.
**440** *Simitis*, BDSG, Einleitung, Rn. 243 ff.

„Schutz personenbezogener Daten" in ihrem Art. 8[441] vor und weist darüber hinaus auf wichtige Konzepte des Datenschutzes hin, und zwar das „Verbot mit Erlaubnisvorbehalt", die Einflussrechte der Betroffenen sowie die Erforderlichkeit einer unabhängigen Aufsichtsbehörde.[442]

Die zentrale Regelung des europäischen Datenschutzrechts ist die Richtlinie 95/46/EG des Europäischen Parlaments und des Rates vom 24. Oktober 1995, die Normen „zum Schutz natürlicher Personen bei der Verarbeitung personenbezogener Daten und zum freien Datenverkehr" vorsieht. Die Richtlinie 95/46/EG wurde stark von der Konvention 108 des Europarats beeinflusst, die sich sogar als ihre „genetische Grundlage"[443] verstehen lässt. Darüber hinaus wurde die Richtlinie von den nationalen Gesetzen teilweise geprägt und erweist sich deshalb eher als ein Kombinationsversuch unterschiedlicher Perspektiven und Konzeptionen der bestehenden nationalen Regelungen als ein wirklich innovatives Regelungsinstrument.[444] Wie die Überschrift der Richtlinie andeutet, liegt ihr eine „dualistische Zielsetzung"[445] zugrunde: der Schutz der Grundrechte und der Freiheit der Personen sowie der freie Datenverkehr. Damit ist gemeint, dass durch eine gemeinsame Regelung sowohl ein hohes Datenschutzniveau als auch die Verringerung von Beschränkungen für den Datenverkehr erreicht werden soll.[446] Hinsichtlich der Datenverarbeitung im Privatbereich spielt auch die Richtlinie 2002/58/EG vom 12. Juli 2002 eine Rolle, die Regeln für die Verarbeitung personenbezogener Daten in der elektronischen Kommunikation enthält.

Zurzeit steht die Richtlinie 95/46/EG vor einer umfassenden Reform: Wegen der technologischen und sozialen Entwicklungen, die zur allgegenwärtigen Datenverarbeitung geführt haben, soll ein aktualisiertes und kohärentes europäisches Datenschutzrecht die Differenzen der nationalen Regelungen überwinden sowie die Persönlichkeit des Betroffenen auch im aktuellen technologischen

---

441 „Artikel 8. Schutz personenbezogener Daten
(1) Jede Person hat das Recht auf Schutz der sie betreffenden personenbezogenen Daten.
(2) Diese Daten dürfen nur nach Treu und Glauben für festgelegte Zwecke und mit Einwilligung der betroffenen Person oder auf einer sonstigen gesetzlich geregelten legitimen Grundlage verarbeitet werden. Jede Person hat das Recht, Auskunft über die sie betreffenden erhobenen Daten zu erhalten und die Berichtigung der Daten zu erwirken.
(3) Die Einhaltung dieser Vorschriften wird von einer unabhängigen Stelle überwacht".
442 *Brühann*, in: Roßnagel (Hrsg.), Handbuch Datenschutzrecht, Rn. 8 ff.
443 *Albers*, Informationelle Selbstbestimmung, S. 300.
444 *Simitis*, BDSG, Einleitung, Rn. 219 ff.; *Simitis*, in: Damman und Simitis (Hrsg.), EG-Datenschutzrichtlinie, Einleitung, Rn. 11 ff.; *Albers*, Informationelle Selbstbestimmung, S. 313.
445 *Ehmann* und *Helfrich*, EG-Datenschutzrichtlinie: Kurzkommentar, Einleitung, Rn. 4.
446 *Albers*, Informationelle Selbstbestimmung, S. 314 ff.; *Simitis*, EG-Datenschutzrichtlinie, Einleitung, Rn. 8 ff.

Umfeld schützen. Mit diesen Zielen hat die Kommission einen Entwurf einer „Datenschutz-Grundverordnung" im Januar 2012 veröffentlicht, die die Richtlinie 95/46/EG ersetzen soll.[447]

Dieses Kapitel zielt darauf ab, die Herausforderungen und Perspektiven der Rechtmäßigkeitsstruktur des europäischen privatrechtlichen Datenschutzes zu untersuchen. Um dieses Ziel zu verfolgen, werden sowohl die gegenwärtigen Instrumente des privatrechtlichen Datenschutzes auf der europäischen Ebene als auch die vorgeschlagenen Mechanismen im Entwurf der Datenschutz-Grundverordnung analysiert.

## A. Die Rechtmäßigkeit der Datenverarbeitung nach der Richtlinie 95/46/EG

Für die hier behandelte Frage nach den Rechtmäßigkeitsvoraussetzungen privater Datenverarbeitung ist es sinnvoll, zwei Arten von Normen der Datenschutzrichtlinie näher zu betrachten, und zwar die Zulässigkeitsvoraussetzungen (Art. 7 DSRL) sowie die Qualitätsvoraussetzungen für die Verarbeitung personenbezogener Daten (Art. 6 DSRL).

### I. Qualitätsvoraussetzungen: Treu und Glauben, Zweckbestimmung und -vereinbarkeit, Verhältnismäßigkeit und Erforderlichkeit

Art. 6 der Datenschutzrichtlinie bezweckt laut seiner Überschrift, die „Grundsätze in Bezug auf die Qualität der Daten" festzustellen, und verweist dabei auf Art. 5 der Konvention 108 des Europarats. In der Tat handelt es sich eher um allgemeine Kriterien zur Rechtmäßigkeit der Datenverarbeitung.[448]

Zunächst gibt die Regelung vor, dass personenbezogene Daten nach Treu und Glauben sowie auf rechtmäßige Weise verarbeitet werden müssen (Art. 6 Abs. 1 DSRL). In den Erwägungsgründen wird darauf hingewiesen, dass die heimliche Speicherung von Informationen mit Treu und Glauben nicht vereinbar ist.[449] Darüber hinaus kann angenommen werden, dass der Grundsatz von Treu und Glauben sich als Auffangklausel erweist, die Anwendung findet, falls keine

---

**447** Siehe: http://ec.europa.eu/justice/newsroom/data-protection/news/120125en.htm.
**448** *Ehmann* und *Helfrich*, EG-Datenschutzrichtlinie: Kurzkommentar, Art. 6, Rn. 2; *Albers*, Informationelle Selbstbestimmung, S. 321 ff.
**449** *Dammann*, in: Dammann und Simitis (Hrsg.), EG-Datenschutzrichtlinie: Kommentar, Art. 6, Rn. 4.

konkrete Regelung zur Prüfung bestimmter Datenverarbeitungsvorgänge existiert.[450] Die im selben Paragrafen erwähnte Rechtmäßigkeit kann auf zwei Weisen verstanden werden: Zum einen müssen die Erhebung und die Verarbeitung personenbezogener Daten mit den Kriterien und Voraussetzungen, die die Richtlinie selbst vorsieht, wie z. B. die Zulässigkeitsvoraussetzungen des Art. 7, im Einklang stehen;[451] zum anderen müssen die Mitgliedstaaten weitere und differenzierte Kriterien durch nationale Vorschriften erlassen, nach denen die Rechtmäßigkeit der Datenverarbeitung konkret geprüft werden kann.[452]

Überdies wird vorgesehen, dass personenbezogene Daten nur für „festgelegte, eindeutige und rechtmäßige Zwecke erhoben und nicht in einer mit diesen Zweckbestimmungen nicht zu vereinbarenden Weise weiterverarbeitet werden" dürfen (Art. 6 Abs. 1 lit. b DSRL). Diese Regelung entspricht den Grundsätzen der Zweckfestlegung und Zweckvereinbarkeit. Der erste Satzteil deutet an, dass die Erhebung personenbezogener Daten immer die Festlegung eines bestimmten und eindeutigen Zwecks voraussetzt, der darüber hinaus rechtmäßig sein muss. Durch die Zweckbestimmung soll ermöglicht werden, dass sowohl der Betroffene als auch die Aufsichtsbehörde in der Lage sind, den gesamten Prozess der Datenverarbeitung zu überblicken und dessen Rechtmäßigkeit zu kontrollieren.[453]

Anschließend daran ist jede weitere Datenverarbeitung nur zulässig, solange sie mit dem primären Zweck der Verarbeitung vereinbar ist. Wie starr die Zweckvereinbarkeit nach der Datenschutzrichtlinie ist, ist ein sehr umstrittenes Thema. Klar ist jedenfalls, dass die Richtlinie die Vereinbarkeit verlangt, statt eine richtige Bindung festzustellen. Was die Vereinbarkeit angeht, muss also zweierlei gefragt werden: Welche Kriterien bestimmen, was ein vereinbarer Zweck ist? Ist die Vereinbarkeit nach diesen Kriterien starr oder kann sie durchbrochen werden?

Für die Feststellung der Vereinbarkeit muss einerseits das Verhältnis zwischen dem ersten und dem weiteren Verwendungszweck objektiv analysiert werden und andererseits muss geklärt werden, welche Auswirkungen die weitere Verarbeitung personenbezogener Daten für den weiteren Zweck auf die Person hat.[454] Entscheidend ist es, die „Interessenkonstellation"[455] zu untersuchen, die der ersten Verarbeitung oder Erhebung zugrunde liegt, und zu betrachten, wie diese Konstellation in einer weiteren Verarbeitung aussehen wird. Dafür kann es erforder-

---

**450** So ebd., Art. 6, Rn. 3; *Ehmann* und *Helfrich*, EG-Datenschutzrichtlinie: Kurzkommentar, Art. 6, Rn. 4.

**451** *Brühann*, Europarechtliche Grundlagen, § 33.

**452** *Dammann*, EG-Datenschutzrichtlinie: Kommentar, Art. 6, Rn. 2.

**453** *Brühann*, Europarechtliche Grundlagen, Rn. 28.

**454** *Dammann*, EG-Datenschutzrichtlinie: Kommentar, Art. 6, Rn. 8.

**455** Ebd.

lich sein, eine Interessenabwägung durchzuführen, nach der festgestellt wird, ob die Veränderung des Verarbeitungszwecks zu einer Beeinträchtigung der Person in „unzumutbarer Weise" führt und folglich unvereinbar und unzulässig ist.[456]
Ob der Grundsatz der Zweckvereinbarkeit aufgehoben werden kann, und zwar z. B. durch eine Einwilligung, ist nicht klar. Art. 6 Abs. 2 der Datenschutzrichtlinie sieht diese Möglichkeit nicht ausdrücklich vor. Vielmehr schreibt er fest, dass die Weiterverarbeitung von Daten zu historischen, statistischen oder wissenschaftlichen Zwecken in der Regel nicht als unvereinbar mit den primären Zwecken der Datenerhebung anzusehen ist, solange geeignete Garantien umgesetzt werden. Die Frage nach dem Verhältnis zwischen der Zweckvereinbarkeit und der Einwilligung stellt sich dennoch: Kann die Einwilligung die Unvereinbarkeit der Zwecke heilen?

Die Art.–29-Arbeitsgruppe zum Datenschutz, die die Europäische Kommission berät, hat kürzlich zu diesem Thema Stellung genommen[457]. Auch wenn deren Stellungnahmen nicht verbindlich sind, sind sie insofern relevant, als sie die gemeinsamen Meinungen der Datenschutzbeauftragten der Mitgliedstaaten darstellen. Zur Zweckvereinbarkeit hat die Datenschutzgruppe zwei wichtige Ansätze festgestellt. Zum einen ist die Vereinbarkeit nicht formal, sondern substanziell zu verstehen, indem der erste Zweck mit den weiteren Zwecken verglichen wird, die Zusammenhänge und die Erwartungen der Betroffenen analysiert sowie die Risiken und Vorteile der Datenverarbeitung für die Betroffenen berücksichtigt werden.[458] Zum anderen stellte die Arbeitsgruppe fest, dass die Zweckvereinbarkeit als harte Grenze zu sehen sei, die durch die Verknüpfung mit einem der Kriterien des Art. 7 DSRL nicht überwunden werden kann, da Art. 6 und Art. 7 DSRL nicht alternativ, sondern kumulativ zu verstehen sind.[459] In diesem Sinne könnte nicht einmal die Einwilligung einen unvereinbaren Zweck heilen.[460]

Daraus folgt, dass auf den ersten Blick die europäische Regelung zwar „abgeschwächt"[461] erscheinen mag, besonders im Vergleich zum Grundsatz der Zweckbindung im deutschen Recht, da sie nur die Vereinbarkeit und keine strenge Bindung verlangt. Bei näherer Betrachtung erweist sie sich jedoch als wirksamer

---

**456** So *Albers*, Informationelle Selbstbestimmung, S. 324 ff.

**457** *Art. 29 Data Protection Working Party*, Opinion 03/2013 on Purpose Limitation, 4. Februar 2013.

**458** Ebd., S. 3 ff., 21 ff.

**459** Ebd., S. 36 ff.

**460** Ebd.; ebenso *Brühann*, Europarechtliche Grundlagen, Rn. 29.

**461** So *Dammann*, EG-Datenschutzrichtlinie: Kommentar, Art. 6, Rn. 8, der behauptet: „der Grundsatz der Zweckbindung wird von der Richtlinie nur abgeschwächt realisiert (...)". Siehe auch *Rüpke*, ZRP 5 (1995), 185, 189 ff.

und mit strengeren Grenzen ausgestattet, indem sie weniger Möglichkeiten zur Durchbrechung enthält.[462]

In Verbindung mit der Zweckfestlegung und -vereinbarkeit stehen der Ansatz der Erheblichkeit und das Verbot des Erhebungsexzesses (Art. 6 lit. c DSRL). Dies entspricht der Anwendung des Grundsatzes der Verhältnismäßigkeit im Datenschutzrecht und bedeutet, dass die Daten für die Zwecke erheblich und geeignet sein müssen, für die sie verarbeitet werden. Daraus folgt auch, dass die Daten nicht exzessiv für diese Zwecke sein dürfen.[463]

Art. 6 der Datenschutzrichtlinie stellt ferner noch andere Qualitätsanforderungen an die Daten, und zwar, dass sie richtig und aktuell sein müssen und nur für begrenzte Dauer aufzubewahren sind. Die sachliche Richtigkeit der Daten ist ein zentraler Faktor des Datenschutzes, der sicherstellen soll, dass die Informationen, die sich durch die Interpretation von Daten ergeben, inhaltlich richtig sind.[464] Die Richtlinie fordert, dass die Daten auf den neuesten Stand gebracht werden, solange dies erforderlich ist. Aufgrund des Richtigkeitsgrundsatzes wird die Datenebene mit der Informationsebene verknüpft: Nur durch die Berücksichtigung des „Informationsgehalts" der Daten kann festgestellt werden, ob die Daten richtig und aktuell sind.[465] Die begrenzte Aufbewahrungsdauer steht mit dem Grundsatz der Erheblichkeit in Verbindung: Sind die Daten nicht mehr für die Zwecke erheblich, für die sie verarbeitet wurden, sind sie nicht mehr aufzubewahren.[466]

Die Qualitätsanforderungen des Art. 6 Abs. 1 der Richtlinie können durch Rechtsvorschriften der Mitgliedstaaten in bestimmten Konstellationen begrenzt werden. Dies wird in Art. 13 der Datenschutzrichtlinie vorgesehen, und zwar aufgrund der Sicherheit des Staates, der Landesverteidigung, der öffentlichen Sicherheit, der Verfolgung von Straftaten, des Vorliegens eines wichtigen wirtschaftlichen Interesses eines Mitgliedstaates, der Kontroll-, Überwachungs- und Ordnungsfunktion des Staates und des Schutzes der betroffenen Person.

---

462 Vgl. *v. Zezschwitz*, in: Roßnagel (Hrsg.), Handbuch Datenschutzrecht, Rn. 14; *Brühann*, Europarechtliche Grundlagen, Rn. 29, der von einem „strikten Zweckbindungsgrundsatz" im europäischen Recht ausgeht.

463 So *Brühann*, Europarechtliche Grundlagen, Rn. 30; siehe auch *Ehmann* und *Helfrich*, EG-Datenschutzrichtlinie: Kurzkommentar, Art. 6, Rn. 20 ff.

464 *Dammann*, EG-Datenschutzrichtlinie: Kommentar, Art. 6, Rn. 13; *Ehmann* und *Helfrich*, EG-Datenschutzrichtlinie: Kurzkommentar, Art. 6, Rn. 25 ff.

465 *Albers*, Informationelle Selbstbestimmung, S. 325.

466 *Dammann*, EG-Datenschutzrichtlinie: Kommentar, Art. 6, Rn. 16 ff.

## II. Zulässigkeitsvoraussetzungen für die Verarbeitung personenbezogener Daten im privaten Bereich

Die Richtlinie normiert sechs unterschiedliche Zulässigkeitsgrundlagen für die Datenverarbeitung. Sie sind unabhängig voneinander zu verstehen und weisen gleichrangige Tatbestände auf; nicht einmal die Einwilligung lässt sich als höherrangige Grundlage bewerten.[467] Bei der Umsetzung der Richtlinie dürfen die Mitgliedstaaten zwar keine neuen Tatbestände schaffen, da der Katalog abschließend ist; sie können aber die Regelungen spezifizieren und fallorientiert konkretisieren.[468] Für die Datenverarbeitung im Privatbereich kommen fünf Tatbestände in Betracht.

### 1. Einwilligung

Der erste Zulässigkeitstatbestand ist die Einwilligung (Art. 7 lit. a DSRL). Damit sich die Einwilligung als eine rechtmäßige Grundlage für die Datenverarbeitung erweist, verlangt die Richtlinie, dass der Betroffene „ohne jeden Zweifel" seine Einwilligung erteilt hat. Nach der Definition des Art. 2 lit. h der Datenschutzrichtlinie ist die Einwilligung „jede Willensbekundung, die ohne Zwang für den konkreten Fall und in Kenntnis der Sachlage erfolgt und mit der die betroffene Person akzeptiert, dass personenbezogene Daten, die sie betreffen, verarbeitet werden". Dazu müssen einige Fragen geklärt werden: Muss die Einwilligung schriftlich erfolgen? Verlangt sie eine ausdrückliche Handlung der Person (Opt-in-Lösung)? Gilt eine konkludente Einwilligung als zulässige Grundlage für die Datenverarbeitung?

Die Datenschutzgruppe hat eine Stellungnahme zur Einwilligung veröffentlicht, in der einige streitige Punkte erläutert werden.[469] Aus Art. 2 lit. h und Art. 7 lit. a der Richtlinie ergibt sich eine Reihe von Bedingungen, unter denen eine Einwilligung wirksam ist. Zunächst bedarf die Einwilligung einer „Willensbekundung", was in der englischen Version als „indication of his wishes" ausgedrückt wurde. Das bedeutet nicht, dass die Einwilligung unbedingt schriftlich vorliegen muss, aber macht deutlich, dass eine Demonstration des Willens tat-

---

**467** Ebd., Art. 7, Rn. 3.

**468** Das ergibt sich sowohl aus Art. 7 („lediglich") als auch aus Art. 5 der Richtlinie. Vgl. *Albers*, Informationelle Selbstbestimmung, S. 326; *Dammann*, EG-Datenschutzrichtlinie: Kommentar, Art. 7, Rn. 1.

**469** *Art. 29 Data Protection Working Party*, Opinion 15/2011 on the Definition of Consent, 13. Juli 2011.

sächlich erfolgen soll.[470] Sie könnte entweder schriftlich oder mündlich erteilt werden; die Einwilligung könnte aber auch von einem Verhalten abgeleitet werden, solange dies in der Tat „ohne Zweifel" erfolgt. Daraus folgt, dass auch eine konkludente Einwilligung zulässig ist;[471] so z.B., wenn eine Person ihre Adresse und Telefonnummer an ein Unternehmen schickt.[472] Entscheidend ist also, dass sich die Einwilligung auf eine Handlung stützt; ein Unterlassen kann in der Regel keine Willensbekundung begründen, wie z.B. bei Voreinstellungen in Online-Diensten.[473]

In diesem Sinne weicht Art. 7 lit. a der Richtlinie auf den ersten Blick von § 4a BDSG ab, nach dem die Einwilligung in der Regel der Schriftform bedarf. Näher betrachtet erscheinen die Normen aber ähnlich: Auch nach europäischem Recht soll die Regel die schriftliche Mitteilung sein, da dies am besten dem Kriterium der Unzweifelhaftigkeit entspricht. Das schließt aber nicht aus, dass andere Handlungen sich auch als eindeutige Zustimmung erweisen. Beispiele dafür sind mündliche Äußerungen[474] oder die Teilnahme an einem Fotoshooting, solange die Person hinreichend darüber informiert wurde.[475] So kann festgestellt werden, dass die Einwilligung sich aus anderen Handlungen der Person ergeben kann, solange sie tatsächlich auf deren Willen zurückzuführen ist. Begeht der Betroffene keine Handlung oder bleibt er einfach still, kann das nicht als Einwilligung verstanden werden.

Eine andere Voraussetzung der Einwilligung nach der Richtlinie ist ihre Freiwilligkeit: Die Einwilligung ist nur wirksam, solange sie „ohne Zwang" erteilt wird. Zwei Situationen sind zu diesem Aspekt zu beschreiben. Zum einen liegt keine Freiwilligkeit vor, wenn dem Betroffenen die Möglichkeit nicht gegeben wird, die Einwilligung zu verweigern. Das passiert z.B. in Situationen, in denen sich die verarbeitende Stelle auch auf eine andere Zulässigkeitsgrundlage stützt,

---

470 Ebd., S. 11 ff.
471 *Dammann*, EG-Datenschutzrichtlinie: Kommentar, Art. 2, Rn. 22.
472 *Art. 29 Data Protection Working Party*, Opinion 15/2011 On the Definition of Consent, S. 11 ff.
473 Ebd., S. 12. So die Stellungnahme der europäischen Datenschutzgruppe: „It is questionable whether the absence of any behavior – or perhaps better: passive behavior – could also be interpreted as an indication in very specific circumstances (i. e. a totally unambiguous context). The notion of ‚indication' is wide, but it seems to imply a need for action. Other elements of the definition of consent, and the additional requirement in Article 7 (a) for consent to be unambiguous, support this interpretation. The requirement that the data subject must ‚signify' his consent seems to indicate that simple inaction is insufficient and that some sort of action is required to constitute consent, although different kinds of actions, to be assessed ‚in context', are possible".
474 Vgl. *Ehmann* und *Helfrich*, EG-Datenschutzrichtlinie: Kurzkommentar, Art. 2, Rn. 68.
475 Für weitere Beispiele siehe *Art. 29 Data Protection Working Party*, Opinion 15/2011 on the Definition of Consent, S. 21 ff.

um die Datenverarbeitung zu rechtfertigen, wie eine Pflicht zur Datenerhebung nach einem Gesetz bzw. ein berechtigtes Interesse an der Datenverarbeitung. In dem Fall wirkt die Anforderung einer Einwilligung als eine missbräuchliche Handlung, da sie den Betroffenen täuschen kann.[476] Zum anderen ist die Einwilligung auch nicht freiwillig, wenn die betroffene Person der verarbeitenden Stelle unterlegen ist.[477] Das bekannteste Beispiel ist der Arbeitnehmer gegenüber dem Arbeitgeber: Ist die Verweigerung der Datenverarbeitung mit einem erheblichen Nachteil für den Arbeitnehmer verbunden, wird die Einwilligung nicht dessen freier Entscheidung entsprechen.[478] Es müsste also davon ausgegangen werden, dass die Einwilligung als Grundlage für die Datenverarbeitung benutzt werden soll, solange sie freiwillig erfolgen kann; ist das nicht der Fall, muss sich die Datenverarbeitung auf eine andere Grundlage stützen.

Eine wirksame Einwilligung setzt auch voraus, dass sie nicht allgemein formuliert wird, sondern für einen konkreten Fall erteilt wird. Dies dient sowohl der Einschränkung des Verwendungszusammenhangs als auch der Prüfung, ob die Datenverarbeitung wirklich den Zwecken entsprach, die der Betroffene gebilligt hat.[479] Blanko- oder vage Zustimmungen entsprechen also nicht den Bedingungen der Richtlinie.

Eine weitere Bedingung für die wirksame Einwilligung ist die Kenntnis der Sachlage durch den Betroffenen. Dies entspricht dem Konzept des „informed consent"[480] und beruht darauf, dass eine freie Entscheidung nur stattfinden kann, solange der Betroffene den Gegenstand und die Wirkungen seiner Entscheidung wirklich kennt.[481] Die Aufklärung des Betroffenen hängt auch davon ab, dass die Einwilligung für einen konkreten und spezifischen Fall erteilt wurde.[482]

## 2. Erlaubnistatbestände

Einen weiteren Tatbestand für die Verarbeitung personenbezogener Daten stellt der Vertrag dar, der wie die Einwilligung letztendlich auch auf eine Entscheidung der Person zurückzuführen ist.[483] Zulässig nach der Richtlinie ist die „Verarbeitung für die Erfüllung eines Vertrags, dessen Vertragspartei die betroffene Person

---

476 Ebd., S. 13 ff. Zur ähnlichen Diskussion im deutschen Recht siehe oben Kap. 3.A.I.
477 Vgl. *Dammann*, EG-Datenschutzrichtlinie: Kommentar, Art. 2, Rn. 23.
478 *Art. 29 Data Protection Working Party*, Opinion 15/2011 on the Definition of consent, S. 13 ff.
479 Ebd., S. 17.
480 Vgl. *Dammann*, EG-Datenschutzrichtlinie: Kommentar, Art. 2, Rn. 24.
481 Vgl. *Ehmann* und *Helfrich*, EG-Datenschutzrichtlinie: Kurzkommentar, Art. 2, Rn. 69 ff.
482 *Art. 29 Data Protection Working Party*, Opinion 15/2011 on the Definition of Consent, S. 17.
483 *Albers*, Informationelle Selbstbestimmung, S. 327.

ist, oder für die Durchführung vorvertraglicher Maßnahmen, die auf Antrag der betroffenen Person erfolgen" (Art. 7 lit. b DSRL). Gefordert wird, dass die Verarbeitung für diese Zwecke „erforderlich" ist. Diese Regelung hat zu Veränderungen im deutschen Recht geführt, da die frühere Version des BDSG nicht die Erforderlichkeit der Datenverarbeitung für die Erfüllung des Vertrags verlangte; vielmehr war nur von der Verarbeitung „im Rahmen der Zweckbestimmung eines Vertragsverhältnisses" die Rede.[484] Zwar sah ein Teil der Literatur keinen Widerspruch zwischen der Richtlinie und dem deutschen Gesetz[485], was den Tatbestand des Vertrags angeht; die Meinung, die sich aber durchgesetzt hat, hielt die Richtlinie für strenger als das BDSG und sah die Gesetzänderung als notwendig an[486]. Dem wurde mit der Novellierung von 2009 Rechnung getragen.

Der dritte Tatbestand der Richtlinie ist die erforderliche Verarbeitung für die Erfüllung einer rechtlichen Verpflichtung (Art. 7 lit. c DSRL). Dies entspricht dem Fall, in dem gesetzliche Vorschriften öffentliche oder nicht öffentliche Stellen zur Erhebung, Verarbeitung oder Übermittlung bestimmter Daten z. B. aufgrund von Sozial- oder Steuerrecht verpflichten.[487] Die Pflicht muss aus objektivem Recht entstehen; vertragliche Pflichten reichen dafür nicht aus.[488]

Ferner begründet die Wahrung lebenswichtiger Interessen der Betroffenen auch einen Tatbestand für die Datenverarbeitung (Art. 7 lit. d DSRL). Die Regelung richtet sich an der Situation aus, in der die betroffene Person aus medizinischen Gründen nicht in der Lage ist, ihre Einwilligung selbst zu erteilen.[489] Dies stellt also eine eng begrenzte Ausnahme dar, da der Betroffene in der Regel selbst über die Verarbeitung der auf ihn bezogenen Daten entscheiden soll.

Die Interessenabwägung bildet, so wie im BDSG, auch eine Grundlage für die Erhebung, Verarbeitung und Übermittlung personenbezogener Daten im europäischen Datenschutzrecht. Art. 7 lit. f der Datenschutzrichtlinie erlaubt die Verarbeitung, die zur „Verwirklichung des berechtigten Interesses" der verantwortlichen Stelle oder von Dritten erforderlich ist. Dies setzt eine Interessenabwägung voraus, mit der überprüft wird, dass das „Interesse oder die Grundrechte und Grundfreiheiten der betroffenen Person" nicht überwiegen. Somit rücken die

---

484 Vgl. § 28 Abs. 1 Nr. 1 BDSG (1990). Siehe *Dammann*, EG-Datenschutzrichtlinie: Kommentar, Art. 6, Rn. 5.
485 Ebd.
486 So *Rüpke*, Aspekte zur Entwicklung eines EU-Datenschutzrechts, S. 190; *v. Zezschwitz*, Konzept der normativen Zweckbegrenzung, Rn. 18.
487 *Dammann*, EG-Datenschutzrichtlinie: Kommentar, Art. 6, Rn. 7 ff.
488 Ebd.
489 *Ehmann* und *Helfrich*, EG-Datenschutzrichtlinie: Kurzkommentar, Art. 7, Rn. 24 ff.

Interessen und Rechte der Betroffenen auch nach europäischem Recht ins Zentrum der Analyse der Rechtmäßigkeit der Datenverarbeitung.[490]

Der EuGH hat sich mit dem Tatbestand des berechtigten Interesses auseinandergesetzt und die Frage nach dem Umsetzungsspielraum der Mitgliedstaaten hinsichtlich Art. 7 der Datenschutzrichtlinie beantwortet.[491] Es ging um die Rechtmäßigkeit spanischer Datenschutzvorschriften, die die Verarbeitung personenbezogener Daten aufgrund berechtigten Interesses nur dann erlaubten, wenn es sich um öffentlich zugängliche Daten handelte.

Die Verbände der Kreditwirtschaft (ASNEF) und des Direktmarketings (FECEMD) hatten eine verwaltungsgerichtliche Klage gegen diese Vorschriften erhoben, und zwar mit der Begründung, sie würden die Datenverarbeitung wegen berechtigten Interesses von einer Bedingung abhängig machen (öffentlicher Zugang), die nicht in der Datenschutzrichtlinie stehe. Vor diesem Hintergrund stellte das Tribunal Supremo die folgenden Fragen an den EuGH:

1. Verstößt eine nationale Norm gegen Art. 7 lit. f der Datenschutzrichtlinie, indem sie als Voraussetzung für die Verarbeitung zur Verwirklichung eines berechtigten Interesses des Verantwortlichen oder Dritter vorsieht, dass die Daten in öffentlich zugänglichen Quellen enthalten sein müssen?

2. Entfaltet Art. 7 lit. f der Datenschutzrichtlinie eine unmittelbare Wirkung?

Der EuGH bejahte beide Fragen. Zu der ersten Frage erklärte das Gericht, dass das Ziel der Richtlinie darin liege, das Funktionieren des Binnenmarkts hinsichtlich des Datenverkehrs durch ein „gleichwertiges Schutzniveau" zu gewährleisten.[492] Dies könne nur geschehen, wenn eine „umfassende Harmonisierung" stattfinde; eine „Mindestharmonisierung" reiche dafür nicht aus.[493]

In diesem Sinne sei auch Art. 7 der Richtlinie zu verstehen und die Mitgliedstaaten dürften „weder neue Grundsätze in Bezug auf die Zulässigkeit der Verarbeitung personenbezogener Daten neben Art. 7 der Richtlinie 95/46 einführen, noch zusätzliche Bedingungen stellen, die die Tragweite eines der sechs in diesem Artikel vorgesehenen Grundsätze verändern würden."[494] Laut dem Gericht müsse auch Art. 5 DSRL in Verbindung mit dem doppelten Ziel der Richtlinie ausgelegt werden, damit das Gleichgewicht zwischen dem freien Verkehr und dem Schutz der Privatsphäre gesichert werde.[495] So stellt der EuGH hinsichtlich der ersten Frage fest, dass eine solche nationale Norm, die eine andere Einschränkung

---

490 Vgl. *Dammann*, EG-Datenschutzrichtlinie: Kommentar, Art. 7, Rn. 13.
491 EuGH C-468/10; C-469/10, ASNEF, FECEMD/Administración del Estado, 24. November 2011.
492 Ebd., Rn. 27 ff.
493 Ebd., Rn. 29.
494 Ebd., Rn. 32.
495 Ebd., Rn. 34.

für den Tatbestand des berechtigten Interesses aufstellt, der Richtlinie entgegensteht.[496] In Bezug auf die zweite Frage entschied der EuGH, die Norm wirke aufgrund ihrer Genauigkeit und Unbedingtheit unmittelbar.[497]

Die Entscheidung ist zumindest aus zwei Gründen fragwürdig: zunächst aufgrund der Auslegung des EuGH hinsichtlich des Ziels der Richtlinie. Zielt die Richtlinie darauf ab, den freien Datenverkehr durch harmonisierte Regelungen zu gewährleisten, kann dieses Ziel nur der Ausgangspunkt, nicht das Ergebnis sein.[498] Wie Simitis zutreffend betont hat, ist die doppelte Zielsetzung der Richtlinie eigentlich ein „Trugschluss", weil die Effizienz des Datenschutzes von spezifischen und flexibleren Regelungen abhängt, die über die Richtlinie hinausgehen müssen.[499] So hätte der europäische Datenschutz sein zweites Ziel opfern müssen, nämlich den Schutz der Privatsphäre und der Grundrechte der Person, wenn er sich mit bloßen allgemeinen Datenschutzvorschriften begnügt hätte.

Zum anderen könnte der Fall im Ergebnis ebenso gelöst werden, ohne die Potenziale der Richtlinie zur Flexibilität zu verringern. Dadurch, dass die erörterten spanischen Vorschriften sich als Teil des allgemeinen Datenschutzrechts erwiesen, waren sie in der Tat mit Art. 7 lit. f der Datenschutzrichtlinie unvereinbar, da die Richtlinie auch diesen allgemeinen Charakter hat. Wenn ein nationales Gesetz zusätzliche Kriterien für einen Tatbestand vorsieht, ohne diese durch die Spezifizität des Falls bzw. des Gegenstands zu rechtfertigen, liegt der Verstoß gegen die Richtlinie offensichtlich vor. Dagegen greift die bloße Feststellung des EuGH, dass Art. 7 DSRL mit neuen Grundsätzen und zusätzlichen Bedingungen unvereinbar sei, zu kurz.

Die Entscheidung hat ohne Zweifel erhebliche Folgen für das nationale Datenschutzrecht. Vor allem weicht sie weitgehend davon ab, was beim Erlass der Richtlinie beabsichtigt war: dass die Richtlinie lediglich den Rahmen setzt, der von den Mitgliedstaaten ausgefüllt werden muss.[500] Es ist abzuwarten, ob sich die

---

**496** Ebd., Rn. 49. So der EuGH: „Art. 7 Buchst. f der Richtlinie 95/46 [ist] dahin auszulegen, dass er einer nationalen Regelung entgegensteht, die für die Verarbeitung personenbezogener Daten, die zur Verwirklichung des berechtigten Interesses, das von dem für diese Verarbeitung Verantwortlichen oder von dem bzw. den Dritten wahrgenommen wird, denen diese Daten übermittelt werden, erforderlich ist, ohne Einwilligung der betroffenen Person nicht nur verlangt, dass deren Grundrechte und Grundfreiheiten nicht verletzt werden, sondern auch, dass diese Daten in öffentlich zugänglichen Quellen enthalten sind, und damit kategorisch und verallgemeinernd jede Verarbeitung von Daten ausschließt, die nicht in solchen Quellen enthalten sind".
**497** Ebd., Rn. 51 ff.
**498** *Simitis*, EG-Datenschutzrichtlinie: Kommentar, Einleitung, Rn. 9.
**499** Ebd.
**500** So *Dammann*, EG-Datenschutzrichtlinie: Kommentar, Art. 5, Rn. 4 ff.; *Kopp*, DuD 4 (1995), 204, 208, der behauptet: „Solche Präzisierungen kann und soll nach der Richtlinie der einzel-

Interpretation des Gerichts wirklich als so restriktiv erweist, wie sie auf den ersten Blick erscheinen mag. Dies würde eine Reihe von nationalen Gesetzen bzw. Gesetzentwürfen infrage stellen, so z.B. das geplante Gesetz zum Schutz personenbezogener Daten von Arbeitnehmern sowie die bestehenden bereichsspezifischen Datenschutzgesetze, wie das TMG.

# B. Die vernachlässigten Elemente im europäischen Datenschutzrecht

Nachdem herausgearbeitet wurde, welche Anforderungen an die Rechtmäßigkeit der Datenverarbeitung nach der europäischen Datenschutzrichtlinie bestehen, müssen nun die vernachlässigten Elemente dieses Rechtsrahmens untersucht werden. Dafür werden dieselben Kriterien angewendet, die schon für die Analyse des deutschen Rechts benutzt wurden, und zwar die Probleme des Kontrollverlusts und der Wirkungen von Informationen. Hinzu kommt die Frage, wie sich der Reformvorschlag zum aktuellen EU-Rechtsrahmen verhält und wie er zum individuellen Schutz hinsichtlich des Umgangs Dritter mit Daten und Informationen beiträgt; dies wird im dritten Teil des Kapitels diskutiert.

## I. Der Kontrollverlust aufgrund von Machtungleichgewicht und Verständnisdefiziten

Die Richtlinie räumt der Einwilligung als Grundlage der Datenverarbeitung eine wichtige Funktion ein, auch wenn sie die Einwilligung gleichrangig mit anderen Erlaubnistatbeständen in Art. 7 vorsieht. Insoweit ist es auch im europäischen Recht sinnvoll zu fragen, inwiefern ein privatautonomer Datenschutz gewährleistet werden kann. Dazu gehört selbstverständlich die Auseinandersetzung mit den Bedingungen einer autonomen Entscheidung seitens des Betroffenen über die Preisgabe und Verwendung personenbezogener Daten.

Der europäische Gesetzgeber war von Anfang an mit dieser Frage beschäftigt und hat vor dem deutschen Gesetzgeber die Freiwilligkeit der Einwilligung als Voraussetzung für die Datenverarbeitung festgelegt. So verlangt die Richtlinie, dass die Einwilligung „ohne Zwang" erteilt wird; noch deutlicher erscheint diese Bedingung in der englischen Fassung, die die Einwilligung als *„any freely given*

---

staatliche Gesetzgeber bei der Umsetzung der Richtlinie vornehmen. Die Richtlinie selbst gibt nur einen Rahmen vor, den die Mietgliedstaaten umsetzen und ausfüllen müssen".

*specific and informed indication of his wishes"* beschreibt (Art. 2 Richtlinie 95/46/ EG). Diese Konzeption wurde auch in einer kürzlichen Stellungnahme der Datenschutzgruppe unterstrichen, die betont, dass die Einwilligung als legitime Grundlage für die Datenverarbeitung nur in dem richtigen Kontext benutzt werden sollte.[501]

Obwohl die Richtlinie ausdrücklich verlangt, dass die Einwilligung freiwillig erteilt wird, lässt sie doch viele offene Fragen: Erstens wird nicht geregelt, in welchen Situationen die Freiwilligkeit der Einwilligung beeinträchtigt sein kann. Zweitens wird nicht vorgesehen, was geschieht, wenn die Einwilligung nicht freiwillig erteilt wurde, ob beispielsweise die Einwilligung nichtig ist oder nicht. Drittens ist in der Richtlinie keine Rede davon, wer die Freiwilligkeit der Einwilligung kontrollieren soll oder ob diese Kontrolle auf der europäischen bzw. nationalen Ebene stattfinden muss.

Die Mängel ähneln also denjenigen im deutschen Datenschutzrecht und führen zum bereits dort dargestellten Problem des Kontrollverlusts. Stützt sich die Datenverarbeitung auf eine unfreiwillige Einwilligung, wandelt sich die Selbstbestimmung in Fremdbestimmung mit erheblichen individuellen und sozialen Folgen, wie beispielsweise Vertrauensverlust in bestimmte Dienste bzw. wirtschaftliche Sektoren. Wie in Kapitel 3 gezeigt wurde, kann die Freiwilligkeit der Einwilligung heutzutage in vielen unterschiedlichen Situationen beeinträchtigt werden: wenn ein Transparenzdefizit oder ein Verständnisdefizit vorliegt, wenn Machtungleichgewichte zwischen den Betroffen und der verarbeitenden Stelle bestehen und wenn die betroffene Person personenbezogene Daten unbedacht preisgibt.

Im Vergleich zum deutschen Recht fällt aber ein wichtiger Unterschied auf: Nach europäischem Recht ist noch nicht klar, inwieweit die datenschutzrechtliche Einwilligung der Transparenz- und Inhaltskontrolle unterliegt. Dies ist darauf zurückzuführen, dass die AGB-Kontrolle auf der europäischen Ebene nur nach der Richtlinie 93/13/EWG über missbräuchliche Klauseln in Verbraucherverträgen erfolgen kann.[502] Daraus folgt, dass einerseits der Anwendungsbereich der Richtlinie viel enger als die AGB-Kontrolle des BGB ist, da er auf Verbraucherverträge beschränkt ist. Andererseits stellt der EuGH im Rahmen des Vorabentscheidungsverfahrens (Art. 267 AEUV) nicht fest, ob eine konkrete Vertragsklausel als missbräuchlich nach Art. 3 Abs. 1 der Richtlinie 93/13/EWG zu betrachten ist; er überlässt solch eine Bewertung den nationalen Gerichten, die die Kenntnis der

---

**501** Siehe *Art. 29 Data Protection Working Party*, Opinion 15/2011 on the Definition of Consent, S. 2, 8.
**502** *Ulmer, Brandner* und *Hensen*, AGB-Recht: Kommentar zu den §§ 305–310 BGB und zum UKlaG, Rn. 91 ff.

Sachlage besitzen.[503] Letztlich wurden die Datenschutzrichtlinie und die Missbräuchliche-Klauseln-Richtlinie bislang nicht zusammen angewendet, was die Anwendung der Letzteren nach den Maßstäben der Erstgenannten deutlich erschwert. In diesem Sinne ist das deutsche Recht erheblich vorteilhafter für Verbraucher, weil die AGB-Kontrolle sehr breit formuliert ist und deshalb auch häufig bei Datenschutzerklärungen stattfindet.[504]

Der Mangel an einer Kontrolle der materialen Zustimmung erweist sich also als ein ernstliches Problem im europäischen Datenschutzrecht, da keine hinreichenden Garantien für die Sicherung der Freiwilligkeit der Einwilligung bestehen: Es gibt weder normative Kriterien für die Feststellung der Unfreiwilligkeit in der Richtlinie 95/46/EG noch eine wirksame AGB-Kontrolle für Datenschutzerklärungen auf europäischer Ebene.

## II. Die Wirkungen von Informationen: Risiko von künftigen Anwendungen und Entscheidungen mit nachteiligen Wirkungen

So wie das deutsche Datenschutzrecht trägt auch die europäische Datenschutzrichtlinie dem Spannungsverhältnis zwischen Datenkontrolle und Informationsrisiken nicht hinreichend Rechnung. Die Folgen von Informationen spielen aber vor allem im Rahmen der Regelungen über sensible Daten (Art. 8 DSRL) und der Zweckvereinbarkeit (Art. 6 Abs. 1 lit. b DSRL) eine Rolle.

Es besteht kein Zweifel, dass die Kategorie der sensiblen Daten darauf abzielt, dem missbräuchlichen Umgang mit Daten und Informationen entgegenzutreten, und zwar die Diskriminierung anhand der genannten Merkmale zu verhindern.[505] Mithilfe einer „kontextübergreifendentypisierenden Betrachtung"[506] wird eine Reihe von Daten, die sich in bestimmten Kontexten als Grundlage diskriminierender Handlungen erweisen könnten, dieser Kategorie zugeordnet. Das Ziel der Norm ist von großer Relevanz und Aktualität. Das Problem liegt aber in deren Schutzkonzept, das sich nicht an unterschiedliche Verwendungszusammenhänge anpassen lässt und so nicht sachgerecht gestaltet werden kann.[507] Schwierigkeiten entstehen auch dadurch, dass eine ausdrückliche Einwilligung dennoch zur Verarbeitung sensibler Daten ermächtigen kann. Dies mag zu unangemessenen

---

**503** Ebd., Rn. 104 ff.
**504** Bahnbrechend BGHZ 95, 362, Schufa-Klausel. Siehe dazu Kap. 3.
**505** *Dammann*, EG-Datenschutzrichtlinie: Kommentar, Art. 8, Rn. 6; *Albers*, Informationelle Selbstbestimmung, S. 329 ff.
**506** *Albers*, Informationelle Selbstbestimmung, S. 329.
**507** Ebd., S. 329 ff.

Ergebnissen führen, da in den meisten Fällen zu bezweifeln ist, inwiefern der Betroffene tatsächlichen Einfluss auf den diskriminierenden Gegenstand hat.

Im Zusammenhang mit Informationsrisiken kommt auch dem Grundsatz der Zweckvereinbarkeit eine wichtige Funktion zu. Da die Vereinbarkeit nicht formal, sondern substanziell auszulegen ist, werden verschiedene Elemente in die Rechtmäßigkeitsanalyse einbezogen, wie z. B. der Verwendungszusammenhang, die Erwartungen der Betroffenen sowie die Risiken und Vorteile der Datenverarbeitung für den Einzelnen.[508] Diese substanzielle Konzeption der Zweckvereinbarkeit wurde in einer jüngeren Stellungnahme der europäischen Datenschutzarbeitsgruppe betont und weist wichtige Potenziale für die Entwicklung eines Datenschutzkonzepts auf, das sich auch auf Informationsrisiken richtet.[509] Ob diese Auslegung sich durchsetzen wird, hängt allerdings vom Ergebnis der Reform des europäischen Datenschutzrechts ab, wie unten näher analysiert wird.

## C. Neue Instrumente im Entwurf der Datenschutz-Grundverordnung hinsichtlich der Rechtmäßigkeit der Datenverarbeitung

Die Datenschutzrichtlinie ist nun 18 Jahre alt geworden.[510] Es ist festzustellen, dass ihr grundsätzliches Konzept sich in diesen Jahren die Bezeichnung als „Meilenstein des Datenschutzes"[511] verdient hat: Ihr Regelungsprogramm wird sowohl unverbindlich durch die Europäische Datenschutzgruppe als auch verbindlich durch den EuGH ständig konkretisiert; ihr Regelungsmodell wurde von der Richtlinie 2002/15/EG, was das Datenschutzrecht angeht, sowie von bereichsspezifischen Gesetzen in den Mitgliedstaaten übernommen; viele Länder außerhalb der EU haben sich ihrer Konzeption angepasst, um den Informationsaustausch mit den Mitgliedstaaten durch die Angemessenheitserkennung zu erleichtern.

Allerdings wird kritisiert, dass die Datenschutzrichtlinie der Entwicklung der Technologie und der Gesellschaft nicht mehr hinreichend Rechnung trage, besonders der schnellen Verbreitung und den Veränderungen des Internets.[512]

---

**508** *Art. 29 Data Protection Working Party*, Opinion 03/2013 on Purpose Limitation, S. 3 ff., 21 ff.
**509** Ebd.
**510** Noch älter ist das Vorhaben, worauf die Richtlinie sich gestützt hat: Es wurde seit 1990 fünf Jahre lang bis zur endgültigen Erlassung diskutiert. Siehe *Roßnagel*, DuD 8 (2012), 553, 553.
**511** So *Ronellenfitsch*, DuD 8 (2012), 561, 561.
**512** Dies ist in der Literatur unumstritten, siehe: Ebd.; *Hornung*, ZD 3 (2012), 99, 99 ff., der von einem „stein-alten Regelungsinstrument" spricht.

Darüber hinaus wird oft darauf hingewiesen, dass die Richtlinie in so unterschiedlichen Weisen durch die nationalen Gesetzgeber umgesetzt wurde, dass das von Anfang an angestrebte Ziel der Harmonisierung nicht ausreichend zu realisieren war. Dies sind die wichtigsten Gründe, die eine umfassende Umgestaltung der Richtlinie veranlasst haben.

Im Jahr 2009 begann die Arbeit der Europäischen Kommission, um festzustellen, wie aktuell und angemessen die Datenschutzrichtlinie angesichts der neuen Informationstechnologien noch war: Dazu wurden öffentliche Anhörungen veranstaltet sowie Untersuchungen und Studien durchgeführt.[513] Die Absicht der Europäischen Kommission, eine umfassende Reform des Datenschutzrechts voranzutreiben, wurde bereits durch das Dokument „Gesamtkonzept für den Datenschutz in der Europäischen Union" Ende 2010 bekannt gemacht.[514] Die Kommission fasste die Ergebnisse der früheren Untersuchungen zusammen und strebte nun die Überarbeitung der Richtlinie in vier Punkten an: Stärkung der Rechte des Einzelnen, Berücksichtigung der Binnenmarktdimension und des institutionellen Rahmens für die Durchsetzung des Datenschutzrechts, Änderung der Datenschutzvorschriften in den Bereichen der polizeilichen und justiziellen Zusammenarbeit in Strafsachen und schließlich die Berücksichtigung der globalen Dimension des Datenschutzes.[515]

Als im Januar 2012 der Entwurf für eine Datenschutz-Grundverordnung veröffentlicht wurde, haben die Form des gewählten Instruments sowie die Ermächtigung der Kommission für zahlreiche delegierte Akte mehr Aufmerksamkeit erregt als die eigentlichen materiell-rechtlichen Regelungen zum Datenschutz. Zwar sind wichtige inhaltliche Neuerungen vorgesehen, was die technologischen Herausforderungen des Datenschutzes angeht, wie z. B. das Recht auf Vergessen und die datenschutzfreundlichen Voreinstellungen von Systemen. Was allerdings wirklich in dem Vorschlag auffällt, ist die Veränderung der Machtpositionen zwischen Mitgliedstaaten und Kommission hinsichtlich der Kompetenz zum Erlass künftiger Gesetze bzw. zur Auslegung bestehender Datenschutznormen.[516]

Der Stand des Gesetzgebungsprozesses ist zurzeit wie folgt: Nachdem die Kommission den Verordnungsentwurf am 25. Januar 2012 dem Europäischen Parlament vorgelegt hat, hat das Parlament Stellung genommen und zahlreiche Vorschläge gemacht, die aber keine grundlegenden Änderungen des ursprünglichen Texts bedeuteten. Anschließend daran hat sich der Rat dazu geäußert: Der damalige Präsident des Rats, Irlands Premierminister, hat einen Text mit zahl-

---

513 So *Ronellenfitsch*, DuD 8 (2012), 561, 561.
514 Europäische Kommission, KOM (2010) 609 endg., 11. April 2010, S. 3.
515 Ebd., S. 5 ff.
516 *Roßnagel*, Monopol oder Vielfalt?, S. 553 ff.

reichen Änderungen vorgelegt, der sogar einen neuen Risikoansatz beinhaltet und damit grundsätzliche Veränderungen vorsieht. Als die Mitgliedstaaten den veränderten Text im Rat diskutierten, konnten sie sich in diversen Punkten nicht einigen, was die Streitigkeit des Themas verdeutlichte und die geplante Frist der Kommission für den endgültigen Erlass der Verordnung infrage stellte.

Für die hier behandelte Frage wird der Entwurf einer Grundverordnung mit dem spezifischen Fokus analysiert, wie sich die Rechtmäßigkeit der Datenverarbeitung in dem vorgeschlagenen Rechtsrahmen ergibt. Das heißt, dass sowohl die Qualitätsanforderungen als auch die Zulässigkeitsvoraussetzungen des Vorschlags untersucht werden, und zwar mit dem Ziel, die Änderungen gegenüber dem bestehenden Recht zu identifizieren und einzuschätzen.

## I. Qualitätsvoraussetzungen

Das Vorhaben für eine Datenschutz-Grundverordnung ist wesentlich umfangreicher als die Richtlinie: Der Entwurf enthält 91 Artikel, während die Richtlinie 34 hat. Was die Rechtmäßigkeitsanalyse angeht, weicht der Vorschlag nicht grundsätzlich von der Richtlinie ab. Die Anforderungen an die Qualität der Daten sind in ähnlicher Form beibehalten worden, nur unter einer anderen Überschrift: Grundsätze der Datenverarbeitung. Weiterhin sind die Grundsätze von Treu und Glauben, Zweckbestimmung und -vereinbarkeit, Verhältnismäßigkeit, Erforderlichkeit sowie Datenrichtigkeit und -aktualität vorgesehen. Sie sind in Art. 5 der Verordnung zu finden und umfassen drei neue Grundsätze, nämlich die Transparenz (Art. 5 lit. a), die Verantwortlichkeit (Art. 5 lit. f) und die Datensparsamkeit (Art. 5 lit. c).

### 1. Grundsätze der Transparenz, Verantwortlichkeit und Datensparsamkeit

Art. 5 lit. a sieht vor, dass personenbezogene Daten „auf rechtmäßige Weise, nach dem Grundsatz von Treu und Glauben und *in einer für die betroffene Person nachvollziehbaren Weise verarbeitet werden*" müssen. In der englischen Version wird der Grundsatz noch deutlicher: „personal data must be processed lawfully, fairly and in a *transparent manner* in relation to the data subject".

Zwar gibt die Datenschutzrichtlinie Auskunftspflichten vor; ein allgemeiner Grundsatz zur Transparenz ist aber darin nicht zu finden. Die Kommission hatte schon in ihrer Mitteilung von 2010 festgestellt, dass die Auskunftspflichten nicht ausreichend seien, um einen transparenten Datenverarbeitungsprozess zu schaffen.[517] Laut dem Dokument wird das Problem im Internet besonders deutlich, da bei manchen Dienstleistungen, wie beispielsweise bei der Verhaltenswerbung, der Einzelne überhaupt nicht nachvollziehen kann, was mit den ihn betreffenden Daten geschieht.[518] Um dem Betroffenen wirklich die Kontrolle über die Datenverarbeitung zu geben, sei unentbehrlich, eine umfassende Transparenz zu schaffen.[519]

Der Grundsatz der Datensparsamkeit soll deutlicher normiert werden, indem er nun zusammen mit der Zweckbindung in Art 5 lit. c vorgesehen wird: „Personenbezogene Daten müssen dem Zweck angemessen und sachlich relevant sowie auf das für die Zwecke der Datenverarbeitung notwendige Mindestmaß beschränkt sein; sie dürfen nur verarbeitet werden, wenn und solange die Zwecke der Verarbeitung nicht durch die Verarbeitung von anderen als personenbezogenen Daten erreicht werden können". Die Norm korrespondiert in gewissem Maße mit § 3a BDSG, wobei der Kommissionsvorschlag anders als das deutsche Recht nicht ausdrücklich die Anonymisierung und die Pseudonymisierung regelt.

Dem Entwurf zufolge müssen personenbezogene Daten während der Verarbeitung durch die verarbeitende Stelle ständig kontrolliert werden, um den Datenschutzregelungen zu entsprechen (Art. 5 lit. f). Dies soll den Grundsatz der Verantwortlichkeit realisieren. Danach muss die verarbeitende Stelle alle Maßnahmen ergreifen, um die gesetzlichen Bedingungen zu erfüllen, sei es einen Betriebsbeauftragten für den Datenschutz einzustellen, sei es Folgenabschätzungen durchzuführen.[520]

Die Einführung der drei neuen Grundsätze ist zu begrüßen: Solange sie durch konkretere Regelungen ergänzt werden, können diese Grundsätze die Position der Betroffenen stärken und das Vertrauen in die Datenverarbeitung erhöhen. Dennoch bringt der Entwurf auch fragwürdige Änderungen, die sogar zu einer Minderung des aktuellen Schutzniveaus führen können. Das ist bei dem Grundsatz der Zweckvereinbarkeit der Fall.

## 2. Zur Flexibilisierung der Zweckvereinbarkeit?

Bei der Regelung zur Datenqualität fällt die eingeführte Möglichkeit auf, die Zweckvereinbarkeit durch jede Zulässigkeitsgrundlage (außer der Interessenabwägung) zu durchbrechen. Während in der Richtlinie eine solche Durchbrechung weder ausdrücklich enthalten war noch sich aus dem Text ergab, sieht der Entwurf

---

**517** Europäische Kommission, KOM (2010) 609 endg., S. 6.

**518** Ebd.

**519** Ebd.

**520** *De Hert* und *Papakonstantinou*, Computer Law & Security Review 28 (2012), 130,134.

in seinem Art. 6 Abs. 4 Folgendes vor: „Ist der Zweck der Weiterverarbeitung mit dem Zweck, für den die personenbezogenen Daten erhoben wurden, nicht vereinbar, muss auf die Verarbeitung mindestens einer der in Absatz 1 Buchstaben a bis e genannten Gründe zutreffen. Dies gilt insbesondere bei Änderungen von Geschäfts- und allgemeinen Vertragsbedingungen."

Somit wird der Grundsatz der Zweckvereinbarkeit so flexibilisiert, dass er seine entscheidende Funktion und Wirksamkeit verlieren könnte. Dabei ist zu befürchten, dass das aktuelle Schutzniveau durch den Erlass der Verordnung sogar sinken würde. Auf diese Gefahr wurde durch die Art.–29-Datenschutzgruppe und die Literatur bereits hingewiesen.[521] Wie oben dargelegt wurde, liegt die Stärke der bisherigen Zweckvereinbarkeit des europäischen Rechts gerade darin, dass sie nicht durchbrechbar ist. Da die Datenschutzrichtlinie keine starre Zweckbindung verlangt, kann die Zweckvereinbarkeit ihre Funktion im Datenschutzsystem nur erfüllen, wenn sie eine ultimative Grenze darstellt.[522] Ansonsten entfällt ganz und gar der eigentliche Sinn des Grundsatzes: das Risiko des Datenmissbrauchs zu verhindern, indem die Datenverarbeitung und -übermittlung sich auf den faktischen Verwendungszusammenhang beschränken, in dem die Daten erhoben wurden.

Diese Änderung beeinträchtigt die Systematik der Rechtmäßigkeitsanalyse der Datenverarbeitung im europäischen Datenschutzrecht zumindest aus zwei Perspektiven. Zum einen übersieht sie, dass die Grundsätze der Datenverarbeitung kumulativ mit den Zulässigkeitsvoraussetzungen zu verstehen sind. Das heißt, dass die Qualitätsanforderungen (Art. 6 der Richtlinie oder Art. 5 des Entwurfs) zusammen mit den Verarbeitungsbedingungen (Art. 7 der Richtlinie oder Art. 6 des

**521** Ebd., S. 134 ff.; *Art. 29 Data Protection Working Party*, Opinion 03/2013 on Purpose Limitation, S. 41. So erklärt die Datenschutzgruppe in der Stellungnahme: „In particular, Article 6 (4) of the proposed Data Protection Regulation, attempts to provide a very broad exception from the requirement of compatibility, which would severely restrict its applicability. This text would in effect mean that it would always be possible to remedy the lack of compatibility by simply identifying a new legal ground for the processing. The only legal ground which could not in itself be sufficient to compensate for incompatibility would be the ‚legitimate interest' of the controller under point (f). These new provisions would, if adopted, risk eroding this key principle. The WP29 therefore recommends that the proposed paragraph 4 should be deleted. This is because the prohibition of incompatible use and the requirement of a legal basis under Article 7 of the Directive are cumulative requirements. Therefore, for a change of purpose, one of the legal grounds (points a to f) needs to apply anyway. The Directive, which is currently in effect, does in principle not allow for a change of purpose without a favourable compatibility assessment, and this level of protection should be maintained in the proposed Data Protection Regulation as well".
**522** Vgl. *v. Zezschwitz*, Konzept der normativen Zweckbegrenzung, Rn. 14; *Brühann*, Europarechtliche Grundlagen, Rn. 29, der von einem „strikten Zweckbindungsgrundsatz" im europäischen Recht ausgeht.

Entwurfs) angewendet werden müssen, da jede Erhebung, Verarbeitung, Nutzung oder Übermittlung personenbezogener Daten ohnehin eine Zulässigkeitsgrundlage voraussetzt. Auch wenn sich der Zweck der Datenverarbeitung verändert, muss jedenfalls eine gesetzliche Grundlage dafür vorliegen.[523] Vereinfacht könnte man sagen, dass die erste Regelung (über die Datenqualität) die Frage nach dem *Wie* betrifft: Wie müssen personenbezogene Daten verarbeitet werden? Die zweite Norm (über die Verarbeitungsgrundlagen) entspricht der Frage nach dem *Wann*: Wann können personenbezogene Daten überhaupt verarbeitet werden? Es liegt also auf der Hand, dass beide Normen gleichzeitig Anwendung finden müssen.

Durch die Durchbrechung der Zweckvereinbarkeit entsteht noch ein zweites Problem, und zwar die Belastung der Einwilligung als Grundlage für die Datenverarbeitung. Wird die Zweckvereinbarkeit als fester Grundsatz der Datenverarbeitung ernst genommen, dann kann die Einwilligung sich in vielen Fällen als zulässige und geeignete Grundlage für die Datenverarbeitung erweisen, da der Verwendungszusammenhang beschränkt ist. Anderenfalls wird der Grundsatz gerade durch die Einwilligung mit der Folge flexibilisiert, dass die Datenverarbeitung sich weit von den Zwecken der Erhebung entfernt; dann wird der Einzelne nicht mehr wahrnehmen können, worin er wirklich eingewilligt hat und was die Folgen seiner Entscheidung sind.[524] Dies führt zu einer Entwertung der Einwilligung und vermag sogar deren Funktion als Datenverarbeitungsgrundlage schwer zu beeinträchtigen.

Daher ist der von der Kommission gewählte Weg nicht zu begrüßen. Die Veränderung der Funktion des Grundsatzes der Zweckvereinbarkeit kann die Anwendung der gesamten Verordnung erschweren und die Position der Betroffenen schwächen.

## II. Zulässigkeitsvoraussetzung für die Verarbeitung personenbezogener Daten im privaten Bereich

Die Zulässigkeitsvoraussetzungen des Verordnungsentwurfs (Art. 6) stimmen mit denjenigen der Datenschutzrichtlinie überein (Art. 7). Das „Verbot mit Erlaubnisvorbehalt" sowie die sechs Grundlagen für die Datenverarbeitung sind beibehalten worden. Auffällig ist, dass die Voraussetzungen einer wirksamen Einwilligung präzisiert wurden und dass die Einwilligung zusätzliche prozedurale Sicherungen erhalten hat. Was den Tatbestand der berechtigten Interessen angeht,

---

523 Siehe *Art. 29 Data Protection Working Party*, Opinion 03/2013 on Purpose Limitation, S. 41.
524 Ähnlich *De Hert* und *Papakonstantinou*, Computer Law & Security Review 28 (2012), 130,135.

wurde eine ergänzende Auskunftspflicht vorgesehen: Die verarbeitende Stelle muss nun laut Art. 14 Abs. 1 lit. b des Entwurfs den Betroffenen über die Interessen, die sie mit der Datenverarbeitung verfolgt, informieren.[525]

### 1. Beweislast, prozedurale Sicherungen und Widerruf der Einwilligung

Art. 7 des Verordnungsentwurfs nennt in einer eigenständigen Regelung die Bedingungen für eine wirksame Einwilligung. Die Beweislast für das Vorliegen der Einwilligung trägt die verarbeitende Stelle (Art. 7 Abs. 1). Soll die Einwilligung mit anderen Erklärungen zusammen erteilt werden, dann muss sie „äußerlich erkennbar" sein und „von dem anderen Sachverhalt getrennt werden" (Art. 7 Abs. 2). Die Norm entspricht damit § 4a Abs. 1 S. 3 BDSG, der die Pflicht zur Hervorhebung regelt. Darüber hinaus gibt der Entwurf vor, dass die Einwilligung widerrufen werden kann, und zwar mit Wirkung für die Zukunft (Art. 7 Abs. 3). Zwar mag sich ein Widerrufsrecht schon aus der Systematik der Datenschutzrichtlinie ergeben; die Norm bringt dennoch mehr Sicherheit für das Thema.[526]

### 2. Das Erkennen des Ungleichgewichts als Kriterium für die Unwirksamkeit der Einwilligung

Bei den Zulässigkeitsvoraussetzungen liegt die wesentliche Neuerung darin, dass die Einwilligung keine zulässige Grundlage für die Datenverarbeitung bilden kann, wenn sie in einer Situation erteilt wird, in der „ein erhebliches Ungleichgewicht" zwischen dem Betroffenen und der verarbeitenden Stelle existiert (Art. 7 Abs. 4 Entwurf). Wie aus der Begründung[527] dieser vorgeschlagenen Norm abgeleitet werden kann, wurde sie für Arbeitsverhältnisse oder für die Verhältnisse

---

525 Vgl. *Roßnagel*, *Richter* und *Nebel*, in: Buchmann (Hrsg.), Internet Privacy, S. 322.

526 Zu Widerruf der Einwilligung siehe *Curren* und *Kaye*, Computer Law & Security Review 26 (2010), 273, 273 ff.

527 Die Begründung des Art. 7 lautet: „34. Die Einwilligung liefert keine rechtliche Handhabe für die Verarbeitung personenbezogener Daten, wenn zwischen der Position der betroffenen Person und des für die Verarbeitung Verantwortlichen ein klares Ungleichgewicht besteht. Dies ist vor allem dann der Fall, wenn sich die betroffene Person in einem Abhängigkeitsverhältnis von dem für die Verarbeitung Verantwortlichen befindet, zum Beispiel dann, wenn personenbezogene Daten von Arbeitnehmern durch den Arbeitgeber im Rahmen von Beschäftigungsverhältnissen verarbeitet werden. Handelt es sich bei dem für die Verarbeitung Verantwortlichen um eine Behörde, bestünde ein Ungleichgewicht nur bei Verarbeitungsvorgängen, bei denen die Behörde aufgrund ihrer jeweiligen obrigkeitlichen Befugnisse eine Verpflichtung auferlegen kann und deshalb die Einwilligung nicht als ohne Zwang abgegeben gelten kann, wobei die Interessen der betroffenen Person zu berücksichtigen sind."

zwischen Bürgern und staatlichen Stellen intendiert. Positiv an der vorgeschlagenen Norm ist, dass sie die Schwäche des rein formalen Prozesses der Einwilligung zu beheben versucht. Obwohl das Ziel der Norm zu begrüßen ist, ist die Regelung aus zwei Gründen problematisch.

Zunächst ist die Norm hinsichtlich ihres Adressatenkreises ungeeignet. Zwar handelt es sich bei der Regelung offensichtlich um einen Versuch, mit dem Problem der fehlenden Freiwilligkeit der Zustimmung in solchen Situationen umzugehen. Die Norm ist aber nicht in anderen Fällen anwendbar, in denen die Freiwilligkeit der Einwilligung ebenso infrage gestellt wird. Dies kann beispielsweise geschehen, wenn Dienstleistungen in der Form „take it or leave it" angeboten werden, wenn ein Verständnisdefizit aufgrund der Anwendung von komplizierten Datenverarbeitungstechniken (wie Data Mining) oder auch in Verbrauchergeschäften im Allgemeinen besteht.[528] Solche schutzwürdigen Konstellationen lässt der Entwurf jedoch außer Betracht.

Zweitens ist die Schutzformel der Regelung fraglich: Besteht ein Ungleichgewicht zwischen den Parteien, so der Entwurf, ist die Einwilligung als Grundlage für die Erhebung, Verwendung oder Übermittlung personenbezogener Daten ausgeschlossen. Nun muss die Datenverarbeitung entweder aufhören oder sich auf eine andere legitime Grundlage stützen. Die Frage, die gestellt werden muss, ist die folgende: Reicht diese Lösung wirklich aus, um die unterlegene Partei zu schützen? Denn durch die vorgeschlagene Norm wird nur insofern Schutz geleistet, als sie die Befugnis zur Datenverarbeitung der unterlegenen Partei auf die gesetzlichen Grundlagen (z. B. den Vertrag oder die berechtigten Interessen der verarbeitenden Stelle) beschränkt. Somit wächst zwar die Rechtfertigungslast für die verarbeitende Stelle. Ob dadurch die schutzwürdigen Belange der Betroffenen wirklich ausreichend berücksichtigt werden, ist aber fraglich. Dies ist darauf zurückzuführen, dass die anderen gesetzlichen Grundlagen den Interessen und den Rechten der Betroffenen auch nicht in geeigneter Weise Rechnung tragen.

Die Norm erweist sich also als zu eng und gleichzeitig zu weit: zu eng, weil sie nicht alle Situationen umfasst, in denen die freiwillige Zustimmung beeinträchtigt werden kann; zu weit, weil sie bei der Behandlung von Ungleichgewichten keine differenzierte Betrachtung ermöglicht und die Zustimmung dabei automatisch verneint. Mit anderen Worten: Wird der Vorschlag ernst genommen, ergibt sich aus dessen Wortlaut, dass bei Arbeitsverhältnissen die Einwilligung nicht als zulässige Grundlage für die Datenverarbeitung gelten kann[529]; bei Rechtsgeschäften oder bei

---

528 Siehe Kapitel 3.

529 Dementgegen weist die Literatur darauf hin, dass die Einwilligung in bestimmten Fällen zugunsten des Arbeitnehmers sein kann. Vgl. *Gola*, ZWR 9 (2012), 332, 335; *Franzen*, DuD 5 (2012), 322, 324. Siehe auch die Stellungnahme der Datenschutzgruppe, nach der die Einwilligung des

Verbraucherverträgen hingegen wird die Einwilligung immer eine erlaubte Verarbeitungsgrundlage bilden. Die Regelung erweist sich also als eine typische „Alles-oder-Nichts-Formel", da sie die Einwilligung als Grundlage für einen gesamten Kreis von Personen ausschließt, ohne eine Differenzierung zuzulassen, wann die Einwilligung tatsächlich ihre Funktion nicht richtig erfüllen kann. Daraus folgt, dass manche schutzwürdigen Situationen nicht umfasst werden, während bei nicht schutzwürdigen Umständen die autonome Handlungsmöglichkeit in unnötiger Weise begrenzt wird.

Das Problem bezüglich des Personenkreises könnte verringert werden, indem ein „erhebliches Ungleichgewicht" nicht als mit bestimmten Verhältnissen dauerhaft verknüpfte Eigenschaft ausgelegt würde, sondern als Zustand, der in bestimmten Zusammenhängen entsteht. Ob der Ausdruck des Ungleichgewichts eine solche Flexibilität bieten kann, ist noch nicht klar. Die Begründung der Verordnung enthält aber solch eine Möglichkeit, indem erklärt wird, wann das Verhältnis zwischen Bürgern und öffentlichen Behörden ein solch erhebliches Ungleichgewicht aufzeigt, nämlich „nur bei Verarbeitungsvorgängen, bei denen die Behörde aufgrund ihrer jeweiligen obrigkeitlichen Befugnisse eine Verpflichtung auferlegen kann und deshalb die Einwilligung nicht als ohne Zwang abgegeben gelten kann". Viel präziser wäre die Norm aber trotzdem, wenn diese Situationen konkret in der Verordnung festgelegt würden.[530]

So wird klar, dass das Problem des Schutzes vor den sich aus der Datenverarbeitung ergebenden Gefährdungen nicht nur durch die Unwirksamkeit der Einwilligung zu lösen ist. Es bedarf vielmehr zusätzlicher Regelungen, welche die erhöhten Gefährdungslagen identifizieren und geeignete Maßnahmen durch zwingendes Recht vorsehen. Zwar wäre die vorgeschlagene Regelung mit den erwähnten Änderungen wohl ein erster Schritt in Richtung eines besseren Schutzniveaus; sie stellt aber keinesfalls schon eine ausreichende Lösung dar.

––––––––

Arbeitnehmers für das Hochladen eines Fotos auf die Internetseite des Arbeitgebers zulässig ist. *Art. 29 Data Protection Working Party*, Opinion 15/2011 on the Definition of Consent, S. 14.
**530** Siehe *Roßnagel, Pfitzmann* und *Garstka*, Modernisierung des Datenschutzrechts, S. 93. Die Verfasser schlagen eine Regel für die Einwilligung vor, die eine Vermutung für deren fehlende Freiwilligkeit enthält: „Die mangelnde Freiwilligkeit der Einwilligung wird unter anderem vermutet, wenn eine Leistung der zivilisatorischen Grundversorgung von der Einwilligung der betroffenen Person in die Verarbeitung ihrer Daten abhängig gemacht wird, die Einwilligung die Datenverarbeitung in dauerhaften Abhängigkeitsverhältnissen erlauben soll oder in einer von der verantwortlichen Stelle vorformulierten Einwilligungserklärung nicht in sachlich trennbare Eigenschaften der Datenverarbeitung eingewilligt werden kann. Die Freiwilligkeit der Einwilligung wird vermutet, wenn sie nicht von einer Gegenleistung abhängig gemacht wird."

### III. *Data protection by design, data protection by default* und Maßnahmen gegen automatisierte Entscheidungen

Der Verordnungsentwurf legt neue Ansätze zum Datenschutz durch Technik fest. Aus den Erwägungsgründen ergibt sich, dass die Konkretisierung der datenschutzrechtlichen Normen nur erfolgen wird, wenn „technische und organisatorische Maßnahmen sowohl bei der Konzipierung der Verarbeitungsvorgänge als auch zum Zeitpunkt der Verarbeitung" erfasst werden (Erwägungsgrund 61). Der Text erwähnt als wichtige Prinzipien, die von der verarbeitenden Stelle verfolgt werden müssen, die Grundsätze des Datenschutzes durch Technik (*data protection by design*) und durch datenschutzfreundliche Voreinstellungen (*data protection by default*). Der erste Grundsatz war schon in der Mitteilung der Kommission aus dem Jahr 2010 enthalten.[531]

Art. 23 stellt die zentrale Norm des Verordnungsentwurfs dar, die die vorgenannten Prinzipien konkretisieren soll. Zunächst wird vorgesehen, dass die verantwortliche Stelle technische und organisatorische Maßnahmen umsetzen muss, um die Anforderungen der Verordnung zu erfüllen (Abs. 1). Anschließend wird der Grundsatz der Datensparsamkeit spezifiziert, demzufolge personenbezogene Daten nur verarbeitet werden können, wenn sie „für die spezifischen Zwecke der Verarbeitung benötigt werden, und dass vor allem nicht mehr personenbezogene Daten zusammengetragen oder vorgehalten werden als für diese Zwecke unbedingt nötig ist und diese Daten auch nicht länger als für diese Zwecke unbedingt erforderlich gespeichert werden" (Abs. 2). Zudem muss sichergestellt werden, „dass personenbezogene Daten grundsätzlich nicht einer unbestimmten Zahl von natürlichen Personen zugänglich gemacht werden" (Abs. 2). Danach folgen Regelungen, die die Kommission dazu ermächtigen, delegierte Rechtsakte für die Konkretisierung der Grundsätze des Datenschutzes durch Technik und durch datenschutzfreundliche Voreinstellungen zu erlassen (Absätze 3 und 4).

Die Verordnung geht zwar weiter als die Richtlinie 95/46/EG, die nur allgemeine Grundsätze zur Datensicherheit festlegte (Art. 17). Jedoch bleibt sie weit hinter dem aktuellen Standard des BDSG zurück. Zunächst ist von Pseudonymisierung und Anonymisierung personenbezogener Daten überhaupt keine Rede. Insofern weicht die Norm von § 3a BDSG ab, der explizit fordert, dass „personenbezogene Daten zu anonymisieren oder zu pseudonymisieren [sind], soweit dies nach dem Verwendungszweck möglich ist und keinen im Verhältnis zu dem angestrebten Schutzzweck unverhältnismäßigen Aufwand erfordert". Zweitens konzentrieren sich die Anforderungen zum Datenschutz durch Technik stärker auf

---

531 Europäische Kommission, KOM (2010) 609 endg., S. 14.

die Verwendungsebene als auf die Herstellerebene.[532] Auch wenn in dem Erwägungsgrund die „Konzipierung der Verarbeitungsvorgänge" erwähnt wird, scheint der Schwerpunkt bei der Umsetzung der entsprechenden Pflichten hinsichtlich des Datenschutzes im System laut Art. 23 vielmehr auf der Anwendungsebene zu liegen.[533] Schließlich sind die Regelungen so unpräzise, dass ihnen jeder Verbindlichkeitscharakter fehlt.[534] Vor allem die Norm zu Voreinstellungen gibt überhaupt keine Kriterien vor, um daraus irgendeinen normativen Gehalt zu ziehen.

Der Entwurf sieht eine Regelung für automatisierte Entscheidungen vor, die sich gegen Profiling-Maßnahmen richtet (Art. 20). Darin liegen aber keine tatsächlichen Neuerungen. Es geht vielmehr um eine Aktualisierung des Art. 15 der Richtlinie, der schon grundsätzlich automatisierte Entscheidungen verbietet, es sei denn, die Entscheidung findet im Rahmen eines Vertrags statt, geeignete Maßnahmen zur Wahrung der Interessen der Person werden ergriffen oder ein erlaubendes Gesetz bildet die Rechtsgrundlage. Art. 20 des Entwurfs bezieht sich nun ausdrücklich auf Maßnahmen, die auf Profiling abzielen, was in der Richtlinie nicht explizit vorkommt. Die Norm wiederholt das Konzept des Verbots von automatisierten Entscheidungen, die die „Auswertung bestimmter Merkmale" einer Person bezwecken. Die Ausnahmen für das Verbot werden aber erweitert, und zwar durch die Einbeziehung der Einwilligung (Art. 20 Abs. 1 lit. c). Außerdem wird darauf hingewiesen, dass die Entscheidung des Betroffenen sich nicht exklusiv auf sensitive Daten beziehen darf (Art. 20 Abs. 2). Zu diesem Thema wird die Kommission außerdem ermächtigt, später delegierte Akte zu erlassen, um geeignete Maßnahmen für den Schutz der Person festzulegen.

Die vorgeschlagene Norm wirkt enttäuschend, wenn sie mit dem deutschen Recht verglichen wird. Die Regel zum Scoring, die sich in § 28b BDSG befindet, fordert weitergehende und präzisere Kriterien für den Schutz des Betroffenen bei automatisierten Entscheidungen, aus denen sich ein Wahrscheinlichkeitswert ergibt.[535]

---

532 *Richter*, DuD 8 (2012), 576, 578.

533 Ebd.

534 *Hornung*, ZD 3 (2012), 99, 103, der meint, dass der Entwurf eine bloße Ankündigung sei und lediglich an der Oberfläche bleibe. Er erkennt aber dabei, dass „ein dringend erforderlicher Schritt hin zu einer Verbindung rechtlicher und technischer Schutzinstrumente" vorliegt.

535 Erstens kann ein Scoring-Verfahren nur stattfinden, wenn es für die Begründung, Durchführung oder Beendigung eines Vertrags erforderlich ist (§ 28a BDSG); zweitens muss sich das Scoring auf ein nachweisbar „wissenschaftlich anerkanntes mathematisch-statistischen Verfahren" stützen (§ 28a Abs. 1 BDSG); drittens kann das Verfahren nicht ausschließlich Anschriftendaten benutzen (§ 28a Abs. 3 BDSG).

# D. Zwischenergebnis

Die Datenschutzrichtlinie erfordert die Erfüllung zweier Arten von Kriterien, um die Rechtmäßigkeit der Datenverarbeitung anzuerkennen. Diese sind zum einen Qualitätsvoraussetzungen (Art. 6 DSRL), zum anderen Zulässigkeitsvoraussetzungen (Art. 7 DSRL). Das ist ein wichtiger Schritt in Richtung eines substanzielleren Schutzes, da über die Zulässigkeitsbedingungen (Einwilligung, Vertrag, gesetzliche Pflicht, Interessenabwägung) hinaus auch zusätzliche Kriterien während der Datenverarbeitung erfüllt werden müssen: die Wahrung von Treu und Glauben sowie Rechtmäßigkeit, Zweckbestimmung und -vereinbarkeit, Verhältnismäßigkeit und Erforderlichkeit.

Das bedeutet konkret, dass die Richtlinie nicht nur regelt, *wann* die Erhebung, Verarbeitung, Nutzung oder Übermittlung personenbezogener Daten zulässig ist; sie bestimmt vielmehr auch, *wie* diese Erhebung, Verarbeitung, Nutzung oder Übermittlung stattfinden soll. Die Datenverarbeitung ist also nur erlaubt, wenn die Bedingungen beider Ebenen erfüllt sind. Diese Auslegung ergibt sich daraus, dass beide Artikel (Art. 6 und Art. 7 DSRL) als komplementär angesehen werden. Die Erwägungsgründe 28 und 30 weisen gerade auf diese Komplementarität hin.[536] Dadurch eröffnet sich das wichtige Potenzial, materiale Kriterien in die Rechtmäßigkeitsanalyse einfließen zu lassen, um die Position des Betroffenen zu stärken.

Trotz der Leistung dieser Grundsätze hat sich bei näherer Betrachtung gezeigt, dass der europäische Datenschutz keine Kontrolle der materialen Zustimmung erlaubt, wie sie im deutschen Recht beispielsweise über die allgemeine AGB-Kontrolle stattfindet. Zudem werden die Wirkungen von Informationen nicht hinreichend im Rahmen dieses Rechts berücksichtigt. Von großer Bedeutung ist dabei der Grundsatz der Zweckvereinbarkeit. Danach darf der Zweck der Verar-

---

536 Das wird besonders in der englischen Fassung der Richtlinie klar: „(28) Whereas any processing of personal data must be lawful and fair to the individuals concerned; whereas, in particular, the data must be adequate, relevant and not excessive in relation to the purposes for which they are processed; whereas such purposes must be explicit and legitimate and must be determined at the time of collection of the data; whereas the purposes of processing further to collection shall not be incompatible with the purposes as they were originally specified; [...] (30) Whereas, in order to be lawful, the processing of personal data *must in addition* be carried out with the consent of the data subject or be necessary for the conclusion or performance of a contract binding on the data subject, or as a legal requirement, or for the performance of a task carried out in the public interest or in the exercise of official authority, or in the legitimate interests of a natural or legal person, provided that the interests or the rights and freedoms of the data subject are not overriding". Vgl. *De Hert* und *Papakonstantinou*, The Proposed Data Protection Regulation Replacing Directive 95/46/EC, S. 135.

beitung und Nutzung personenbezogener Daten nicht mit dem Zweck der ursprünglichen Erhebung unvereinbar sein. Um die Vereinbarkeit der Zwecke zu prüfen, muss der gesamte Gegenstand untersucht werden, und zwar die Art der Daten, die Folgen der Datenverarbeitung und die Interessen der Beteiligten. Insofern leistet dieser Grundsatz einen wichtigen Beitrag zur Rechtmäßigkeitskontrolle der Datenverarbeitung, indem er eine breite Prüfung von Interessen und Folgen erzwingt. Fraglich ist nur, ob der zwingende Charakter der Zweckvereinbarkeit nach der europäischen Datenschutzreform beibehalten wird. Nach dem Vorschlag der Kommission ist die Zweckvereinbarkeit durch die Einwilligung aufhebbar. Dies würde die Einwilligung noch mehr überlasten und letztendlich zur Unwirksamkeit des Grundsatzes der Zweckvereinbarkeit führen.

Im Januar 2012 hat die Europäische Kommission den Entwurf einer Datenschutz-Grundverordnung veröffentlicht, die eine umfassende Reform des Datenschutzrechts zur Anpassung an die technologische Entwicklung sowie die Harmonisierung des Themas in der Europäischen Union bezweckt. Obwohl der Entwurf wesentlich umfangreicher als die Richtlinie ist, ist die Rechtmäßigkeitsstruktur wenig geändert worden. Die Anforderungen an die Qualität der Daten sind in ähnlicher Form beibehalten worden, aber haben eine neue Überschrift erhalten („Grundsätze der Datenverarbeitung"). Der Entwurf hat die Grundsätze von Treu und Glauben, Zweckbestimmung und -vereinbarkeit, Verhältnismäßigkeit, Erforderlichkeit sowie Datenrichtigkeit und -aktualität bewahrt. Drei neue Grundsätze sind vorgesehen, und zwar Transparenz, Verantwortlichkeit und Datensparsamkeit. Das „Verbot mit Erlaubnisvorbehalt" sowie die sechs Grundlagen für die Datenverarbeitung sind erhalten worden. Bedeutungsvoll ist, dass die Voraussetzungen einer wirksamen Einwilligung präzisiert wurden und dass die Einwilligung zusätzliche prozedurale Sicherungen erhalten hat.

Diese Neuerungen sind begrüßenswert: Solange sie durch konkretere Regelungen ergänzt werden, können sie die Position der Betroffenen stärken und das Vertrauen in die Datenverarbeitung erhöhen. Allerdings enthält das Vorhaben auch fragwürdige Änderungen, die sogar zu einer Minderung des aktuellen Schutzniveaus führen können. Das ist etwa bei dem Grundsatz der Zweckvereinbarkeit der Fall, der durch den Entwurf flexibilisiert wurde: Die vorgeschlagene Norm (Art. 6 Abs. 4 des Entwurfs) sieht vor, dass die Zweckvereinbarkeit durch jede Zulässigkeitsgrundlage (außer der Interessenabwägung) durchbrochen werden kann. In der Richtlinie war eine solche Durchbrechung nicht vorgesehen und diese Änderung könnte das aktuelle Schutzniveau absenken.

Insgesamt kann festgestellt werden, dass der Verordnungsentwurf hinsichtlich der Rechtmäßigkeitsvoraussetzungen zwar einige Verbesserungen enthält, dennoch letztlich keine grundlegenden Neuheiten vorsieht, die die materiale Zustimmung des Betroffenen in erhöhten Gefährdungslagen sichern können.

Teil III: **Grundlinien eines zweistufigen privatrechtlichen Datenschutzmodells: Das Zusammenspiel einer gehaltvollen Zustimmung und Schutz vor Informationsrisiken**

# 5. Kapitel:
# Leistungen und Defizite des privatrechtlichen Datenschutzmodells: kritische Würdigung hinsichtlich der Rechtmäßigkeitsvoraussetzungen der Datenverarbeitung im deutschen und europäischen Recht

Das fünfte Kapitel zielt nun darauf ab, die Grundlagen dieses Datenschutzmodells zu beleuchten: Durch welche Konzeption wird es geprägt? Welche Eigenschaften liegen dem zugrunde? Nach der Auseinandersetzung mit diesen grundlegenden Fragen erfolgt eine kritische Würdigung, um die Leistungen und Defizite dieses Modells festzustellen. Dadurch wird es möglich sein, einerseits zu erkennen, in welchen Bereichen Änderungsbedarf besteht, und andererseits festzustellen, welche positiven Eigenschaften beibehalten werden sollen.

## A. Die grundlegende Konzeption des privatrechtlichen Datenschutzmodells

Es lassen sich drei grundlegende Eigenschaften des aktuellen Datenschutzes erkennen: Er hat personenbezogene Daten als Schutzgegenstand, er ist generell als Vorfeldsicherung konzipiert und hat grundsätzlich eine formale Struktur, indem die Zulässigkeitstatbestände zumeist prozeduraler Art sind. Diese Grundkonzeption des Datenschutzes hängt mit zwei Ansätzen zusammen: der Relativität der Privatsphäre[537] und dem Verwendungszusammenhang[538]. Beide Ansätze sind miteinander verbunden und prägten die Entstehung des Datenschutzrechts in den 1970er Jahren.[539]

Mit der Relativität der Privatsphäre ist gemeint, dass das, was sich für eine Person als privat erweist, für eine andere Person nicht unbedingt privat ist; der Ansatz legt also nahe, dass die Wünsche nach Privatheit subjektiv zu verstehen

---

537 Vgl. *Mallmann*, Zielfunktionen des Datenschutzes, S. 26 ff.; *Steinmüller* et al., Grundfragen des Datenschutzes, S. 5; *Schlink*, Das Recht der informationellen Selbstbestimmung, S. 241 ff.
538 Vgl. *Mallmann*, Zielfunktionen des Datenschutzes, S. 26; *Schlink*, Die Amtshilfe, S. 192 ff.
539 *Albers*, in: Haratsch et al. (Hrsg.), Herausforderungen, S. 115; *Albers*, Informationelle Selbstbestimmung, S. 211 ff.; *Trute*, Verfassungsrechtliche Grundlagen, S. 164 ff.

sind.[540] Daraus folgt, dass feste Grenzen zwischen dem intimen, dem privaten und dem öffentlichen Bereich nicht objektiv zu ziehen sind.[541] So argumentiert Steinmüller in seinem Gutachten für das Innenministerium, das eine künftige Datenschutzgesetzgebung unterstützen soll, dass die Privatsphärenkonzeption unbrauchbar[542] sei: „Sodann ist das Verständnis von ‚Privatsphäre' aber nicht nur relativ zu Zeit und Ort, sondern auch zu seinen Trägern: Was A zu seiner ‚Privatsphäre' zählt, muss B noch lange nicht dazuzählen und umgekehrt. Was A gegenüber C offenbaren will, das will B unter Umständen C gegenüber geheimhalten und umgekehrt. Relativität der ‚Privatsphäre' heißt also: ‚Privatsphäre' gegenüber wem? Darum gilt der Grundsatz der Relativität der Privatsphäre und daraus folgt die Unmöglichkeit ihrer Definition".[543]

Der Ansatz des Verwendungszusammenhangs trägt auch dazu bei, die Relativität des Bedeutungsgehalts von Informationen zu betonen. Danach erfolgt aber diese Relativierung nicht aufgrund persönlicher Interessen und Wünsche, sondern aufgrund unterschiedlicher Verwendungskontexte von Informationen und Daten; das heißt, dass sich die Sensibilität oder Bedeutung einer Information erst in dem jeweiligen Verwendungszusammenhang erweisen kann.[544] Mit anderen Worten hängt die Gefährdung, die aus der Erhebung, Übermittlung und Nutzung von Informationen erwächst, von deren Verwendungszusammenhang, und nicht notwendig von dem Inhalt[545] der Daten oder von der „Sphäre, aus der die Information stammt", ab[546].

## I. Personenbezogene Daten als Schutzgegenstand

Wird davon ausgegangen, dass die Privatsphäre relativ ist und dass die Verwendungszusammenhänge für die Bedeutung oder die Sensibilität von Informationen entscheidend sind, ergibt sich, dass nicht nur die Verarbeitung intimer oder privater Informationen den Einzelnen gefährden kann.[547] Vielmehr müssen generell Informationen, die einen Personenbezug aufweisen, Schutz durch das Recht

---

540 *Mallmann*, Zielfunktionen des Datenschutzes, S. 26.

541 *Schlink*, Das Recht der informationellen Selbstbestimmung, S. 242; *Schlink*, Die Amtshilfe, S. 193.

542 *Steinmüller* et al., Grundfragen des Datenschutzes, S. 48.

543 Ebd., S. 51.

544 *Trute*, Verfassungsrechtliche Grundlagen, S. 168; *Simitis*, Die informationelle Selbstbestimmung, S. 402.

545 *Simitis*, BDSG, Einleitung, Rn. 16.

546 *Schlink*, Die Amtshilfe, S. 193.

547 *Simitis*, BDSG, § 1, Rn. 57 ff.

verdienen.[548] Denn „personenbezogene" Daten können von der Technologie her unbegrenzt miteinander kombiniert werden und dadurch wichtige Informationen bilden[549], die wiederum die Basis der Entscheidungen von privaten und öffentlichen Stellen sein können.[550] Diese Erkenntnis liegt den Ausführungen des BVerfG zugrunde, nach denen es aufgrund der Bedingungen der automatischen Datenverarbeitung keine belanglosen Daten mehr gibt.[551] Daraus folgt, dass auch Daten, die auf den ersten Blick belanglos erscheinen, nicht von vornherein aus dem Rechtsrahmen ausgeschlossen sind.[552]

Sowohl das BDSG als auch die Datenschutzrichtlinie stellen in ihren Schutzkonzepten auf die Erhebung, Verwendung und Übermittlung personenbezogener Daten ab, die letztendlich den Anwendungsbereich beider Normen bestimmen.[553] So sieht z. B. das BDSG in seinem § 1 vor, dass bezweckt wird, „den Einzelnen davor zu schützen, dass er durch den Umgang mit seinen personenbezogenen Daten in seinem Persönlichkeitsrecht beeinträchtigt wird". Auch die DSRL definiert ihren Anwendungsbereich durch die Definition von personenbezogenen Daten (Art. 3).[554] Gegenstand beider Normen sind Angaben und sachliche Verhältnisse über eine bestimmte oder bestimmbare Person. Personenbezogene Daten sind also Angaben, mittels derer sich die Identität einer Person erkennen oder anhand weiterer Referenzen („Zusatzwissen"[555]) bestimmen lässt.[556] Der Personenbezug ist kein feststehendes, sondern ein relatives Attribut und kann sich nur aus einem bestimmten Kontext ergeben.[557]

---

548 *Tinnefeld*, in: Roßnagel (Hrsg.), Handbuch Datenschutzrecht, Rn. 1; vgl. *Steinmüller* et al., Grundfragen des Datenschutzes, S. 56 ff. Das Gutachten spricht von Individualinformationen bzw. personenbezogenen Informationen als Gegenstand des Datenschutzes.

549 *Gallwas* et al., Datenschutzrecht, Einleitung, Rn. 10.

550 *Albers*, Umgang mit personenbezogenen Informationen und Daten, Rn. 20.

551 Siehe BVerfGE 65, 1 (43), Volkszählung.

552 So *Albers*, Umgang mit personenbezogenen Informationen und Daten, Rn. 31. Das bedeutet also, dass Verarbeitungsvorgänge sich doch als trivial oder besonders schutzbedürftig erweisen können; das folgt aber nicht allein aus dem Inhalt oder der Art der Daten, sondern aus den Verwendungszusammenhängen, in denen Informationen erzeugt werden.

553 *Taeger*, BDSG, § 3, Rn. 1.

554 Siehe *Simitis*, EG-Datenschutzrichtlinie, Einleitung, Rn. 19.

555 *Dammann*, BDSG, § 3, Rn. 26 ff.

556 *Weichert*, BDSG, § 3, Rn. 12; *Tinnefeld*, in: Roßnagel (Hrsg.), Handbuch Datenschutzrecht, Rn. 20 ff.

557 *Dammann*, BDSG, § 3, Rn. 32 ff.; *Albers*, Umgang mit personenbezogenen Informationen und Daten, Rn. 29 ff.

Während die Literatur seit einiger Zeit den Unterschied zwischen Daten und Informationen hervorhebt[558], werden beide Konzepte in der Gesetzgebung nicht scharf voneinander getrennt.[559] Schon das Konzept „personenbezogener" Daten weist darauf hin, dass es bei der Anwendung des BDSG und der Datenschutzrichtlinie auch auf Informationen ankommt.[560] Präziser wäre es, von personenbeziehbaren Daten und von personenbezogenen Informationen zu sprechen, weil der Personenbezug nicht bei Zeichnen, sondern nur bei Informationen vorhanden ist.[561] Die Entscheidung des Gesetzgebers, den Schutzbedarf stärker auf Daten zu stützen, erklärt sich dadurch, dass sich Daten als die „gegenständlich verkörperten Zeichen"[562] erweisen: Die rechtliche Regulierung knüpft also an die Datenverarbeitungsprozesse an, um die Erzeugung von Informationen zu beeinflussen.[563]

## II. Vorfeldsicherung

Somit kommt man auf die Frage, ob der Schutzgegenstand des Datenschutzes Daten oder Informationen sein sollten. Der Unterschied dieser beiden Konzepte wurde in den vorangegangenen Kapiteln schon behandelt. Daten sind Zeichnen oder Bilder, die auf einem Datenträger gespeichert werden[564]; sie weisen zwar keinen Sinngehalt auf, konstituieren aber die Basis für Informationen.[565] Informationen dagegen sind „Sinnelemente", die nur als Folge einer Interpretation entstehen können.[566] Wird die Unterscheidung ernst genommen, treten Gefährdungen eher auf der Informationsebene als auf der Datenebene auf, auf der noch keine Interpretation besteht.[567]

Das Ziel des Datenschutzes liegt zwar darin, den Einzelnen vor den Gefährdungen, die sich aus der Erhebung, Verarbeitung und Nutzung von Informationen ergeben, zu schützen. Das geltende Recht behandelt jedoch, jedenfalls seiner

---

**558** Grundlegend *Albers*, in: Haratsch et al. (Hrsg.), Herausforderungen, S. 121; *Albers*, Informationelle Selbstbestimmung, S. 89 ff.

**559** *Albers*, in: Haratsch et al. (Hrsg.), Herausforderungen, S. 121 und Fn. 32.

**560** *Hoffmann-Riem*, AöR 134 (2009), 513, 518, der von einem weiten Datenbegriff in dem bisherigen Datenschutzrecht spricht.

**561** *Bäcker*, Der Staat 1 (2012), 91, 93.

**562** *Albers*, Informationelle Selbstbestimmung, S. 143.

**563** *Albers*, in: Haratsch et al. (Hrsg.), Herausforderungen, S. 122; *Bäcker*, Der Staat 1 (2012), 91, 93.

**564** *Albers*, Umgang mit personenbezogenen Informationen und Daten, Rn. 11.

**565** *Albers*, Informationelle Selbstbestimmung, S. 89.

**566** Ebd., S. 90 ff.

**567** *Britz*, Informationelle Selbstbestimmung, S. 567.

Struktur nach, direkt keine Gefährdungen und Risiken, sondern versucht, durch die Regulierung des Datenverkehrs künftige Gefährdungen überhaupt zu vermeiden.[568] Nach dieser Konzeption wird also fast ausschließlich die Datenebene behandelt, um Risiken und Wirkungen auf der Informationsebene in einer präventiven Art[569] entgegenzutreten.

### III. Prozedurale Struktur der Rechtmäßigkeit

Die Zulässigkeitsvoraussetzungen für die Datenverarbeitung sind im deutschen und im europäischen Recht ähnlich und kennzeichnen sich durch ihre prozedurale Struktur.[570] Das BDSG legt fest, dass entweder eine Einwilligung oder ein gesetzlicher Erlaubnistatbestand vorliegen muss, damit sich die Datenverarbeitung als zulässig erweist (§ 3 BDSG). Danach sieht es in den §§ 28, 29 eine Vielfalt von Erlaubnistatbeständen für den Privatbereich vor. Die Datenschutzrichtlinie wählte zwar eine andere Ausdrucksform, was aber das Ergebnis nicht ändert: Art. 7 der Datenschutzrichtlinie sieht ausdrücklich alle Tatbestände vor, die die Datenverarbeitung erlauben, und erwähnt unter anderem die Einwilligung.[571]

Daraus folgt also, dass die Zulässigkeit der Datenverarbeitung im Prinzip nicht von der Art oder dem Inhalt der Daten, sondern von einer Einwilligung oder einem gesetzlichen Erlaubnistatbestand abhängt.[572] So kann von einer grundsätzlichen formalen Struktur der Rechtmäßigkeit im Datenschutzmodell gesprochen werden. Das heißt, dass die Feststellung, ob die Datenverarbeitung zulässig ist oder nicht, grundsätzlich mit formalen oder prozeduralen Kriterien verbunden ist.

Dies wird bei der Einwilligung besonders deutlich, die durchaus eine prozedurale Hürde für die Datenverarbeitung darstellt. Liegt eine Einwilligung vor, kann davon ausgegangen werden, dass die Erhebung, Verarbeitung, Nutzung oder Übermittlung personenbezogener Daten zulässig ist, wenn diese in dem Rechtsrahmen des Datenschutzes erfolgt. Zwar fordern sowohl das deutsche als auch das europäische Recht, dass die Einwilligung freiwillig erteilt werden muss; die Normen haben aber kaum eine tatsächliche Wirkung, da sich aus dem Daten-

---

**568** *Gola* et al., BDSG, § 1, Rn. 6, der von Vorfeldsicherung spricht. *Gallwas* et al., Datenschutzrecht, Einleitung, Rn. 7.

**569** *Tinnefeld*, in: Roßnagel (Hrsg.), Handbuch Datenschutzrecht, Rn. 5.

**570** Vgl. *Mückenberger*, Datenschutz als Verfassungsgebot, S. 14 ff.

**571** Zu den Erlaubnistatbeständen im deutschen Recht siehe Kap. 3.A und im europäische Recht siehe Kap. 4.A.

**572** Siehe dazu Kap. 3, A, und Kap. 4, A, II.

schutzrechtsrahmen weder materiale Schranken noch Kriterien für die Unfreiwilligkeit der Einwilligung ergeben.[573]

So wirken die Vorgaben für die Rechtmäßigkeit der Datenverarbeitung in erster Linie formal. Erst wenn die Voraussetzungen für die Zulässigkeit der Datenverarbeitung näher betrachtet werden, erkennt man, dass materiale bzw. substanzielle Kriterien ebenfalls relevant sind. Sie spielen aber trotzdem eine eher geringe Rolle, da sie letztendlich das Ergebnis nicht ändern können, wie anhand zweier Beispiele verdeutlicht werden kann.

Die Art der Daten wird im Datenschutzrecht nur erwähnt, wenn es um sensible Daten geht (§§ 3 Abs. 9 und 4a Abs. 3 BDSG und Art. 8 der Richtlinie 95/46/EG). Wie bei der Verarbeitung persönlicher Daten wird in der Datenschutzrichtlinie zunächst die Verarbeitung sensitiver Daten grundsätzlich verboten. Sodann werden bestimmte Ausnahmen von dem Verbot gemacht, die aber enger als die Tatbestände der generellen Datenverarbeitung sind. Die Formel unterscheidet sich in ihrer Struktur letztendlich nicht von der der Rechtmäßigkeit, nach der die Verarbeitung personenbezogener Daten im Allgemeinen erlaubt ist: Die formale Einwilligung gilt in beiden Fällen als Erlaubnistatbestand, nur muss sie ausdrücklich erteilt werden, wenn es sich um sensitive Daten handelt. Der Tatbestand der Interessenabwägung wird für sensitive Daten beschränkt, indem zwei spezifische Hypothesen für die Datenverarbeitung explizit und ausschließlich erlaubt werden (Verarbeitung durch den Arbeitgeber für den Arbeitsvertrag und durch politisch, philosophisch, religiös oder gewerkschaftlich ausgerichtete Stiftungen, Vereinigungen oder sonstige Organisationen, die keinen Erwerbszweck verfolgen); der Tatbestand des Vertrags oder der Vertrauensverhältnisse gilt nach der Datenschutzrichtlinie nicht für die Verarbeitung von sensitiven Daten. Hierin liegt gewiss der größte Unterschied zur allgemeinen Datenverarbeitung. Im Ergebnis kann festgestellt werden, dass auch die Regelung zur Verarbeitung sensitiver Daten sich grundsätzlich als formal beschreiben lässt, da die Einwilligung im Ergebnis auch hier ausreichend ist, um jede Erhebung, Nutzung, Verarbeitung und Übermittlung sensitiver Daten zu erlauben.

Die Art der Daten sowie andere materiale Elemente können ausnahmsweise auch eine Rolle bei den gesetzlichen Erlaubnistatbeständen spielen. Das ist der Fall bei der Interessenabwägung, wonach die Datenverarbeitung als zulässig gesehen wird, wenn die Interessen der verarbeitenden Stelle die Interessen des Betroffenen überwiegen. Dafür muss aber tatsächlich eine Interessenabwägung erfolgen, also eine substanzielle Analyse des Zwecks der Datenverarbeitung, der Art der Daten und der Interessen der Parteien. Zwar könnte die Interessenabwä-

---

573 Vgl. *Worms* und *Gusy*, DuD 2 (2012), 92, 96 ff.

gung dazu beitragen, materiale bzw. substanzielle Grenzen für die Datenverarbeitung zu setzen. In der SCHUFA-Entscheidung hat der BGH genau dieses Potenzial ausgenutzt und hat so Grenzen für die Übermittlung von Daten an Auskunfteien aufgezeigt.[574]

Ob sich dieser Ansatz flächendeckend durchgesetzt hat, ist aber fraglich. Die Normen über Interessenabwägung sowohl im deutschen als auch im europäischen Datenschutzrecht sind nach wie vor als bloßer Erlaubnistatbestand ausgestaltet, der in seiner Anwendung vom Ermessen der verantwortlichen Stelle abhängt.[575] Insofern erweist sich die Interessenabwägung im privatrechtlichen Datenschutz bloß als eine schwache dispositive Norm: dispositiv – weil sie ohnehin durch die Einwilligung umgangen werden kann; schwach – weil sie nicht einmal als Kriterium für die Datenverarbeitung im Allgemeinen dient, da sie von der verarbeitenden Stelle als Tatbestand ausgewählt oder einfach abgelehnt werden kann.[576]

Grundsätzlich kann festgestellt werden, dass in erster Linie prozedurale Kriterien zu erfüllen sind, um die Rechtmäßigkeit der Datenverarbeitung zu erreichen. Dieser prozedurale Charakter prägte den Datenschutz seit dessen Entstehung und ist immer noch in diesem Rechtsgebiet zu sehen.[577]

# B. Leistungen des privatrechtlichen Datenschutzmodells

Nach der Analyse der grundlegenden Eigenschaften des Datenschutzmodells muss nun untersucht werden, welche Beiträge ein solches Modell leisten kann. Vor allem drei Leistungen liegen auf der Hand, und zwar die Steuerung des Datenverkehrs durch die Erlaubnisformel, die Sicherung des Einflusses des Betroffenen bei der Datenverarbeitung und die Berücksichtigung der Mehrrelationalität von Informationen.

---

574 Dazu Kap. 3, C, II, 1.
575 Siehe die Kritik von *Simitis*, BDSG, § 28, Rn. 126.
576 In eine andere und begrüßenswerte Richtung ist aber § 10 Abs. 1 S. 1 BDSG gegangen. Danach wird die Berücksichtigung der schutzwürdigen Interessen des Betroffenen als Bedingung für die Einrichtung eines automatisierten Abrufverfahrens vorgesehen, die nicht von der Auswahl der verarbeitenden Stelle abhängt.
577 Vgl. *Mückenberger*, Datenschutz als Verfassungsgebot, S. 14 ff.

## I. Steuerung des Datenverkehrs durch die Erlaubnisformel: Vorrechtsentscheidung und Kontextsicherung

Ein wichtiger Beitrag des aktuellen privatrechtlichen Datenschutzes liegt darin, dass er die Steuerung des Datenverkehrs durch die Erlaubnisformel und die damit verbundenen Grundsätze ermöglicht. Dies ist vor allem auf das sogenannte „Verbot mit Erlaubnisvorbehalt" und auf die Grundsätze der Zweckbestimmung und der Erforderlichkeit zurückzuführen.

Als „Verbot mit Erlaubnisvorbehalt" wird der Mechanismus des Datenschutzrechts bezeichnet, wonach jede Datenverarbeitung zunächst als verboten gesehen und nur dann erlaubt wird, wenn eine Einwilligung oder ein gesetzlicher Tatbestand vorliegt. Das Konzept stößt auf vielfältige Kritik, die oft widersprüchlich scheint. Einerseits wird behauptet, dass dieser Grundsatz zu restriktiv für die gegenwärtige Informationsgesellschaft und angesichts der allgegenwärtigen Datenverarbeitung ungeeignet sei. Andererseits wird der Grundsatz wegen der vielfältigen Ausnahmen kritisiert: Aus dem „Verbot mit Erlaubnisvorbehalt" würden sich als Grundlage für die Datenverarbeitung zumindest die Einwilligung, der Vertrag und die legitimen Interessen ergeben, die zu breit und zu unpräzise seien, um der Datenverarbeitung wirksame Grenzen zu setzen. Den Erlaubnistatbeständen wird also vorgeworfen, dass sie letztendlich jede Datenverarbeitung billigen würden.

Beide Argumente greifen jedoch zu kurz. Vieles spricht dafür, dass das „Verbot mit Erlaubnisvorbehalt" weder eine unüberwindbare und übermäßige Barriere setzt noch eine unbeschränkte Erlaubnis im privatrechtlichen Datenschutz darstellt. Vielmehr handelt es sich dabei um eine weite Erlaubnisformel, die dazu dient, Vorrechtsentscheidungen zwischen den Beteiligten der Datenverarbeitung nach bestimmten Sachlagen festzustellen. Somit wird es möglich, eine Steuerung bzw. Ordnung des Datenverkehrs zu errichten.

Sowohl im deutschen als auch im europäischen Recht sind die Tatbestände für eine zulässige Datenverarbeitung im Privatrecht recht weit angelegt. Die Einwilligung, die Vertragsgrundlage und die legitimen Interessen bilden ein sehr breites Spektrum, in dem die Erhebung, Verarbeitung, Nutzung und Übermittlung personenbezogener Daten und Informationen erfolgen können; deswegen bedarf es nicht des Erlasses neuer Gesetze, die die Datenverarbeitung ständig und in unterschiedlichen Bereichen rechtfertigen. Insofern passt die Kritik, die hinsichtlich der Verrechtlichungsfalle am Recht auf informationelle Selbstbestimmung geübt wurde, nicht zum privatrechtlichen Datenschutz. Eine exzessive Verrechtlichung ist vor allem im öffentlichen Recht zu sehen, da sowohl die

Erlaubnistatbestände als auch die Zweckbestimmung sehr eng ausgelegt werden.[578]

Ebenso unzutreffend ist es, von einer übermäßigen Beschränkung der Informationsfreiheit zu sprechen. Vielmehr wird die Datenverarbeitung durch das allgemeine Datenschutzgesetz bzw. die Datenschutzrichtlinie unter bestimmten Bedingungen erlaubt. Diese Bedingungen können zwar auf den ersten Blick als Freiheitseinschränkung gesehen werden; sie zielen allerdings darauf ab, die Freiheit der Betroffenen ebenso wie die Freiheit der verarbeitenden Stelle zu gewährleisten. Das Argument, nach dem das „Verbot mit Erlaubnisvorbehalt" gegen die Informationsfreiheit verstößt, kann also nicht überzeugen.[579]

## II. Berücksichtigung der Mehrrelationalität von Informationen und Sicherung der Einflussmöglichkeit des Betroffenen

Als wichtigste Grundlagen für die Datenverarbeitung gelten die Einwilligung, das Schuldverhältnis und das legitime Interesse der verarbeitenden Stelle (jedenfalls solange die schutzwürdigen Belange der Betroffenen nicht überwiegen). Diese Tatbestände sind als Resultat eines Interessenausgleichs zu verstehen: Da Daten sich als Grundlage für Informationen erweisen, müssen sie in gewissem Maße auch der Mehrrelationalität des Informationsphänomens Rechnung tragen.

Das bedeutet einerseits, dass sowohl die legitimen Interessen der verarbeitenden Stelle als auch das Schuldverhältnis eine Datenverarbeitung jenseits der Einwilligung rechtfertigen können. Andererseits muss ebenso die Privatautonomie als grundlegendes Prinzip der Privatrechtsgesellschaft immer dann gewährleistet werden, wenn keine legitimen Interessen der verantwortlichen Stelle bestehen, wenn die schutzwürdigen Belange der Betroffenen diese Interessen überwiegen oder wenn kein Vertrag vorliegt, dessen Erfüllung von einer Datenverarbeitung abhängt. Somit wird ausreichender Spielraum für die privatrechtlichen Akteure gesichert, um die Erhebung, Nutzung, Verarbeitung und Übermittlung personenbezogener Daten durchzuführen.

Daraus folgt, dass die Einwilligung zwar eine wichtige Rolle im privatrechtlichen Datenschutz spielt, aber auch nicht als einziger Rechtfertigungsgrund für

---

[578] Dies kann sogar dadurch bewiesen werden, dass die Anzahl der Gesetze, die ausschließlich die Datenverarbeitung im Privatrecht regulieren, ziemlich gering ist, so wie z.B. das TMG, TKG, Gendiagnostikgesetz. Zur Verrechtlichungsfalle siehe *Hoffmann-Riem*, Informationelle Selbstbestimmung in der Informationsgesellschaft, S. 500.
[579] Zum Konflikt zwischen Datenschutz und Informationsfreiheit vgl. *Buchner*, Informationelle Selbstbestimmung, S. 80 ff.

die Erhebung, Verarbeitung, Nutzung und Übermittlung persönlicher Daten gilt. So kann das privatrechtliche Datenschutzrecht, das sich sowohl im BDSG als auch in der Datenschutzrichtlinie widerspiegelt, nicht auf eine Entscheidungsbefugnis reduziert werden, da durch die gesetzlichen Tatbestände sowohl die Mehrrelationalität der Informationen als auch die Privatautonomie berücksichtigt werden.

## C. Defizite des aktuellen privatrechtlichen Datenschutzmodells

Wie gezeigt wurde, hat das Datenschutzmodell wichtige Beiträge für den Persönlichkeits- und Freiheitsschutz geleistet. Vor allem die Kontextsicherung, die Berücksichtigung der Mehrrelationalität von Informationen und die Einflussmöglichkeit des Betroffenen sind dabei bemerkenswert. Trotzdem weist das Modell „Datenvorfeldsicherungsverfahren" auch Defizite auf, die gerade mit der ihm zugrunde liegenden Struktur verbunden sind.

### I. Die Überlastung der Einwilligung durch den dispositiven Charakter der Rechtmäßigkeitsstruktur des Datenschutzes

Die Einwilligung erfüllt eine wichtige Funktion im Datenschutzrechtsrahmen: Sie soll den Einfluss des Betroffenen auf die Datenverarbeitung sichern, indem sie als einer der Erlaubnistatbestände für die Erhebung, Verarbeitung, Nutzung und Übermittlung vorgesehen ist. Dadurch soll gesichert werden, dass die Datenverarbeitung nicht an dem Betroffenen vorbei abläuft.

Jedoch steht die Einwilligung im Datenschutzrecht nicht nur für Einflussmöglichkeiten des Betroffenen. Sie wird häufig dadurch überlastet, dass sie zugleich die Funktion der Grenzen der Datenverarbeitung auszuüben hat. Dies ist darauf zurückzuführen, dass die Struktur der Rechtmäßigkeit, die aus den Erlaubnistatbeständen und den Grundsätzen des Datenschutzes entsteht, in hohem Maße dispositiv ist.

Vor allem die Erlaubnistatbestände sind davon betroffen, da die Schranken, die sich daraus ergeben, durch die Einwilligung letztendlich umgangen werden können. So folgt z. B. aus dem Tatbestand der Schuldverhältnisse (§ 28 Abs. 1 S. 1 Nr. 1 BDSG), dass nur personenbezogene Daten, die für die „Begründung, Durchführung oder Beendigung eines rechtsgeschäftlichen oder rechtsgeschäftsähnlichen Schuldverhältnisses mit dem Betroffenen erforderlich" sind, verarbeitet werden können. Art. 7 der Richtlinie 95/46/EC sieht Ähnliches vor. Auch aus dem Tatbestand der legitimen Interessen ergeben sich Schranken: Die

Wahrung berechtigter Interessen rechtfertigt die Datenverarbeitung, solange nicht angenommen werden kann, dass schutzwürdige Belange des Betroffenen die Interessen der verantwortlichen Stelle überwiegen (§ 28 Abs. 1 Satz 1 Nr. 2 BDSG und Art. 7 der Richtlinie 95/46/EC). Innerhalb beider Tatbestände entstehen also Grenzen für die Datenverarbeitung: Beim ersten muss die Erforderlichkeit bewiesen werden, beim zweiten findet eine Interessenabwägung statt, die die Datenverarbeitung beschränkt.

In der Realität finden aber diese Beschränkungen kaum Anwendung, da sie durch die Einwilligung häufig unterlaufen werden. Zwar setzt sich die herrschende Meinung in der Datenschutzdogmatik dafür ein, dass die Einwilligung nur eingefordert werden darf, wenn keine gesetzlichen Tatbestände vorliegen, sonst würde der Betroffene erwarten, dass er die Datenverarbeitung verweigern könnte.[580] So logisch das sein mag, so wenig ist es ausdrücklich im Gesetz bzw. in der Richtlinie vorgesehen. Vielmehr folgt aus der Struktur der Erlaubnistatbestände, dass die verarbeitende Stelle die Grundlage auswählen kann, die ihr am besten passt. Außerdem ist es schwer, das Argument zu beanstanden, nach dem die verarbeitenden Stellen durch die Einholung der Einwilligung der Unsicherheit, die mit der Anwendung der gesetzlichen Tatbestände verbunden ist, begegnen können.[581]

Was die Struktur der Rechtmäßigkeit angeht, weisen die Grundsätze der Datenverarbeitung dagegen keinen dispositiven Charakter auf. Im deutschen Recht gilt dies nur hinsichtlich des Grundsatzes der Datenvermeidung und Datensparsamkeit, demzufolge sowohl bei der Datenverarbeitung als auch bei der Auswahl von Datenverarbeitungssystemen „so wenig personenbezogene Daten wie möglich zu erheben, zu verarbeiten oder zu nutzen" sind (§ 3a Satz 1 BDSG). Dabei handelt es sich darum, die Anonymisierung und Pseudonymisierung personenbezogener Daten zu betreiben, immer wenn es „nach dem Verwendungszweck möglich ist und keinen im Verhältnis zu dem angestrebten Schutzzweck unverhältnismäßigen Aufwand erfordert" (§ 3a Satz 2 BDSG). Zwar ist dieser Grundsatz wegen seiner klaren Zielsetzung von großer Bedeutung im Datenschutzrechtssystem, dennoch ist durchaus fraglich, wie effektiv er sich durchsetzen lässt.[582]

Im Vergleich zum deutschen Recht fällt auf, dass das europäische Recht mehr Gewicht auf die Grundsätze des Datenschutzes legt. Die Richtlinie 95/46/EC sieht zwar ausdrücklich keinen Grundsatz der Datenvermeidung und Datensparsamkeit

---

**580** Dazu Kap. 3.A.I und Kap. 4.A.II.1.
**581** Vgl. *Holznagel* und *Sonntag*, in: Roßnagel (Hrsg.), Handbuch Datenschutzrecht, Rn. 16 ff.
**582** Von „bloßer Zielbestimmung" spricht *Scholz*, BDSG, § 3a, Rn. 6; *Hoffmann-Riem*, AöR 134 (2009), 513, 525 ff.

vor, enthält dagegen aber einen weiteren Katalog von Grundsätzen, die in Art. 6 festgelegt sind. Dabei sind die Grundsätze der Zweckvereinbarkeit, Erforderlichkeit und Verhältnismäßigkeit zu betonen.

Die Grundsätze des Datenschutzes können ihre Funktion nur erfüllen, wenn sie nicht abdingbar sind. Somit sind sie in der Lage, den normativen Rahmen für die Rechtmäßigkeit der Datenverarbeitung zu bilden. Das europäische Recht weist deutliche Vorteile im Vergleich zum deutschen Recht auf, gerade weil es die Rechtmäßigkeitsstruktur der Datenverarbeitung in zwei Stufen konzipiert hat: die Grundsätze, die für jede Datenverarbeitung gelten und nicht dispositiv sind, und die Erlaubnistatbestände, die von der verantwortlichen Stelle zur Rechtfertigung der Datenverarbeitung ausgewählt werden.

Aus der durchgeführten Analyse wird klar, dass die Tatbestände allein keine geeigneten Beschränkungen für die Datenverarbeitung bilden können, da ihre Auswahl ausschließlich von der Entscheidung der verarbeitenden Stelle abhängt. Daraus folgt das inkonsistente Resultat, dass sich die Grenzen der Datenverarbeitung nicht objektiv aus dem Gegenstand der Verarbeitung selbst ergeben. Die Lösung dieses Problems liegt also darin, die Grenzen der Datenverarbeitung durch andere zwingende Normenstrukturen zu setzen, da die Erlaubnistatbestände dafür nicht geeignet sind. Somit würde die Datenverarbeitung einer konstitutiven und unabdingbaren Rechtsordnung unterliegen, die sowohl allgemeine Voraussetzungen als auch Grenzen für die Datenverarbeitung vorsieht. Diese Funktion könnte teilweise durch die Grundsätze erfüllt werden. Aber ihre Effektivität würde von der Präzision und dem Inhalt des Grundsatzes selbst abhängen.

## II. Mangelhafte Kontrolle einer materialen Zustimmung

Die Überlastung der Einwilligung im privatrechtlichen Datenschutzrecht wird dadurch noch verstärkt, dass sie als bloße Formalität in diesem Rechtsrahmen konzipiert ist. Das heißt, nicht nur wird die Einwilligung als einzige Grenze jeder Erhebung, Verarbeitung, Nutzung und Übermittlung behandelt, sondern sie kann nicht mehr als eine rein formale Grenze bilden. Die Folge liegt auf der Hand: Der Rechtsrahmen des Datenschutzes ist so blass und unpräzise, dass er nicht einmal in der Lage ist, den Schutz des Betroffenen gegen missbräuchliche Datenverarbeitungen hinreichend zu gewährleisten sowie die verarbeitende Stelle dabei anzuleiten, zwischen rechtmäßigen und unrechtmäßigen Datenverarbeitungsvorgängen mit Sicherheit zu unterscheiden. Dies erklärt vermutlich, warum die Funktion der Einwilligung im Datenschutzrecht so unterschiedlich und sogar widersprüchlich ist: Sie wird einerseits als wichtiger Ausdruck des Rechts der informationellen Selbstbestimmung und andererseits als Fiktion behandelt.[583]

Zwar sehen das BDSG und die Datenschutzrichtlinie vor, dass die Erteilung der Einwilligung freiwillig erfolgen muss. Darüber hinaus werden allerdings keine weiteren Anforderungen gestellt. Die Einwilligung erweist sich also als ein formales Instrument, das ausnahmslos die Erhebung, Verarbeitung und Nutzung personenbezogener Daten rechtfertigt, und zwar unabhängig von den Umständen der Datenverarbeitung: unabhängig davon, ob Machtungleichgewichte und Verständnisdefizite bestehen oder ob unerträgliche Risiken und nachteilige Wirkungen auf den Betroffenen zukommen werden. Weder das BDSG noch die Datenschutzrichtlinie sehen objektive Kriterien vor, die den Inhalt der Einwilligung durch zwingendes Recht oder Generalklauseln ergänzen. Es wird nicht einmal festgelegt, wann und unter welchen Kriterien Unfreiwilligkeit vorliegen könnte.

Die Gewährleistung der Einwilligung als rein formale Grundlage und Grenze des Datenschutzes ist deshalb überraschend, weil die Datenschutzgesetzgebung gerade die Tendenzen der Materialisierung[584] vernachlässigt hat, die das Zivilrecht im 20. Jahrhundert so stark geprägt haben. Die Literatur im Rahmen des Datenschutzes hat zwar von Anfang an darauf hingewiesen, dass Machtgefälle und Informationsdefizite die Autonomie des Einzelnen schwächen würden; die Rechtslage in Deutschland und in der EU spiegelt dies jedoch nicht wider.

Als punktuelle Ausnahme gilt das Gendiagnostikgesetz, das die Funktion der Einwilligung sowohl in Arbeitsverhältnissen als auch in Versicherungsverträgen in gewissem Maße beschränkt. Auch das Fragerecht des Arbeitgebers erweist sich als eine Ausnahme: Die Rechtsprechung und die Literatur haben sich seit Langem dafür eingesetzt, dass es eine objektive Grenze für die Fragen gibt, die der Arbeitgeber einem Bewerber stellen darf. Es kommt nicht auf die Einwilligung, sondern auf den unmittelbaren Bezug zwischen den Fragen und dem künftigen Arbeitsverhältnis an.[585]

### III. Vernachlässigung der Wirkungen von Informationen: Risiko von künftigen Anwendungen und Entscheidungen mit nachteiligen Wirkungen

Wie oben dargelegt wurde, wird das deutsche und europäische Datenschutzrecht durch die Konzeption „Datenvorfeldsicherungsverfahren" geprägt. Es besitzt zwar

---

**583** Siehe dazu Kap. 3, B, I.
**584** Dazu siehe *Canaris*, AcP 200 (2000), 201, 273; *Grundmann*, in: Grundmann et al. (Hrsg.), Festschrift 200 Jahre; *Singer*, in: Grundmann et al. (Hrsg.), Festschrift 200 Jahre.
**585** *Büllesbach*, in: Roßnagel (Hrsg.), Handbuch Datenschutzrecht, Rn. 30 ff.

wichtige Vorteile, wie die Kontextsicherung, die Wahrung des Einflusses des Betroffenen und die Wahrnehmung der Multirelationalität von Informationen. Allerdings greift es zu kurz, gerade wenn es darum geht, den Wirkungen von Informationen zu begegnen, was letztendlich das Ziel des Datenschutzes ist.

Dies ist darauf zurückzuführen, dass das Datenschutzrecht zwar auf den Schutz des Einzelnen vor den sich aus dem Umgang mit Informationen ergebenden Gefährdungen abzielt, selbst aber keine Instrumente besitzt, die diese Wirkungen und Risiken hinreichend behandeln könnten. Wird die Rechtmäßigkeitsstruktur betrachtet, erkennt man, dass weder die Ermächtigungsgrundlage noch die Grundsätze des Datenschutzes eine direkte Verbindung zu den Risiken und Folgen von Informationen auf den Einzelnen aufweisen.

Zwar können diese Risiken und Wirkungen in der Interessenabwägung aufgenommen werden, aber dies nur in Ausnahmefällen, da dieser Tatbestand von der verarbeitenden Stelle ausgewählt werden muss und normalerweise durch die Einholung einer Einwilligung umgangen wird. Auch der Grundsatz der Zweckvereinbarkeit könnte möglicherweise eine Gelegenheit sein, die Risiken in die Analyse über die Rechtmäßigkeit der Datenverarbeitung einzubeziehen, was aber nur für das europäische Recht gelten würde und jedenfalls Zweifel erwecken könnte, da die Vorgehensweise in der Richtlinie nicht ausdrücklich vorgesehen ist.

Ein Versuch, mit den Risiken und Wirkungen von Informationen umzugehen, spiegelt sich auch in der Regelung zur Erhebung, Verarbeitung und Nutzung sensitiver Daten wider. Das Defizit dieser Norm basiert auf zweierlei: Zunächst wird versucht, die Wirkungen von Informationen durch eine präventive Verbotsformel zu verhindern, die in der Tat nur Daten behandelt. Anschließend daran werden die Voraussetzungen vorgesehen, unter denen die Verarbeitung sensitiver Daten zulässig ist. Danach gilt die Einwilligung als einer der Erlaubnistatbestände. In diesem Zusammenhang lässt sich aber fragen, ob die Einwilligung ein wirksames Instrument ist, den Wirkungen und Risiken von Informationen zu begegnen. Das scheint nicht der Fall zu sein: Wird von der Unterscheidung von Informationen und Daten ausgegangen, wird deutlich, dass die Informationen, als Resultat einer Interpretation des Beobachters, nicht einer einzigen Person zugeordnet werden können. Daraus folgt, dass der Betroffene keine faktische Kontrolle über das Resultat einer interpretativen Leistung hat, die erst in der Zukunft erfolgt und durch andere Akteure ohne seine Beteiligung stattfinden wird. Somit liegt auf der Hand, dass die Einwilligung keinen geeigneten Mechanismus darstellt, mit Risiken umzugehen, die sich faktisch abseits des Betroffenen verwirklichen.

# D. Zwischenergebnis

Die Ansätze der Relativität der Privatsphäre und des Verwendungszusammenhangs prägen von Anfang an die Grundkonzeption des privatrechtlichen Datenschutzes[586] und haben zur Entwicklung der drei Grundelemente des Datenschutzes beigetragen: personenbezogene Daten als Schutzgegenstand, Vorfeldsicherung und prozedurale Struktur. Werden die drei prägenden Eigenschaften des Datenschutzrechts betrachtet, kann sogar von einem Modell „Datenvorfeldsicherungsverfahren" gesprochen werden: Grundsätzlich wird jede Verarbeitung personenbezogener Daten zunächst als verboten gesehen, da auch belanglose Daten kombiniert werden können. Die Datenverarbeitung wird dann erst durch eine Einwilligung oder die gesetzlichen Tatbestände erlaubt, was letztendlich die prozedurale Struktur der Rechtmäßigkeit des Datenschutzrechts prägt. Somit wirkt das Datenschutzrecht durchaus als ein Präventionsinstrument: Die Gefährdungen, die aus dem Umgang mit Informationen entstehen können, sind im Vorfeld zu verhindern, damit sie überhaupt nicht eintreten.

Die Erlaubnisformel – die als „Verbot mit Erlaubnisvorbehalt" bekannt ist – und die Zulässigkeitstatbestände leisten einen wichtigen Beitrag für den Datenschutzrechtsrahmen. Als Voraussetzung für die Datenverarbeitung sowie als Verteilung von Informationschancen tragen sie zur Kontextsicherung von Informationen bei und schaffen einen Ausgleich zwischen Informationsverarbeitung und Einflussmöglichkeiten der Betroffenen. Das Problem liegt aber darin, dass sie nicht mehr als die Voraussetzungen der Datenverarbeitung sein können. Sie können weder den Gefährdungen durch Informationen noch den Grenzen der Freiwilligkeit der Zustimmung begegnen. Insoweit ist der Datenschutzrechtsrahmen ergänzungsbedürftig.

---

[586] *Albers*, Informationelle Selbstbestimmung, S. 211; *Vogelgesang*, Grundrecht auf informationelle Selbstbestimmung?, S. 49 ff.; *Simitis*, BDSG, § 1, Rn. 58.

# 6. Kapitel:
# Neujustierung des privatrechtlichen Datenschutzmodells: neue Regelungsansätze zur Berücksichtigung besonderer Gefährdungslagen

Es kann nun untersucht werden, wie das Datenschutzmodell im privaten Bereich zu gestalten ist, um den aktuellen Herausforderungen der auf Informations- und Kommunikationsinfrastrukturen angewiesenen Gesellschaft zu begegnen.

Die Analyse, die oben durchgeführt wurde, hat gezeigt, dass das gegenwärtige Modell zwar wichtige Beiträge zum Schutz des Einzelnen leistet, jedoch auch signifikante Defizite aufweist, was die Rechtmäßigkeit der Informations- und Datenverarbeitung angeht. Vor allem wurde klar, dass die Rechtmäßigkeitskriterien wenig risikoorientiert sind, was zu erheblichen Schwierigkeiten für den wirksamen Schutz des Betroffenen im Rahmen der Informations- und Datenverarbeitung führen kann und letztendlich das Erreichen des Ziels der Datenschutzgesetzgebung erschwert. Der Zweck dieses Kapitels liegt nun darin, besondere Gefährdungslagen des Umgangs Privater mit Daten und Informationen zu identifizieren sowie die entsprechenden Schutzbedürfnisse des Individuums zu analysieren. Danach wird untersucht, ob neue Regelungsansätze entstehen müssen, um diesen Risiken in angemessener Weise begegnen zu können. Schließlich wird ein möglicher Weg dargestellt, nach dem eine doppelte Rechtmäßigkeitsstruktur der Informations- und Datenverarbeitung, die den Risikoansatz und die „traditionellen" Erlaubnistatbestände des Datenschutzes integriert, errichtet werden könnte.

## A. Besondere Gefährdungslagen: Schutzbedürfnisse und neue Regelungsansätze

In den vorherigen Kapiteln wurde gezeigt, dass die Rechtmäßigkeitsvoraussetzungen des Datenschutzes in erster Linie dazu dienen, generelle Erlaubnisse festzustellen und den Kontext des Datenflusses zu sichern, der nach den aktuellen technologischen Möglichkeiten faktisch unbeschränkt ist. Sie sollen darüber hinaus sowohl den Einfluss des Betroffenen auf die Informations- und Datenverarbeitung als auch die Interessen der verarbeitenden Stelle an der Erhebung und Verarbeitung personenbezogener Informationen wahren, solange deren Interessen sich nach der Rechtsordnung als berechtigt erweisen. Obwohl die Gefährdungen, die sich aus dem Umgang mit Daten und Informationen ergeben, von

Anfang der Datenschutzdiskussion an erörtert wurden, wurden sie immer als Begründung für die Notwendigkeit eines generellen datenschutzrechtlichen Rahmens angeführt, ohne dass sie jedoch selbst als Kriterium der Rechtmäßigkeit der Datenverarbeitung herangezogen wurden. Es wurde angenommen, dass allgemeine gesetzliche Tatbestände und prozedurale Sicherungen hinreichend wären, um den Gefährdungen zu begegnen, die mit dem Umgang mit Daten und Information zusammenhängen.

Seit einiger Zeit werden allerdings sowohl in der Wissenschaft[587] als auch in internationalen[588] und politischen Foren[589] die Stimmen immer lauter, die die Unzulänglichkeit eines gefährdungsunabhängigen Datenschutzes betonen. Allerdings ist im Datenschutzschrifttum noch nicht klar, wie der Ansatz des Risikos in das Datenschutzrecht einzubeziehen ist, ohne seine Vorteile als Präventionsinstrument bzw. Vorfeldsicherung zu verlieren.

Die im Folgenden vorgestellten Gefährdungslagen sollen dabei helfen, die Frage nach den Risiken der Datenverarbeitung wieder in den Mittelpunkt des Datenschutzes zu rücken, ohne das Problem der Kontextsicherung zu vernachlässigen. Sie sind als Beispiele bzw. Fallgruppen zu verstehen und es wird nicht

---

587 Statt vieler siehe Bull, Netzpolitik: Freiheit und Rechtsschutz im Internet, Rn. 12: „Es ist Zeit für die Konzentration auf das Wesentliche. Das Datenschutzrecht muss neu justiert werden, indem überflüssige Regeln abgebaut und die tatsächlich relevanten Risiken gezielter bekämpft werden"; vgl. auch *Trute*, Verfassungsrechtliche Grundlagen, Rn. 12 ff.

588 Vgl. die neue Fassung der OECD-Richtlinie über Datenschutz und grenzüberschreitende Ströme personenbezogener Daten, die sich einem Risikoansatz annähert: „Requiring notification for every data security breach, no matter how minor, may impose an undue burden on data controllers and enforcement authorities, for limited corresponding benefit. Additionally, excessive notification to data subjects may cause them to disregard notices. Accordingly, the new provision that has been added to the Guidelines [paragraph 15(c)] *reflects a risk-based approach* to notification" (S. 27).

589 Siehe *Rogall-Grothe*, Datenschutz made in Germany oder made in Europe? Vortrag anlässlich der Berliner Datenschutzrunde, Berlin, 2012. Die Staatssekretärin im Bundesministerium des Innern plädierte in ihrem Vortrag für ein Regelungsmodell, das sich mehr an den Risiken der Datenverarbeitung orientiert: „Wir müssen über ein flexibles Regelungsmodell nachdenken, bei dem wir uns stärker auf die tatsächlichen Gefahren für die Privatsphäre der Betroffenen konzentrieren. Das Modell muss sich technischen Neuerungen schnell anpassen können. Bei Geschäftsmodellen oder Internetdiensten mit hohem Gefahrenpotential müssen schnell wirksame Schutzmechanismen greifen und strenge Regeln und Auflagen gelten. Weniger gefahrgeneigte Alltagsvorgänge sollten demgegenüber nicht unnötig einer ‚datenschutzrechtlichen Bürokratie' unterworfen werden. [...] Wir brauchen daher rechtliche Maßstäbe, um Datenverarbeitungen zu identifizieren, die wir für besonders regelungsbedürftig halten und daher einem strengeren Regime unterstellen. Umgekehrt brauchen wir ein leichteres Regime für Sachverhalte, die wir allgemein für weniger regelungsbedürftig erachten. Wie könnte ein Regelungsmodell aussehen, das sich mehr als bisher an den Risiken der Datenverarbeitungen ausrichtet?".

angestrebt, alle Situationen zu identifizieren, in denen ein besonderes Risiko für den Einzelnen im Rahmen der Datenverarbeitung entstehen kann. Vielmehr wird versucht, anhand zweier häufiger Diskussionsthemen im Datenschutzrecht – Tracking im Internet und Entscheidungen mit nachteiligen Wirkungen – zwei grundlegende Risiken und entsprechende Schutzbedürfnisse der Informations- und Datenverarbeitung zu beleuchten.

## I. Tracking- und Überwachungsinstrumente im Internet und die Gefährdung der Informations- und Kommunikationsfreiheit

Das Internet schafft neue Kommunikations- und Informationsmöglichkeiten für den Einzelnen, aber gerade dadurch entstehen erhebliche Gefährdungen und Herausforderungen für den Freiheitsschutz des Individuums. Hier soll nun das Tracking- und Überwachungspotenzial von informationstechnischen Systemen durch private Stellen näher betrachtet werden.

### 1. Abgrenzung der Gefährdungslage

Das Internet erweist sich gegenwärtig als ein sozialer Raum, in dem das Individuum eine Vielfalt von Freiheitsrechten ausüben kann, sei es die Kommunikations- und Informationsfreiheit, sei es die Versammlungs- und Berufsfreiheit oder die Meinungsfreiheit.[590] Die dem Internet zugrunde liegende technologische Infrastruktur wird aber nicht durch den Staat, sondern durch private Stellen betrieben. Insofern besteht für den Staat die Pflicht, die Funktionsfähigkeit dieser Infrastruktur zu gewährleisten.[591] Tracking- und Überwachungsinstrumente im Internet gefährden in hohem Maße das Vertrauen des Einzelnen in die Funktionsfähigkeit der Kommunikations- und Informationsstrukturen und bedrohen folglich die Ausübung der Freiheitsrechte in der digitalen Welt. Untersuchungsgegenstand dieses Abschnitts sind das Tracking und die Beobachtung der informationstechnischen Geräte des Nutzers, also z. B., Computer, Handy oder Tablet, auf die er angewiesen ist, um seine freie Entfaltung im Internet überhaupt ausüben zu können.

---

590 *Nissenbaum*, Privacy in Context, S. 197; *Hoffmann-Riem*, AöR 137 (2012), 509, 511.
591 *Hoffmann-Riem*, AöR 134 (2009), 513, 536, *Gusy*, DuD 1 (2009), 33, 37.

## 2. Schutzbedürfnisse: Intransparenz, Kontrollverlust und flächendeckende Überwachung

Tracking-Instrumente spielen eine große Rolle in der Internetwirtschaft, da Informationen über Gewohnheiten, Vorlieben und Verhalten des Nutzers einen besonderen Wert in der digitalen Welt erhalten: Sie können z. B. dazu dienen, personalisierte Werbung zu gestalten, Preise zu diskriminieren und kommerzielle Profile für verschiedene Zwecke herzustellen.[592] Ein großer Teil der Online-Dienste wird sogar ausschließlich durch den Verkauf von Werbung finanziert, die sich am Verhalten des Internetnutzers orientiert.

Diese Werbung ist unter dem Begriff *behavioural advertising* oder *behavioural targeting* bekannt und wird durch die europäische Datenschutzarbeitsgruppe wie folgt definiert: „Unter Werbung auf Basis von Behavioural Targeting versteht man Werbung, die auf der Beobachtung des Verhaltens von Personen über einen Zeitraum hinweg basiert. Werbung auf Basis von Behavioural Targeting versucht, die Charakteristika dieses Verhaltens durch die Handlungen (wiederholte Besuche von Websites, Interaktionen, Schlüsselwörter, Produktion von Online-Inhalten usw.) zu untersuchen, um ein konkretes Profil zu erstellen und den betroffenen Personen dann Werbung zu senden, die auf ihre aus den Daten erschlossenen Interessen zugeschnitten ist."[593]

Diese Art von Werbung unterscheidet sich deshalb von der kontextbezogenen und der segmentierten Werbung, weil sie ein erhöhtes Überwachungsrisiko des Internetnutzers mit sich bringt: Eine in diesem Maße personalisierte Werbung kann nur dadurch entstehen, dass ein detailliertes Profil des Nutzers durch eine umfassende Beobachtung seines Online-Verhaltens hergestellt wird.[594] Was also die Gefährdungen des Freiheits- und Persönlichkeitsschutzes angeht, fällt insofern bei diesen Praktiken der digitalen Welt deren Überwachungspotenzial viel stärker auf als Fragen hinsichtlich der Werbung selbst.

Die Praktiken des *behavioural advertising* lassen sich in zwei Arten unterteilen, je nachdem, wer den Nutzen aus der Webseite verfolgt, das heißt, wer das Tracking ausübt. Das Tracking kann zum einen von dem Betreiber einer Webseite selbst durchgeführt werden, um die Wiedererkennung des Besuchs und die Beobachtung des Verhaltens des Nutzers auf der eigenen Webseite zu ermöglichen;

---

592 *Clement* und *Schreiber*, Internet-Ökonomie, S. 287 ff. Vgl. auch *ENISA*, Privacy Considerations of Online Behavioural Tracking, Oktober 2012, S. 4; abrufbar unter: http://www.enisa.europa.eu/ activities/identity-and-trust/library/deliverables/privacy-considerations-of-online-behavioural-tracking.
593 *Art. 29 Data Protection Working Party*, Stellungnahme 02/2010 zur Werbung auf Basis von Behavioural Targeting, 22. Juni 2010, S. 5.
594 Ebd.

dies wird *First-Party-Tracking* genannt. Zum anderen kann das Tracking durch Werbenetzwerke betrieben werden, die den Nutzer durch verschiedene Webseiten – kraft eines Kooperationsverhältnisses mit den Betreibern der Webseiten – verfolgen.[595] Diese Praktik wird als *Third-Party-Tracking* bezeichnet.[596]

Beide Arten von Tracking setzen den Zugriff auf Informationen zum Surf-Verhalten des Nutzers voraus; bei den Werbenetzwerken fällt aber auf, dass die Gefährdungslage noch bedeutender ist, weil die Überwachungsmaßnahme nahezu flächendeckend[597] sein kann und dadurch umfassende Profile erstellt werden können. Aus diesem Grund hat die Federal Trade Commission in den USA festgestellt, dass die Praktik des *First-Party-Behavioural-Tracking* den Erwartungen des Nutzers eher entsprechen mag und weniger Schaden als die des *Third-Party-Tracking* anrichtet.[598] Was die Herstellung umfassender Nutzerprofile durch die Werbenetzwerke angeht, sind die Selbstschutzmöglichkeiten des Nutzers gering. Zum einen ist das Werbenetzwerk zu intransparent: Der Nutzer kann nicht erkennen, welche Unternehmen bzw. Webseiten an einem Werbenetzwerk teilnehmen. Zum anderen ist es fast unmöglich, von diesem Werbenetzwerk nicht erfasst zu werden und sich vor der Überwachung zu schützen. Wie von bestimmten Studien und Untersuchungen beschrieben worden ist, beinhalten die Optionen des Opt-Outs von den meisten Werbenetzwerken nicht die Möglichkeit, nicht verfolgt zu werden, sondern nur die Möglichkeit, keine personalisierte Werbung zu bekommen.[599] Das heißt, dass man nur aus dem *Targeting* aussteigen kann, aber nicht aus dem *Tracking*. Angesichts der Schwierigkeiten für den Einzelnen, sich davor zu bewahren, steigen die Risiken für seinen Freiheits- und Persönlichkeitsschutz in erheblicher Weise.

---

**595** Ebd., S. 7. So erklärt die Datenschutzarbeitsgruppe, wie ein Werbenetzwerk funktioniert: „Solche wiederholten Besuche ermöglichen es dem Betreiber des Werbenetzwerks, ein Profil des Besuchers zu erstellen, das dann zum Einblenden personalisierter Werbung verwendet wird. Da diese Tracking-Cookies von einer anderen Partei als dem Webserver platziert werden, der den Hauptinhalt der Webseite darstellt (d. h. dem Anbieter von Online-Inhalten) werden sie häufig als ‚Third-Party-Cookies' bezeichnet".

**596** *Eckersley*, How Online Tracking Companies Know Most of What You Do Online (and What Social Networks Are Doing to Help Them), Electronic Frontier Foundation, 21. September 2009, abrufbar unter: https://www.eff.org/deeplinks/2009/09/online-trackers-and-social-networks.

**597** Das Werbenetzwerk, das von Google betrieben wird, umfasst nach Angaben des Unternehmens 89 % der Internetnutzer in Deutschland. Dazu *Elixmann*, Datenschutz und Suchmaschinen, S. 54 ff.

**598** *Federal Trade Commission*, FTC Staff Report: Self-Regulatory Principles For Online Behavioral Advertising, Februar 2009, S. iii, abrufbar unter: http://www.ftc.gov/os/2009/02/P085400behavadreport.pdf.

**599** *ENISA*, Privacy Considerations of Online Behavioural Tracking, Oktober 2012, S. 20.

Verschiedene Tracking-Technologien dienen zur Erhebung der Informationen und zur Beobachtung des Surf-Verhaltens des Nutzers, wie z. B. Tracking-Cookies, *Javascript*, *Fingerprinting* und *Deep Packet Inspection*.[600] Sie können nach Art der Anwendung und Tiefe des Eingriffs variieren, kennzeichnen sich aber insgesamt dadurch, dass sie sich Zugriff auf Informationen vom Browser sowie vom Endgerät des Internetnutzers verschaffen[601], und zwar in einer für den Nutzer nahezu unbemerkbaren Weise.[602]

Sehr üblich ist die Anwendung von Tracking-Cookies. Das sind kleine Text-Dateien, die auf dem Endgerät des Nutzers durch den Betreiber der Internetseite platziert werden und immer wieder abgerufen werden können.[603] Sie können eine Vielfalt von Informationen speichern, je nach dem Interesse des Betreibers der Webseite: die Identifikationsnummer des Nutzers, die besuchten Seiten, die geklickte Werbung etc.[604] Zwar können Cookies auch nur kurzzeitig programmiert werden, vor allem wenn sie der Speicherung der Nutzerpräferenzen und der Passworte für eine bestimmte Website dienen (*Session Cookies*).[605] Solche Cookies, die das Tracking bezwecken, sind aber normalerweise dauerhaft oder sehr langfristig eingestellt (*Permanent Cookies*). Das heißt, dass sie solange bestehen, bis sie manuell gelöscht werden oder bis ihre Frist abläuft.

Die Browser-Einstellungen können dazu beitragen, dem Nutzer das Steuern der Cookies zu ermöglichen und Third-Party-Cookies zu blockieren, es sei denn, es geht um Flash-Cookies, die diese Einstellungen umgehen können.[606] Flash-Cookies sind eine Art „Super-Cookies", die eine hochentwickelte Tracking-Techno-

---

**600** Ebd., S. 6; *Art. 29 Data Protection Working Party*, Stellungnahme 02/2010 zur Werbung auf Basis von Behavioural Targeting, S. 6.

**601** *Art. 29 Data Protection Working Party*, Stellungnahme 02/2010 zur Werbung auf Basis von Behavioural Targeting, S. 6.

**602** Dass die Tracking-Technologien ohne Kenntnis der Person agieren, ist fast ein Gemeinplatz in der Literatur und in den Berichten der Behörden. Siehe *Hoffmann-Riem*, JZ 21 (2008), 1009, 1016; *Sachs*, Marketing, Datenschutz und das Internet, S. 41 ff.; *Elixmann*, Datenschutz und Suchmaschinen, S. 48, der behauptet: „Problematisch an dem Einsatz der Cookie-Technik ist, dass das Ablegen und Auslesen des Cookies je nach Browsereinstellung des Nutzers unbemerkt abläuft". Vgl. auch *Federal Trade Commission*, FTC Staff Report: Self-Regulatory Principles For Online Behavioral Advertising, S. 2: „The practice, which is typically invisible to consumers, allows businesses to align their ads more closely to the inferred interests of their audience".

**603** *Art. 29 Data Protection Working Party*, Working Document 5063/00/EN/FINAL WP 37: Privacy on the Internet – An integrated EU Approach for Online Data Protection, 21. November 2000, S. 16.

**604** Ebd.

**605** *Sachs*, Marketing, Datenschutz und das Internet, S. 42; *ENISA*, Privacy considerations of online behavioral tracking, S. 6.

**606** *Art. 29 Data Protection Working Party*, Stellungnahme 02/2010 zur Werbung auf Basis von Behavioural Targeting, S. 7.

logie darstellen, da sie nicht in dem Kontrollbereich des Browsers gespeichert werden und deswegen durch sein Interface nicht erkannt und gesteuert werden können; darüber hinaus haben diese Cookies kein Ablaufdatum.[607] Es wurde berichtet, dass einige Internetseiten beide Arten von Cookies mit redundanter Datenspeicherung benutzen – HTTP- und Flash-Cookies –, um die Löschung der normalen Cookies zu umgehen.[608]

Was den Personenbezug von Cookies angeht, ist er zwar nicht immer gegeben, kann aber in den meisten Fällen ohne großen Aufwand hergestellt werden.[609] Um die meisten Funktionen zu erfüllen, bräuchten die Cookies nur eine Indexnummer, die das Endgerät für den Zweck des Abrufens der Informationen identifizieren würde[610], ohne dass eine Personalisierung durchgeführt werden müsste. Dennoch zeigt sich in der Praxis, dass die Personalisierung der in den Cookies gespeicherten Informationen immer häufiger vorgenommen wird, um kommerzielle Profile zu erstellen. Die Identifizierungsmerkmale des Nutzers können mit den gespeicherten Informationen der Cookies verknüpft werden, indem z. B. die Anmeldung bei Online-Diensten angefordert wird.[611] Diese Anmeldung, die in sozialen Netzwerken, Kommunikationsdiensten durch IP und E-Mail-Diensten seit Langem gefordert wird, wird jetzt zunehmend durch andere Online-Dienstanbieter verlangt, wie

---

**607** *Schoen*, New Cookie Technologies: Harder to See and Remove, Widely Used to Track You, Electronic Frontier Foundation (EFF), 14. September 2009, abrufbar unter: https://www.eff.org/deeplinks/2009/09/new-cookie-technologies-harder-see-and-remove-wide.

**608** *ENISA*, Privacy considerations of online behavioral tracking, S. 7. So beschreibt ein Bericht von ENISA die *Super-Cookies:* „One of the most prominent supercookies is the so-called ‚Flash cookie', a type of cookie maintained by the Adobe Flash plugin on behalf of Flash applications embedded in web pages [Scho2009]. Since these cookie files are stored outside of the browser's control, web browsers did not traditionally provide an interface to view, manage and delete these cookies. In particular, users are not notified when such cookies are set, and these cookies never expire. Flash cookies can track users in all the ways traditional HTTP cookies do, and they can be stored or retrieved whenever a user accesses a page containing a Flash application. Flash cookies are extensively used by popular sites. They are often used to circumvent users' HTTP cookie policies and privacy preferences. For example, it was found that some sites use HTTP and Flash cookies that contain redundant information. Since flash cookies do not expire, sites might automatically re-spawn HTTP cookies from Flash ones if they are deleted. The persistence of supercookies can be further improved. This new type of cookie, called *evercookie*, is a combination of various tracking mechanisms, each reinforcing the others, and is able to identify a client even when standard cookies and Flash cookies have been removed."

**609** *Sachs*, Marketing, Datenschutz und das Internet, S. 43.

**610** *Art. 29 Data Protection Working Party*, Working Document 5063/00/EN/FINAL WP 37: Privacy on the Internet – An integrated EU Approach for Online Data Protection, S. 16; *Koch*, Internet-Recht, S. 935.

**611** *Federal Trade Commission*, FTC Staff Report: Self-Regulatory Principles For Online Behavioral Advertising, S. 2.

z. B. bei den Sign-In-Diensten von Google und Microsoft.[612] Auch wenn Anonymisierungs- oder Pseudonymisierungsmaßnahmen vorgenommen worden sind, garantieren sie nicht mit Sicherheit, dass die Informationen keinen Personenbezug mehr aufweisen; gegenwärtig gibt es immer mehr Mechanismen zur De-Anonymisierung, die die Identifizierung des Nutzers wieder ermöglichen.[613]

Daher erscheinen die Möglichkeiten zur Personalisierung der Informationen von Cookies eher die Regel als die Ausnahme zu sein. Daraus ergibt sich also, dass Informationen, die zunächst keinen Personenbezug aufweisen, sich ohne großen Aufwand als personenbeziehbar erweisen können.[614] Aufgrund dessen wird die Beschränkung des Datenschutzes auf das Konzept der personenbezogenen Daten immer häufiger infrage gestellt, besonders was den Zugriff auf informationstechnische Systeme und die Überwachung des Nutzerverhaltens im Internet betrifft.[615]

Unter Tracking-Technologien sind auch *Javascript*-Programme vorhanden, die beim Besuch der Webseite auf das Gerät des Internetnutzers heruntergeladen werden. Dadurch können Cookies aktualisiert und Informationen zum Server übermittelt werden.[616] *Javascript*-Dateien ermöglichen den Zugang zu den im Browser gespeicherten Informationen, wie den besuchten Links und „*cached objects*"[617]. Der Zugang zu Informationen ist also durch diese Technik beschränkt; sie kann aber trotzdem einen aussagekräftigen Blick auf das Verhalten des Nutzers gestatten. Die Beobachtung des Nutzerverhaltens kann auch durch das ganz normale Abrufen einer Webseite erfolgen, indem Informationen über IP-Adresse, Browser, aktuelle und vorherige Webseite (URL) und Sprach-Präferenz gesammelt werden.[618]

Darüber hinaus gibt es das „*Browser Fingerprinting*", nach dem die Erhebung von Informationen auch ohne Cookies und Tracking-Technologien ermöglicht wird.[619] Dabei handelt es sich um den Zugang zu verschiedenen Informationen, die sich aus dem Webbrowser ergeben. Diese sind zwar allein nicht aussagekräftig, können zusammen mit anderen Angaben jedoch aufschlussreiche Auskünfte über

---

612 *Elixmann*, Datenschutz und Suchmaschinen, S. 48 ff.
613 *ENISA*, Privacy considerations of online behavioral tracking, S. 10 ff.; zu detaillierten „Re-Identification-Techniken" siehe *Elixmann*, Datenschutz und Suchmaschinen, S. 213 ff.
614 Siehe *Narayanan*, There is no such thing as anonymous online tracking, The Center for Internet and Society (CIS), 28. Juli 2011, abrufbar unter: http://cyberlaw.stanford.edu/node/6701.
615 Dazu BVerfGE 120, 274, Online-Durchsuchungen; *Elixmann*, Datenschutz und Suchmaschinen, S. 226.
616 *ENISA*, Privacy considerations of online behavioral tracking, S. 6 ff.
617 Ebd., S. 7.
618 Ebd.
619 Ebd.

den Nutzer erteilen. In Kombination mit Cookies und der IP-Adresse erweist sich das „*Browser Fingerprinting*" als ein wirksamer Tracking-Mechanismus, vor allem weil er unbemerkt erfolgt.[620]

Zur Illustration sei ein Fall aus den USA geschildert: Epic Marketplace, ein auf personalisierte Werbung spezialisiertes Unternehmen, wurde von der *Federal Trade Commission* wegen Tracking des Webbrowsers der Internetnutzer verklagt.[621] Laut der amerikanischen Behörde habe das Unternehmen unzählige Kunden getäuscht, indem es sich Zugriff auf Informationen aus deren Browsern entgegen der eigenen Datenschutzerklärung verschaffte. Darüber hinaus habe Epic sensible Informationen erhoben, wie Gesundheits- und Finanzdaten, um die Kunden in bestimmte Kategorien zuzuordnen und personalisierte Werbung anzubieten. Die Praktik wurde *History-Sniffling* genannt, da das Unternehmen eine Technik anwendete, mittels der in der im Browser gespeicherten Chronik der besuchten Webseiten „geschnüffelt" wurde. Im Jahr 2012 haben Epic und die *Federal Trade Commission* eine Vereinbarung (*Consent Order*) unterschrieben, in der die Fortsetzung des *History-Sniffling* untersagt und die Vernichtung aller erhobenen Informationen vorgesehen wird.[622] Der Fall ist deshalb berücksichtigungswürdig, weil die *Federal Trade Commission* die Praktik endgültig für unzulässig hielt, anders als in den Fällen, in denen die Vereinbarung einfach darauf hinwies, dass die Praktik unter bestimmten Bedingungen fortgesetzt werden könnte.[623]

Die Tracking-Möglichkeiten sind noch bedeutsamer geworden, seit das Mobile-Computing[624] in das Zentrum der Datenverarbeitung rückt.[625] Kleine Geräte, wie *Smartphones* und *Tablets*, werden heute von nahezu jedem benutzt und ermöglichen die ständige Erhebung der Daten über die Lokalisierung des Nutzers. Aufgrund der Mobilität dieser Geräte hinterlässt deren Besitzer unendlich viele Spuren bezüglich seiner Ortsbestimmung, die teilweise für die Leistung des Telefondienstes selbst unerlässlich sind, aber teilweise auch dadurch erhoben

---

**620** Diese Technik ermöglicht die Erkennung eines Browsers unter 290.000 anderen. Dazu siehe ebd.

**621** *Federal Trade Commission*, Complaint – History Sniffling., S. 2 ff., abrufbar unter: http://ftc. gov/os/caselist/1123182/130315epicmarketplacecmpt.pdf.

**622** *Federal Trade Commission*, Consent Order – History Sniffling., S. 3, abrufbar unter: http:// www.ftc.gov/os/caselist/1123182/121205epicorder.pdf.

**623** Siehe Federal *Trade Commission und Sears Holding Management Corporation*, Consent Order – Tracking Application, 31. August 2009, S. 4 ff., abrufbar unter: http://www.ftc.gov/os/caselist/ 0823099/090604searsagreement.pdf.

**624** *ENISA*, Privacy considerations of online behavioral tracking, S. 9.

**625** Siehe *Buchner*, Informationelle Selbstbestimmung, S. 161 ff.

werden, dass der Nutzer das GPS anschaltet, um bestimmte Dienstleistungen benutzen zu können, wie z. B. Google Maps.

Einen schweren Eingriff stellt die Technik der *Deep Packet Inspection* dar, die die Überwachung von Datenpaketen und die inhaltliche Auswertung von Informationen im Internet ermöglicht. Der Zugriff durch diese Technologie ist noch gravierender als bei den oben analysierten Techniken, da sich durch die *Deep Packet Inspection* sogar verschlüsselte Operationen ausspähen lassen, wie E-Mails, IP-Telefonie und *Online-Banking*. Nach Feststellung der OECD ist diese Technik in der Lage, „in die Inhalte von Online-Nachrichten ‚hinein zu schauen‘".[626]

Die *Deep Packet Inspection* wird häufig durch den Internetdienstanbieter angewendet, um den Internetverkehr zu überprüfen und zu verwalten, kann aber gleichzeitig für die Überwachung der Telekommunikation und des Datenverkehrs benutzt werden. [627] Somit steigt das Risiko für den Nutzer in erheblicher Weise: Dadurch, dass der Internetdienstanbieter den technischen Zugang zum Internet verschafft, ist er in der Lage, das ganze Surf-Verhalten des Nutzers zu überwachen. Genau diese Sorge hat die europäische Arbeitsgruppe zum Datenschutz in ihrer Stellungnahme zu *behavioural advertising* geäußert, als sie das Kooperationsverhältnis zwischen Werbenetzwerken und Internetdienstanbietern analysiert hat. Die Arbeitsgruppe betonte, dass diese Praktik von den Aktivitäten der normalen Werbenetzwerke abweiche, da sie den Zugang zum Browser und daher zum gesamten Web-Verkehr eines Nutzers ermögliche, während in der Regel die Tracking-Techniken nur „einen Teil des Internet-Surf-Verhaltens der betroffenen Person überwachen".[628] Aus diesem Grund stellte die Arbeitsgruppe fest, dass diese Anwendung „ernsthafte rechtliche Fragestellungen aufwirft, die über die Verarbeitung personenbezogener Daten hinausgehen"[629], und demgemäß auch nicht in den Geltungsbereich der Stellungnahme zu *behavioural advertising* fällt. So wird erkennbar, dass die herkömmlichen Datenschutzinstrumente nur in beschränkter Weise mit dem Problem der flächendeckenden Überwachung umgehen können.

---

**626** Laut dem Bericht der OECD: „Deep packet inspection, ostensibly used for managing internet traffic, has the potential to be used for tracking individuals for advertising purposes, for example, because it has the ability to ‚look into‘ the content of messages sent over the Internet.". *Organization for Economic Co-operation and Development (OECD)*, The Evolving Privacy Landscape: Thirty Years after the OECD Privacy Guidelines, 2011, S. 41, abrufbar unter: http://www.oecd.org/sti/ieconomy/49710223.pdf.
**627** *Collins*, Georgia Law Review 44 (2010), 545, 558.
**628** *Art. 29 Data Protection Working Party*, Stellungnahme 02/2010 zur Werbung auf Basis von Behavioural Targeting, S. 8.
**629** Ebd.

In der Stellungnahme der Datenschutzgruppe wird die Firma *Phorm* erwähnt, die dadurch bekannt wurde, dass sie *Deep Packet Inspection* im Rahmen der Kooperation mit Internetdienstanbietern anwendet, um personalisierte Werbung zu schalten.[630] Im Jahr 2008 ist berichtet worden, dass die *British Telecom* zusammen mit *Phorm* den Internet-Verkehr eines Großteils ihrer Kunden heimlich ausgespäht hat, um *behavioural advertising* zu liefern.[631] Nachdem die Europäische Kommission eine Beschwerde gegen diese Praktik erhielt, hat sie ein Ermittlungsverfahren begonnen, um die Umsetzung der Vertraulichkeitsnormen durch Großbritannien zu überprüfen; im Jahr 2011 wurde das Verfahren aber mit Feststellung angemessener Umsetzung abgeschlossen.[632]

Schon die Anwendung der Technik der *Deep Packet Inspection* selbst ist ein umstrittenes Thema. Ende 2012 wurde im Rahmen der Konferenz der Internationalen Fernmeldeunion (ITU[633]) ein Standard (Y.2770) für diese Technologie geschaffen, der für große Aufregung gesorgt hat: Laut vielen Berichten wurde der Standard nicht hinreichend diskutiert und nicht mit genügend Transparenz abgestimmt.[634] Die deutsche Delegation hat sich gegen den Standard gewandt, da die Technik viele Fragen hinsichtlich der Vertraulichkeit der Internetkommunikation aufwerfe; nach deren Stellungnahme sollte die ITU keine Standardisierung vornehmen, die die Kontrolle und die Überwachung des Internetverkehrs und der Kommunikationsinhalte erhöht[635]. Der Standard ist keine verbindliche Norm, legitimiert aber trotzdem die Anwendung dieser Technologie und geht deshalb in die gegensätzliche Richtung, die von der Internationalen Fernmeldeunion zu erhoffen wäre: Statt Schutzmaßnahmen für die Privatheit und Vertraulichkeit der Internetkommunikation vorauszusetzen und angemessene Bedingungen für die Anwendung der Techniken festzulegen, schafft dieser Standard Anreize für die

---

**630** Siehe ebd., Fn. 14 und S. 8 In der Stellungnahme wird nichts Näheres erwähnt, da „der Artikel-29-Arbeitsgruppe [...] keine derzeitige Anwendung dieser Technologie in der EU bekannt [ist]". Zu Phorm siehe auch Saul Hansell, „Phorm's All-Seeing Parasite Cookie", *The New York Times – Bits*, 4. Juli 2008, abrufbar unter: http://bits.blogs.nytimes.com/2008/04/07/phorms-all-seeing-parasite-cookie/?_r=0.

**631** *Kosta*, Consent in European data protection law, S. 288.

**632** Ebd.

**633** ITU steht für International Telecommunication Union und ist eine UNO-Organisation. Siehe deren Webseite: „International Telecommunication Union", zugegriffen am 21. November 2013, http://www.itu.int/en/Pages/default.aspx.

**634** Zum Thema siehe *Cooper* und *Llansó*, Adoption of Traffic Sniffing Standard Fans WCIT Flames, Center for Democracy & Technology, 28. November 2012, abrufbar unter: https://www.cdt.org/blogs/cdt/2811adoption-traffic-sniffing-standard-fans-wcit-flames.

**635** Siehe German Position on draft new Recommendation ITU-T Y.2770., http://www.network world.com/news/2012/112912-itu-packet-inspection-standard-raises-264654.html.

Überwachung des Internetverkehrs, und zwar sogar von den Inhalten, die mit Kryptographie geschützt sind.[636]

### 3. Gegenwärtiger Rechtsrahmen und Schutzlücken

Nachdem die Schutzbedürfnisse des Einzelnen hinsichtlich der Überwachung informationstechnischer Systeme identifiziert wurden, muss nun analysiert werden, wie der gegenwärtige deutsche und europäische Rechtsrahmen damit umgeht.

Die Zulässigkeit von Tracking- und Überwachungsinstrumenten im privaten Bereich wird in der deutschen Rechtsordnung durch diverse Normen bestimmt: Das TKG, das TMG und das BDSG können je nach Sachlage Anwendung finden. Die vielfältigen Normen mögen zwar das Erkennen der Rechtslage für die verantwortliche Stelle und den Betroffenen erschweren; das Problem wird aber dadurch verringert, dass die Einwilligung sich als generelle Grundlage für die Erhebung, Verarbeitung und Übermittlung personenbezogener Informationen erweist, insbesondere wenn es um Tracking und Beobachtung des Nutzerverhaltens im Internet geht.[637]

Sowohl im BDSG als auch im TMG bildet die Einwilligung eine umfassende Erlaubnisgrundlage für jede Art der Datenverarbeitung. Das TMG wiederholt die Erlaubnisformel des BDSG, indem es festlegt: Der „Dienstanbieter darf personenbezogene Daten zur Bereitstellung von Telemedien nur erheben und verwenden, soweit dieses Gesetz oder eine andere Rechtsvorschrift, die sich ausdrücklich auf Telemedien bezieht, es erlaubt oder der Nutzer eingewilligt hat" (§ 12 Abs. 1 BDSG). Dadurch, dass es keine Grenze für bestimmte Arten von Datenverarbeitung setzt, kann davon ausgegangen werden, dass die Einwilligung als grundlegender Tatbestand für sämtliche Verwendungen personenbezogener Daten im Anwendungsbereich des TMG gilt, also für alle elektronischen Informations- und Kommunikationsdienste, die sich nicht als Telekommunikationsdienste und Rundfunk erweisen (§ 1 Abs. 1 TMG).

Das TKG hingegen scheint einen anderen Weg gewählt zu haben, da es die Datenverarbeitung auf Basis der Einwilligung nur für bestimmte Zwecke und für die nötige Frist zulässt.[638] Laut § 96 Abs. 1 TKG können Verkehrsdaten, „zum Zwecke der Vermarktung von Telekommunikationsdiensten, zur bedarfsgerechten Gestaltung von Telekommunikationsdiensten oder zur Bereitstellung von Diens-

---

**636** *Cooper* und *Llansó*, Adoption of Traffic Sniffing Standard Fans WCIT Flames, Center for Democracy & Technology, 28. November 2012.
**637** *Buchner*, Informationelle Selbstbestimmung, S. 163 ff.
**638** Ebd., S. 164.

ten mit Zusatznutzen" verwendet werden, solange der Betroffene eingewilligt hat, und nur „im dazu erforderlichen Maß und im dazu erforderlichen Zeitraum". Das Gesetz setzt noch engere Grenzen für die Verwendung von Standortdaten: Nach § 98 TKG können Standortdaten anhand der Einwilligung nur im für die „Bereitstellung von Diensten mit Zusatznutzen erforderlichen Umfang und innerhalb des dafür erforderlichen Zeitraums" verarbeitet werden.

Daraus folgt, dass die Telekommunikationsdienste einer strikteren Verarbeitungsregelung als die Informations- und Kommunikationsdienste unterworfen sind. So ist es relevant für die Rechtsanwendung, eine klare Abgrenzung zwischen Telemedien- und Telekommunikationsdiensten zu ziehen. Telekommunikation ist die Übertragung von optischen oder elektromagnetischen Signalen durch fernmeldetechnische Mittel, wie E-Mail (in ihrer Übermittlungsfunktion), reiner Internet-Zugang, IP-Nummern und Voice-over-IP-Telefonie.[639] Telemediendienste sind Dienste, die mittels Telekommunikation angeboten werden, das heißt alle elektronischen Informations- und Kommunikationsdienste, soweit sie nicht unter die Definition des Telekommunikationsdienstes nach TKG fallen. Das sind also Dienste, die im Internet angeboten werden, wie Suchmaschinen, soziale Netzwerke und die Anwendungsebene von E-Mails.[640] Erweist sich ein Telemediendienst überwiegend als Übertragung von Signalen, dann ist er grundsätzlich dem TKG unterworfen und das TMG findet nur beschränkt Anwendung, so wie es in § 11 Abs. 3 TMG vorgeschrieben wird.[641]

Obwohl die strikte Regelung des TKG durch einen Teil der Literatur kritisiert wird[642], scheint sie doch angemessen zu sein: Einerseits muss das grundrechtliche Fernmeldegeheimnis auch mittelbar gegenüber Privaten gewährleistet werden, jedenfalls in Anbetracht der Tatsache, dass die Informations- und Kommunikationsdienste heutzutage fast ausschließlich durch private Unternehmen betrieben werden. Andererseits trägt die Regel der Sachlage Rechnung, dass der Einzelne auf

---

639 *Jenny*, BDSG, TKG, § 91, Rn. 9 ff.

640 Ebd., TKG, § 91, Rn. 11.

641 Ebd., TKG, § 91, Rn. 10.

642 Siehe z. B. *Buchner*, Informationelle Selbstbestimmung, S. 164. So lautet Buchners Kritik: „Ob eine solche Einschränkung individueller Selbstbestimmung tatsächlich die Absicht des Gesetzgebers war, ist zumindest zweifelhaft. Selbst wenn manchen Formen der Datenverarbeitung, insbesondere der Erstellung von Kommunikations- und Bewegungsprofilen, eine besondere datenschutzrechtliche Sensitivität zukommt, ist nur schwer nachvollziehbar, weshalb diese Datenverarbeitung strengeren rechtlichen Rahmenbedingungen unterworfen sein sollte als die gleichermaßen sensitiven Nutzungsprofile im Rahmen des Tele- und Mediendienstbereichs. [...] Im Endeffekt kann es jedoch wiederum nur der Entscheidung des einzelnen Betroffenen überlassen bleiben, ob er die datenschutzrechtlichen Risiken des M-Commerce um seiner Vorteile willen in Kauf nehmen möchte oder nicht".

die Kommunikationsmittel angewiesen ist, um überhaupt kommunizieren zu können. In einem Zusammenhang, in dem so viele Faktoren die Freiwilligkeit der individuellen Entscheidung infrage stellen[643], ist zu bezweifeln, dass die allgemeine Erlaubnisgrundlage der Einwilligung ausreichend ist, um den Freiheits- und Persönlichkeitsschutz des Einzelnen zu gewährleisten. So fragt etwa Buchner zu Recht, warum ähnliche Dienste durch unterschiedliche Normen geregelt sind.[644] Werden aber die Risiken der Datenverarbeitung für den Betroffenen in den Mittelpunkt der Debatte gerückt, scheint die Lösung zur Vereinheitlichung der Rechtslage eher in der Verschärfung der Regelungen des TMG als in der Lockerung des TKG zu liegen.

Im europäischen Rechtsrahmen sieht die Lage etwas anders aus: Tracking- und Überwachungsmaßnahmen im Internet werden durch die Datenschutzrichtlinie für elektronische Kommunikation (Richtlinie 2002/58/EG) geregelt, die sowohl Telekommunikations- als auch Telemediendienste umfasst.[645] Der Richtlinie liegt die Idee zugrunde, dass der Schutz der Privatsphäre des Nutzers unabhängig von der Technologie und dem technischen Mittel gleichrangig sicherzustellen sei; wegen der technologischen Entwicklung muss nun das Datenschutzrecht auch die Informations- und Kommunikationsdienste im Internet umfassen und darf sich nicht nur auf Telekommunikationsdienste beschränken.[646]

Art. 5 der Richtlinie 2002/58/EG beschäftigt sich mit der Vertraulichkeit der elektronischen Kommunikation und wurde durch die Richtlinie 2009/136/EG novelliert.[647] Auf die Tracking- und Überwachungsmaßnahmen ist Art. 5 Abs. 3 RL 2002/58/EG anwendbar, der „die Speicherung von Informationen oder den Zugriff auf Informationen, die bereits im Endgerät eines Teilnehmers oder Nutzers gespeichert sind", regelt. Die Norm legt die Bedingungen fest, wonach Speicherung und Zugriff zulässig sind: Der Nutzer muss seine Einwilligung erteilt haben, nachdem er ausführlich über deren Inhalt und Reichweite informiert wurde.[648]

---

643 Dazu siehe Kapitel 3.

644 *Buchner*, Informationelle Selbstbestimmung, S. 164.

645 *Elixmann*, Datenschutz und Suchmaschinen, S. 232 ff.

646 Siehe Erwägungsgrund 4, Richtlinie 2002/58/EG.

647 Die neue Regelung wurde seit Januar 2013 in allen EU-Staaten umgesetzt. So *Art. 29 Data Protection Working Party*, Working Document 02/2013 providing guidance on obtaining consent for cookies, 10. Februar 2013, S. 2.

648 Artikel 5 Absatz 3 der Richtlinie 2002/136/EG hat durch die Novellierung folgende Fassung erhalten: „Die Mitgliedstaaten stellen sicher, dass die Speicherung von Informationen oder der Zugriff auf Informationen, die bereits im Endgerät eines Teilnehmers oder Nutzers gespeichert sind, nur gestattet ist, wenn der betreffende Teilnehmer oder Nutzer auf der Grundlage von klaren und umfassenden Informationen, die er gemäß der Richtlinie 95/46/EG u. a. über die Zwecke der

Dieser Opt-In-Ansatz wurde durch die Novellierung im Jahr 2009 eingeführt und hat die frühere Konzeption ersetzt, die lediglich verlangte, dass der Nutzer über die Speicherung informiert wurde und die Maßnahme widerrufen konnte.

Die Erforderlichkeit der Einwilligung entfällt nur „wenn der alleinige Zweck [der Speicherung] die Durchführung der Übertragung einer Nachricht über ein elektronisches Kommunikationsnetz ist oder wenn dies unbedingt erforderlich ist, damit der Anbieter eines Dienstes der Informationsgesellschaft, der vom Teilnehmer oder Nutzer ausdrücklich gewünscht wurde, diesen Dienst zur Verfügung stellen kann" (Art. 5 Abs. 3 Satz 2 RL 2002/58/EG). Die europäische Datenschutzgruppe hat zu dieser neuen Regelung Stellung genommen und versuchte, die Ausnahmen zu präzisieren.[649]

Hinsichtlich des ersten Kriteriums hat die Datenschutzgruppe festgestellt, dass drei Situationen als Übertragung einer Nachricht über ein elektronisches Kommunikationsnetz anzusehen sind: „1) die Fähigkeit, die Informationen über das Netz weiterzuleiten, insbesondere durch Erkennung der Verbindungsendpunkte, 2) die Fähigkeit, Datenelemente in der vorgesehenen Reihenfolge auszutauschen, insbesondere durch die Nummerierung von Datenpaketen, 3) die Fähigkeit, Übertragungsfehler oder Datenverlust zu erkennen."[650] Was das zweite Kriterium angeht, stellt die Datenschutzgruppe fest, dass gleichzeitig zwei Voraussetzungen zu erfüllen sind, und zwar muss der Nutzer den Dienst selbst bestellt haben und der Cookie muss eine unentbehrliche Voraussetzung für das Funktionieren des Dienstes sein.[651] Zusammenfassend wird in der Stellungnahme dafür plädiert, dass *Tracking-Cookies sozialer Plugins*, *Third-Party-Cookies* zu Werbezwecken und *First-Party-Analyse-Cookies* die Einwilligung des Nutzers in jedem Falle voraussetzen, während andere Arten von Cookies keiner Einwilligungspflicht unterworfen sind, so wie z. B. *User-Input-Cookies* (*Session-ID*), Authentifizierungscookies (für die Dauer einer Sitzung), nutzerorientierte Sicherheitscookies, persistente Cookies zur Anpassung der Benutzeroberfläche und *Third-Party-Content-Sharing-Cookies sozialer Plugins* für angemeldete Mitglieder eines sozialen Netzwerks.[652]

---

Verarbeitung erhält, seine Einwilligung gegeben hat. Dies steht einer technischen Speicherung oder dem Zugang nicht entgegen, wenn der alleinige Zweck die Durchführung der Übertragung einer Nachricht über ein elektronisches Kommunikationsnetz ist oder wenn dies unbedingt erforderlich ist, damit der Anbieter eines Dienstes der Informationsgesellschaft, der vom Teilnehmer oder Nutzer ausdrücklich gewünscht wurde, diesen Dienst zur Verfügung stellen kann."

**649** *Art. 29 Data Protection Working Party*, Stellungnahme 04/2012 zur Ausnahme von Cookies von der Einwilligungspflicht, 6. Juli 2012.

**650** Ebd., S. 3.

**651** Ebd., S. 3 ff.

**652** Ebd., S. 12.

Aus der Analyse der Zulässigkeitsvoraussetzungen von Tracking- und Überwachungsmaßnahmen nach der Datenschutzrichtlinie für elektronische Kommunikation folgt also, dass deren Ansatz sehr viel Gemeinsames mit dem BDSG und dem TMG hat: In allen wird eine allgemeine Erlaubnisformel vorgesehen, indem sowohl das Gesetz als auch die Einwilligung in der Lage sind, den unbegrenzten Umgang mit Informationen zuzulassen. Dennoch weicht die europäische Norm von der deutschen Regelung gewissermaßen ab, da sie sich nicht nur auf personenbezogene Daten beschränkt, sondern jede Art von Informationen umfasst, die im Endgerät des Nutzers gespeichert sind.[653]

## 4. Neuer Regelungsansatz (I): Grundrechtliche Schutzpflichten und Mindeststandards für die konstitutiven Bedingungen der Informations- und Kommunikationsfreiheit

Die oben durchgeführte Analyse hat gezeigt, wie die Trackingtechnologien im Internet in der Lage sind, das Individuum nahezu flächendeckend zu überwachen. Durch unterschiedliche Techniken wird auf das Endgerät des Nutzers zugegriffen, ohne dass er sich dagegen bewahren oder den Zugriff überhaupt wahrnehmen kann. Er weiß weder, von wem das Gerät erfasst wird, an wen die Daten übermittelt werden noch für welche Zwecke die daraus resultierenden Informationen benutzt werden. Die punktuellen Möglichkeiten zur Wahrung der Vertraulichkeitsinteressen des Nutzers, die ihm mittels Technik zur Verfügung stehen, ändern das gesamte Bild der Intransparenz und des Kontrollverlusts nicht. Vielmehr bestätigen sie es: Vereinzelte Handlungen, wie die Löschung von Cookies oder die Anwendung von Kryptographie, erfordern nicht nur ein gewisses Wissen über das System und Zeitaufwand, sondern können durch das System, wie oben gezeigt wurde, selbst umgangen werden. Die Macht[654] der modernen Datenverarbeitungssysteme liegt also darin, dass sie über die Funktion der Hardware und Software hinaus auch den Rahmen der Selbstschutzmöglichkeit des Nutzers bestimmen.

Ob Intransparenz, Kontrollverlust und flächendeckende Überwachung allein durch Marktmechanismen und Selbstregulierung zu bewältigen sind, ist zu bezweifeln. Zum einen gibt es bis heute wenige – und wenn, dann nur von zweifelhafter Effektivität – Initiativen zur Selbstregulierung durch Internetfirmen, die

---

653 *Elixmann*, Datenschutz und Suchmaschinen, S. 233 ff.; *Kosta*, Consent in European Data Protection Law, S. 311.
654 Vgl. *Hoffmann-Riem*, AöR 137 (2012), 509, 534 ff.

Tracking betreiben.[655] Zum anderen erschwert die Monopol- oder Oligopolstellung vieler Unternehmen im Internet die Realisierung eines Wettbewerbs im digitalen Markt. Vor allem aber erscheinen Netzeffekte als wichtiger Faktor, der die Suche und die freie Wahl eines sicheren Dienstes durch den Nutzer beschränkt: Der Wert vieler Onlinedienste und Programme liegt in deren Fähigkeit, Netzwerke zwischen den Nutzern zu errichten, wie etwa durch soziale oder professionelle Netzwerke oder Kurznachrichtendienste (What's app). Der Nutzer wird dazu tendieren, an dem Dienst teilzunehmen, bei dem die meisten seiner Freunde schon Mitglied sind. Insoweit ist seine Wahl von vornherein limitiert und es kommt ihm weniger auf die Sicherheit und auf die Gewährleistung der Vertraulichkeit durch den Dienst an. Doch selbst wenn diese Aspekte die Entscheidung des Nutzers beeinflussen würden, ist immer noch zu bezweifeln, ob der Nutzer sich für den sichersten Dienst entscheiden könnte, wenn er nicht in der Lage ist, diese Eigenschaften zu prüfen.

Insofern kommt dem Recht hierbei eine wichtige Funktion zu. Diese kann aber durch das gegenwärtige Datenschutzmodell nur unzureichend erfüllt werden, wie die oben diskutierten Schutzlücken zeigen. Dadurch, dass der Datenschutz zu stark auf einer Datenkontrolle-Formel[656] basiert, scheitert er, gerade wenn die Kontrollfähigkeit des Nutzers eingeschränkt ist – sei es, weil die Technik zu intransparent ist, sei es, weil der Einzelne sich der Datenbenutzung unterwirft, da er auf den im Gegenzug gewährten Dienst angewiesen ist, um mit anderen kommunizieren und sich sozialisieren zu können. Daher bedarf es neuer Konzepte, die der Rolle des Internets bei der Ausübung der Kommunikations- und Informationsfreiheit sowohl hinsichtlich des Individuums als auch der Gesellschaft angemessen Rechnung tragen.

Einen möglichen Weg zur Bewältigung dieser Herausforderungen könnte die Entscheidung des BVerfG zur Online-Durchsuchung aufzeigen.[657] In diesem Fall hat das Gericht eine neue Garantie aus dem allgemeinen Persönlichkeitsrecht abgeleitet, und zwar das Recht auf Gewährleistung der Vertraulichkeit und Inte-

---

655 *ENISA*, Privacy Considerations of Online Behavioural Tracking, Oktober 2012, S. 17: „Participation in self-regulation has fluctuated with regulatory attention [Gell 2011]. At present most of the largest online advertising and analytics companies participate, and most of the smaller ones do not. Social networks and content providers are almost entirely absent. The Digital Advertising Alliance announced in late 2011 that it would attempt to expand its programme to all third parties and that it would broaden its consumer choice requirement to nearly all uses of third-party data for per-device (not per-user) personalisation [DAA2011]. Social networks and content providers have not yet signalled acceptance. Researchers and civil society organisations have largely been critical of self-regulatory efforts for not providing choice over data collection and not imposing any meaningful punishments on companies that violate self-regulation."

656 Siehe dazu Kapitel 5.

657 BVerfGE 120, 274, „Online-Durchsuchungen".

grität informationstechnischer Systeme.[658] Dabei ging es zwar um die heimliche Infiltration durch den Verfassungsschutz, die Folgen der Entscheidung aber beschränken sich durchaus nicht auf Staat-Bürger-Verhältnisse. Gerade im privatrechtlichen Bereich mag diese neue Formel ein größeres Potenzial haben, das noch weiter zu entwickeln ist.[659]

Dies ist vor allem auf die Privatisierung der Kommunikationsdienstleistungen und die Veränderung der Rolle des Staates zurückzuführen: Anstatt diese Dienste selbst zu betreiben, muss der Staat dafür sorgen, dass die Infrastruktur der Kommunikation ihre Funktion angemessen erfüllt.[660] Schon die Bezeichnung des Rechts weist auf die Gewährleistungsfunktion hin, die dem Staat in der Informationsgesellschaft zukommt.

Das angemessene Funktionieren der Informations- und Kommunikationsinfrastruktur setzt voraus, dass die Vertraulichkeit und die Integrität informationstechnischer Systeme sichergestellt sind. Der Einzelne muss sich darauf verlassen können, dass das System so funktionieren wird, wie er es erwarten mag, um seine Freiheitsrechte überhaupt auszuüben. Genau hier erkannte das BVerfG eine grundrechtliche Schutzlücke und nahm sie als Ausgangspunkt, um den Schutzbereich des neuen Rechts auszudifferenzieren. Trotz der Kritik eines Teils der Literatur, der das Recht auf informationelle Selbstbestimmung für ausreichend hielt und folglich keine Schutzlücke sah, kann sich dem BVerfG angeschlossen werden. Aus dem Recht auf informationelle Selbstbestimmung – als Befugnis des Einzelnen, selbst über die Preisgabe und Verwendung seiner persönlichen Daten zu bestimmen, – ergibt sich allein kein Schutz der legitimen Erwartungen des Betroffenen an die Vertraulichkeit der übermittelten Kommunikation und Information; vielmehr wird die Gewährleistung der Vertraulichkeitserwartungen als gegeben angenommen.[661]

So wie Gusy es zutreffend formuliert hat, hat das IT-Recht die Diskussion vom Kopf auf die Füße gestellt: „Im Bereich der elektronisch vermittelten Kommunikation per Distanz ist informationelle Selbstbestimmung nicht die Voraussetzung des Privatheitschutzes, sondern die Folge der Integrität und Vertraulichkeit der Informationssysteme. Damit richtet sich der Blick darauf, dass hier Schutz der Privatheit nicht einfach da ist, sondern erst hergestellt, durchgesetzt und gesichert werden muss. Erst wenn diese Leistungen technisch und rechtlich erbracht sind, wenn die Nutzer über das notwendige Wissen hierüber und die notwendigen Bedingungen und Umstände ihres Schutzes verfügen und auf dessen Leistungs-

---

658 Siehe dazu Kap. 2.
659 Vgl. *Gusy*, DuD 1 (2009), 33, 36.
660 *Hoffmann-Riem*, AöR 134 (2009), 513, 518, *Gusy*, DuD 1 (2009), 33, 37.
661 Vgl. *Britz*, Informationelle Selbstbestimmung, S. 590.

fähigkeit vertrauen, können sie das ausüben, worum es früher ging und immer noch geht: nämlich Schutz ihrer Privatsphäre durch informationelle Selbstbestimmung."[662]

Somit wird klar, dass das informationelle Selbstbestimmungsrecht tatsächlich eine Schutzlücke aufweist, und zwar hinsichtlich der unentbehrlichen Bedingungen für seine Ausübung im Rahmen der Kommunikationsinfrastrukturen. Von einem Paradigmenwechsel kann tatsächlich die Rede sein: Während beim Recht auf informationelle Selbstbestimmung Privatheit und Kommunikation sich entgegentreten, erweist sich Privatheit beim IT-Recht jetzt als Voraussetzung der medial vermittelten Kommunikation.[663] Die Anerkennung dieses neuen Rechts konsolidiert letztendlich den Ansatz der interaktionalen Entfaltung des Individuums oder – in den Worten von Suhr – die Tatsache, dass die Entfaltung des Menschen nur durch andere Menschen erfolgen kann.[664] Das bedeutet aber nicht, dass die informationelle Selbstbestimmung schlicht veraltet ist, sondern dass sie *allein* nicht mehr den Bedingungen einer auf Kommunikation angewiesenen Gesellschaft Rechnung tragen kann. Beide grundrechtlichen Garantien müssen sich also gegenseitig ergänzen, damit Freiheits- und Persönlichkeitsschutz in der digitalen Welt für den Einzelnen überhaupt möglich bleibt.

Wenn die Kommunikation und ihre Bedingungen in das Zentrum des grundrechtlichen Schutzes rücken, kann dies nicht ohne Bedeutung für das Privatrecht bleiben. Die Grundrechte sind zwar in erster Linie Abwehrrechte gegen den Staat und entfalten daher eine nur mittelbare Wirkung zwischen Privaten; gegenüber den Staatsorganen – Gesetzgeber und Rechtsprechung – gelten sie aber unmittelbar.[665] Als Schutzpflichten wirken die Grundrechte auch im privatrechtlichen Bereich, und zwar in der Form eines Auftrags an den Gesetzgeber und die Rechtsprechung, dafür zu sorgen, dass das Schutzgut des Rechts auch in Beziehungen zwischen Privaten gewährleistet wird. Der Gesetzgeber hat dabei einen großen Spielraum, muss aber bei der Realisierung der Schutzpflicht sowohl die Grenze des Untermaßverbots einhalten als auch auf die Rechte anderer Grundrechtsträger Rücksicht nehmen.[666]

Um die Integrität und die Vertraulichkeit des technischen Systems zu gewährleisten, bedarf es sowohl technischer als auch rechtlicher Maßnahmen, auf die hier nicht ausführlich eingegangen werden muss.[667] Für die vorliegende Un-

---

**662** *Gusy*, DuD 1 (2009), 33, 39 ff.

**663** Ebd., S. 34.

**664** *Suhr*, Entfaltung der Menschen durch die Menschen, S. 83.

**665** *Pieroth* und *Schlink*, Grundrechte – Staatsrecht II, Rn. 80 ff.

**666** *Canaris*, AcP 184 (1984), 201, 228. *Alexy*, Theorie der Grundrechte, S. 421 ff.

**667** Siehe dazu statt vieler *Bäcker*, Der Staat 1 (2012), 91.

tersuchung – die Zulässigkeit der Datenverarbeitung im Privatrecht – ist aber von großer Bedeutung, die Erlaubnistatbestände der Datenverarbeitung hinsichtlich des neuen grundrechtlichen Schutzguts zu analysieren. Die Frage lautet also: Reichen die Einwilligung und die aktuellen Erlaubnistatbestände des Datenschutzes aus, um das Schutzgut des IT-Rechts auch im Privatrecht im Rahmen von dessen Schutzpflichtendimension zu gewährleisten?

Die Antwort scheint negativ auszufallen: §§ 4, 4a BDSG und § 12 Abs. 1 TMG sehen eine umfassende Einwilligungslösung vor, ohne deren faktische Realisierbarkeit zu prüfen.[668] Weder die Einschränkung der Freiwilligkeit in der digitalen Welt noch die berechtigten Vertraulichkeitserwartungen des Betroffenen hinsichtlich des eigengenutzten informationstechnischen Systems wurden durch den Gesetzgeber berücksichtigt. Geht man davon aus, dass der Einzelne zur Verwirklichung seiner Informations- und Kommunikationsfreiheit auf informationstechnische Systeme angewiesen ist, kann die Einwilligung allein weder einen unbefugten Zugang in einen zulässigen Zugang umwandeln noch die Manipulation des Systems in zulässiges Handeln verwandeln: Derjenige, „der nicht einmal übersehen kann, worin er einwilligt – (...) – kann andere nicht ‚informiert‘ und damit selbstbestimmt zur Datenverarbeitung ermächtigen."[669] Dabei fallen die Unfreiwilligkeit der Entscheidung (soziale Angewiesenheit), die Relevanz der beeinträchtigten Güter (Informations- und Kommunikationsfreiheit) sowie die Intensität und Breite des Eingriffs (auch Dritte können betroffen sein) auf. Dieser Gegenstand darf vom Gesetzgeber und vom Richter im Rahmen der Schutzpflichtenkonstellation nicht ignoriert werden.

Als rechtspolitische Lösung für diese Herausforderung können verschiedene Ansätze in Betracht kommen. Es scheint zunächst nicht geeignet, die Einwilligung als Erlaubnisgrundlage völlig auszuschließen, wie dies etwa im Gendiagnostikgesetz geschieht. Vielmehr bedarf es der Schaffung eines Schutzkonzepts, das sowohl subjektive Kriterien – wie die Einwilligung – als auch objektive Kriterien – wie die berechtigten Vertraulichkeitserwartungen und Risiken für den Betroffenen – einbezieht.[670] Das Recht muss also die konstitutiven Bedingungen der Kommunikations- und Informationsfreiheit durch unabdingbare Standards gewährleisten. Durch die Errichtung von Mindeststandards für bestimmte riskante und durch die Vertraulichkeitserwartungen gedeckte Informationshandlungen kann

---

**668** Vgl. *Hoffmann-Riem*, AöR 134 (2009), 513, 526; *Gusy*, DuD 1 (2009), 33, 36; *Kutscha*, Neue Chancen für die digitale Privatsphäre?

**669** *Hoffmann-Riem*, JZ 21 (2008), 1009, 1013.

**670** Zur Kombinierung von objektiven und subjektiven Kriterien im Rahmen der Vertragsmäßigkeit der EU-Kaufrechts-Richtlinie siehe *Grundmann*, in: Grundmann und Bianca (Hrsg.), EU-Kaufrechts-Richtlinie: Kommentar, Art. 2, Rn. 8 ff.

ein Prozess der „Freiheitsoptimierung bei höherer Schutzintensität"[671] erfolgen, wie Grundmann es zutreffend formuliert.

Dafür kann die Dogmatik des Privatrechts im Rahmen der Tendenzen zur Materialisierung des Freiheitsschutzes einen wichtigen Beitrag leisten, da es hierbei um die Reichweite des Prinzips der Privatautonomie und ihre Grenzen geht.[672] Das Privatrecht schafft die Grundlage für das autonome Handeln und muss gleichzeitig dessen Grenze durch Schutzvorkehrungen aufzeigen; nur in dieser Weise kann die materiale Freiheit aller Beteiligten gewährleistet werden.[673] Das dritte Kapitel hat gezeigt, wie die AGB-Kontrolle Lösungen für Datenschutzkonflikte geboten hat, die selbst nicht im Datenschutzrecht zu finden waren. Nun muss noch einen Schritt weiter gegangen werden: Dadurch, dass diese besondere Gefährdungslage auf die spezifische Natur der Information zurückzuführen ist – Information als Mittel der Kommunikation – müssen spezifische Lösungsansätze im Datenschutzrecht selbst entwickelt werden.

Ausgangspunkt für die Gestaltung eines solchen Schutzkonzepts könnte der Grundsatz der legitimen Erwartungen sein,[674] der auch im europäischen Verbraucherschutzrecht nachgewiesen werden kann: „Ziel des Prinzips der ‚legitimen Erwartungen' ist es, einen Interessenausgleich zwischen Hersteller/Händler und Verbraucher herbeizuführen. Legitime Erwartungen kombinieren subjektive und objektive Kriterien. Erwartungen sind subjektiv und sind an die Rolle und Funktion derjenigen gebunden, die sie formulieren, seien sie Verbraucher, Hersteller oder Händler. [...] Hierzu ist ein objektives Element, die ‚Legitimität' des reklamierten Rechts erforderlich. Legitimität verweist auf Standards, die gefunden und außerhalb der individuellen Sphäre reklamierter Rechte definiert werden".[675]

Eine mögliche Form, das Schutzgut des IT-Rechts[676] in das einfachgesetzliche Datenschutzrecht einzubeziehen, besteht darin, die legitimen Erwartungen der Vertraulichkeit und Integrität informationstechnischer Systeme gesetzlich zu verankern. Dies würde dazu beitragen, die Interessenabwägung in Fällen der

---

671 *Grundmann*, in: Grundmann et al. (Hrsg.), Festschrift 200 Jahre, S. 1023 ff.

672 *Grundmann*, in: Grundmann, Haar und Merkt (Hrsg.), Festschrift für Klaus Hopt, S. 164.

673 Ebd.

674 Zu legitimen Erwartungen im europäischen Verbraucherrecht siehe *Micklitz*, in: Krämer et al. (Hrsg.), Law and diffuse interests.

675 Ebd., S. 269.

676 Die Frage danach, ob das Schutzgut des IT-Rechts im Datenschutzrecht zu integrieren sei, wurde schon auf einer Konferenz des Bundesministerium des Innern gestellt. Dazu siehe Working Paper der Konferenz: Datenschutz im 21. Jahrhundert, Fragen für Panel 1 – Stärkere Regelungen für besondere Gefährdungen des allgemeinen Persönlichkeitsrecht, 2013, abrufbar unter: http://www.bmi.bund.de/SharedDocs/Kurzmeldungen/DE/2012/09/internat_datenschutzkonferenz_workshop.html;jsessionid=3F32714C608036FA44047BC0EC827B01.2_cid295?nn=3314802.

Verhaltensbeobachtung im Internet mit Rücksicht auf diese besondere Gefährdungslage zu konkretisieren. Das Konzept ist dem Privatrecht nicht fremd, wie die Anwendung im europäischen Verbraucherrecht aufzeigt. Außerdem steht es dem aktuellen Datenschutzrecht nicht entgegen: Die Datenschutzrichtlinie für elektronische Kommunikation (Richtlinie 2002/58/EG) legt fest, dass „die Endgeräte von Nutzern elektronischer Kommunikationsnetze und in diesen Geräten gespeicherte Informationen [...] Teil der Privatsphäre der Nutzer, die dem Schutz aufgrund der Europäischen Konvention zum Schutze der Menschenrechte und Grundfreiheiten unterliegt", sind.[677] Somit zeigt sich, dass auf einer abstrakten Ebene Ähnlichkeiten zwischen der Konzeption der Datenschutzrichtlinie für elektronische Kommunikation – Endgerät als Teil der Privatsphäre – und dem Schutzgut der neuen grundrechtlichen Garantie des deutschen Rechts – Vertraulichkeit und Integrität informationstechnischer Systeme – bestehen.[678]

Die Berücksichtigung der legitimen Vertraulichkeitserwartungen im Datenschutzrecht bedeutet aber nicht, dass die Einwilligung oder die gesetzlichen Erlaubnistatbestände keine Rolle bei der Zulässigkeit der Datenverarbeitung mehr spielen werden. Nach wie vor gelten sie als wichtige Kriterien, die die Vorrechtsentscheidung über die Daten bestimmen. Das objektive Kriterium soll erst auf einer zweiten Stufe berücksichtigt werden, um zu prüfen, ob die Datenverarbeitung, die auf Basis der Einwilligung oder eines Erlaubnistatbestands erfolgt, auch die legitimen Vertraulichkeitserwartungen des Betroffenen respektiert. Das heißt, dass einerseits die Erlaubnistatbestände, die üblicherweise im Telemedienrecht vorgesehen sind, sowie diejenigen hinsichtlich der Bestandsdaten und Verkehrsdaten grundsätzlich beibehalten werden können, um das Funktionieren des Systems und des Netzes problemlos zu ermöglichen. Andererseits muss aber auf einer zusätzlichen Stufe geprüft werden, inwiefern die Daten selbst nicht zu riskant sind, weil sie legitimen Erwartungen des Nutzers nicht entsprechen.

Demgemäß sollte die Feststellung legitimer Erwartungen an die Vertraulichkeit und Integrität informationstechnischer Systeme als Grenze bzw. Mindeststandard der Datenverarbeitung gestaltet werden, sodass sie sowohl die Einwilligung als auch die anderen gesetzlichen Tatbestände in gleichem Maße beschränkt. Das heißt, dass es eine zweistufige Zulässigkeitsprüfung geben muss: Auf der ersten Stufe wird analysiert, ob die Datenverarbeitung einer Einwilligung oder des Vorliegens eines legitimen Interesses oder eines Vertrags bedarf, so wie es

---

**677** Erwägungsgrund 24 RL 2002/58/EG. Das Problem liegt aber darin, dass die Erwägungsgründe zwar das Endgerät als Teil der Privatsphäre des Nutzers erwähnen, Art. 5 derselben Richtlinie allerdings einfach eine umfassende Einwilligungslösung vorsieht, ohne nach den erhöhten Gefährdungslagen zu unterscheiden.
**678** Hierzu auch *Elixmann*, Datenschutz und Suchmaschinen, S. 233.

beim gegenwärtigen Datenschutzmodell erfolgt. Anschließend wird auf einer zweiten Stufe geprüft, ob diese Datenverarbeitung den legitimen Erwartungen des Nutzers an die Vertraulichkeit und Integrität informationstechnischer Systeme entgegensteht. Eine Bejahung der zweiten Stufe hätte dann die Unzulässigkeit der Datenverarbeitung zur Folge. So ersetzen die legitimen Erwartungen nicht die gegenwärtigen Erlaubnistatbestände des Datenschutzes; sie erfüllen allerdings als zusätzliches Zulässigkeitskriterium eine Sicherungsfunktion für einen als besonders gefährlich betrachteten Gegenstand.

Natürlich ist auch dieses Konzept noch konkretisierungsbedürftig: Welche Erwartungen legitim sind oder nicht, kann sich nur aus dem Kontext ergeben. Die Feststellung typischer Fälle erweist sich als ein möglicher Weg, mehr Rechtssicherheit für alle Beteiligten zu schaffen. Wichtig ist aber, dass das Konzept flexibel genug ausgestaltet ist, um neue Entwicklungen zu erfassen. Ein Vertrauen darauf, überhaupt nicht wahrgenommen zu werden, kann es beispielsweise nicht geben; dies würde dem Wesen eines vernetzen Systems widersprechen. Eine legitime Erwartung, dass das System vor Infiltration und Manipulation geschützt ist, kann hingegen durchaus bejaht werden. Besondere Schutzbedürfnisse entstehen beispielsweise durch den Zugang zu sensiblen Daten – wie der Fall der FTC zu *History-Sniffling* gezeigt hat[679] – und durch eine heimliche bzw. umfassende Beobachtung – wie die Erregung über die Vorgehensweise der Firma Phorm bewiesen hat[680]. Aber gerade solche Vermutungen könnten gesetzlich aufgegriffen werden, so wie es heute schon bei der Feststellung der Sicherheit eines Produkts oder dessen Mangelhaftigkeit der Fall ist.

Wie Nissenbaum zutreffend feststellt, und zwar anhand des Beispiels von Suchmaschinen, ist die Vertraulichkeit der Internetkommunikation und -information nicht nur eine geeignete, sondern eine erforderliche Bedingung, um die Ausübung der Freiheit zu ermöglichen.[681] Die Konstruktion der legitimen Erwartungen an die Vertraulichkeit und Integrität informationstechnischer Systeme erweist sich also als tragfähig, da sie nicht nur im Interesse des einzelnen Nutzers steht, sondern dem Erhalt des Vertrauens der Gesellschaft in die Kommunikations- und Informationsinfrastruktur dient. Sie ist eine Antwort auf die Angewiesenheit des Einzelnen auf diese Infrastruktur und stellt einen Versuch dar, die Kontrolle für das Individuum zurückzugewinnen, die gerade aufgrund der medial vermittelten Kommunikation verloren zu gehen droht.

---

**679** Siehe oben A.I.2.
**680** Siehe oben A.I.2.
**681** *Nissenbaum*, Privacy in Context, S. 196 ff.

## II. Informationsbasierte Entscheidungen im privaten Bereich: Risiken der Diskriminierung und der nachteiligen Wirkungen im Zeitalter von Big Data

Eine der wichtigsten Funktionen der Datenverarbeitung im Zivilrechtsverkehr besteht darin, die Basis für ökonomische Entscheidungen zu liefern, die wiederum zu einer Risikominimierung beitragen können.[682] Dieser Sachverhalt gewinnt umso mehr an Relevanz, wenn ein Wirtschaftsbereich durch Informationsasymmetrien geprägt ist.[683] So spielen die Datenverarbeitung und die Risikobewertung eine besondere Rolle in Wirtschaftsbereichen, die sich typischerweise mit Risiko beschäftigen, wie die Kredit- und die Privatversicherungswirtschaft. Aber ihre Relevanz nimmt auch im allgemeinen Zivilrechtsverkehr immer mehr zu, besonders wenn es um langfristige Verträge wie Miet- und Mobilfunkverträge geht. Grundsätzlich erweist sich die Informations- und Datenverarbeitung in der Privatwirtschaft als Mittel zur Vereinfachung von ökonomischen Entscheidungen und zur Effizienzerhöhung in einer durch Informationsdefizite gekennzeichneten Umgebung.

Hierzu hat die technologische Entwicklung im Bereich informationstechnischer Systeme wichtige Beiträge geleistet: Es können nicht nur mehr Informationen für eine Risikobewertung als je zuvor erhoben und verarbeitet werden, sondern die daraus folgende Bewertung kann sogar durch einen sogenannten *Scorewert*[684] beziffert werden, der eine Prognose des künftigen Verhaltens des Betroffenen ermöglicht. Dieser Wert entsteht mittels eines automatisierten Verfahrens, bei dem die bestehenden Daten in einen statistisch-mathematischen Algorithmus einfließen und die Betroffenen einer bestimmten Risikokategorie zugeordnet werden (Credit-Scoring-Verfahren).[685] Jüngste Entwicklungen der Informationstechniken – die sich unter dem Schlagwort *Big Data*[686] subsumieren lassen – scheinen noch mehr Anreize für die Verwendung von Prognosen in der privaten Wirtschaft zu setzen, da sie die Verarbeitung von mehr Informationen und die Herausstellung neuer Korrelationen zwischen Daten und Verhalten ermöglichen.

---

682 Wegweisend *Mallmann*, Zielfunktionen des Datenschutzes, S. 70 ff., der schon früh über „das Dossier als Determinant von Entscheidungsprozessen" sprach; siehe auch *Schwenke*, Individualisierung und Datenschutz, S. 58.
683 *Akerlof*, Quarterly Journal of Economics 84 (1970), 488, 494 ff.; *Britz*, Einzelfallgerechtigkeit versus Generalisierung, S. 18.
684 *Buchner*, Informationelle Selbstbestimmung, S. 121.
685 Ebd.
686 Siehe dazu *Mayer-Schönberger* und *Cukier*, Big Data. A Revolution that will transform how we live, work and think.

Je höher die Anreize für die wirtschaftliche Nutzung personenbezogener Daten und Informationen als Entscheidungsgrundlage und je leichter verfügbar und preiswerter die Technologien für ihre Verarbeitung sind, desto dringender stellt sich die Frage, welche Folgen diese Vorgehensweisen für den Betroffenen verursachen und welche Risiken damit verbunden sind. Dieser Abschnitt zielt nun darauf ab, diese Risiken zu identifizieren, um den gegenwärtigen Datenschutzrechtsrahmen im Hinblick auf die Schutzbedürfnisse des Betroffenen zu untersuchen.

Um dieses Ziel zu verfolgen, bedarf es keiner detaillierten Beschreibung, wie die unterschiedlichen wirtschaftlichen Bereiche automatisierte Entscheidungen und Scoring-Verfahren anwenden. Vielmehr wird ein Blick auf einige Bereiche der Privatwirtschaft anhand konkreter Beispiele geworfen, um die Schutzbedürfnisse des Einzelnen in der jeweiligen Situation zu beleuchten und zu systematisieren. Das soll gerade darauf aufmerksam machen, dass die Schutzbedürfnisse nicht von den spezifischen wirtschaftlichen Bereichen abhängen; vielmehr sind sie mit einer bestimmten Risikosituation verbunden, und zwar damit, dass die Verwendung personenbezogener Daten und Informationen als Basis für eine Entscheidung über die Begründung, Durchführung oder Beendigung eines Vertragsverhältnisses mit dem Betroffenen dient oder dienen kann.[687]

## 1. Abgrenzung der Gefährdungslage

Es bedarf zunächst der Abgrenzung der erhöhten Gefährdungslage. Entscheidungen auf eine möglichst umfangreiche Informationslage zu gründen, dient der Risikominimierung und -steuerung im Zivilrechtsverkehr; dies kann aber auch den Betroffenen erheblich beeinträchtigen. Durch das Erstellen von Prognosen über das Verhalten des Kunden aufgrund von über ihn gesammelter Daten und Informationen wird eine Entscheidung des Anbieters über die Begründung, Durchführung oder Beendigung eines Vertragsverhältnisses beeinflusst. Das kann beispielsweise zu einer Verschlechterung der Vertragskonditionen eines Versi-

---

[687] So auch *Mallmann*, Zielfunktionen des Datenschutzes, S. 70. Der Autor beschreibt ausführlich, wie sich personenbezogene Daten in Entscheidungen umwandeln: „In der Industriegesellschaft ist der Einzelne in zunehmendem Maße auf staatliche und privatwirtschaftliche Leistungen angewiesen. Hochkomplexe Selektionsmechanismen sollen eine bedürfnisadäquate Distribution zur Verfügung stehender Ressourcen gewährleisten. Zwar sind die Bedingungen, unter denen der einzelne Sozialfürsorge, einen neuen Arbeitsplatz, eine Baugenehmigung, Ausbildungsbeihilfen oder einen Kredit erlangen kann, im einzelnen höchst unterschiedlich. Parallelen bestehen jedoch im formalen Entscheidungsablauf. Maßgeblich für die Entscheidung sind jeweils vom Entscheider herangezogene Informationen über den betroffenen Einzelnen."

cherungsnehmers oder sogar zu einer Verweigerung eines Kreditvertragsabschlusses führen. Insofern besteht die Risikosituation darin, dass die Verwendung personenbezogener Informationen und Daten mit erheblichen negativen wirtschaftlichen Auswirkungen verbunden sein kann.

So wird klar, dass nicht nur das Scoring-Verfahren selbst und die dadurch entstehenden Wahrscheinlichkeitswerte eine bedeutende Risikosituation für den Betroffenen darstellen; vielmehr erweisen sich die Verarbeitung, Verwendung und Übermittlung personenbezogener Informationen und Daten zum Zweck der Entscheidungshilfe und Risikosteuerung im Zivilrechtsverkehr als erhöhte Gefährdungslage.[688] Insofern umfasst die besondere Gefährdungslage die Verarbeitung von Informationen und Daten sowohl in Auskunfteien als auch in Warnsystemen, da die Risiken, die sich aus beiden ergeben, für den Betroffenen ähnlich sind. Dass in diesen Fällen unterschiedliche gesetzliche Erlaubnistatbestände einschlägig sein können[689], ändert an dem hier verfolgten Ansatz nichts. Vielmehr wird er dadurch bestätigt, dass die gesetzlichen Grundlagen unterschiedlich sein können – und manchmal sogar sein müssen –, während die Grenzen der Datenverarbeitung dieselben sein sollen, weil sie nach den konkreten Sachlagen und Schutzbedürfnissen des Betroffenen bestimmt werden.

## 2. Schutzbedürfnisse: Intransparenz, Fehlerhaftigkeit und Diskriminierung

Zunächst liegt es auf der Hand, dass ein Schutzbedürfnis immer dann besteht, wenn das automatisierte Entscheidungsverfahren zu fehlerhaften Ergebnissen führt, sei es, weil die in die Entscheidung eingeflossenen Daten inkorrekt sind, sei es, weil das statistische Verfahren sich als fehlerhaft erweist.

Häufig erhoben wird z. B. der Vorwurf der Fehlerhaftigkeit des Credit-Scoring-Verfahrens. Die Federal Trade Commission hat kürzlich in einem Gutachten an das Parlament festgestellt, dass die bestätigte Fehlerhaftigkeit von Credit Reports in den USA zwischen 10 % und 21 % liegt, je nach der Art der Fehler.[690] Andere Studien in den USA haben zudem belegt, dass Fehler bei den Bonitätsinforma-

---

[688] Die hier identifizierte Gefährdungslage ist also breiter als diejenige, die durch § 28b BDSG bezeichnet wird. Dazu unten (II.3).

[689] Vgl. *Buchner*, Informationelle Selbstbestimmung, S. 144, 146.

[690] *Federal Trade Commission*, Report to Congress Under Section 319 of the Fair and Accurate Credit Transactions Act of 2003, Dezember 2012, S. iv, abrufbar unter: http://www.ftc.gov/sites/default/files/documents/reports/section-319-fair-and-accurate-credit-transactions-act-2003-fifth-interim-federal-trade-commission/130211factareport.pdf.

tionen der Kunden zu enormen ökonomischen Verlusten führen können, wenn die Person einer falschen Risikokategorie zugeordnet wird.[691]

Ein anderes Problem, anhand dessen die Schutzwürdigkeit des Verbrauchers in informationsbasierten Entscheidungsverfahren gezeigt werden kann, liegt in der Intransparenz der Datenverarbeitung. Kreditauskünfte werden zutreffend als *Blackbox*[692] beschrieben, da ihre Ergebnisse für den Betroffenen nur schwer durchschaubar sind. Besonders am Scoring-Verfahren wird kritisiert, dass es für den Einzelnen nicht nachvollziehbar ist, da er normalerweise keinerlei Informationen über den Aufbau des Algorithmus erhält. Er weiß zudem nicht, was er tun müsste, um seinen Scorewert zu verbessern. Es liegt nahe, dass der Mangel an Transparenz Einfluss auf die erhöhte Fehlerquote der Kreditauskünfte hat, da das Verfahren sich weder von dem Betroffenen noch von der Aufsichtsbehörde kontrollieren lässt. Dasselbe gilt für Warnsysteme der Versicherungsunternehmen, die ebenfalls durch geringe Transparenz charakterisiert sind: Welche Daten in diese Systeme fließen, wie diese Daten den Versicherungsvertrag beeinflussen, wessen Daten dort gespeichert sind und wie man sich davor bewahren kann, ist kaum bekannt.[693]

Schutzbedarf besteht durchaus auch hinsichtlich des Verfahrens der Entscheidungsfindung. In vielen Fällen gibt es ökonomische Anreize dafür, dass das normalerweise komplexe personelle Entscheidungsverfahren durch eine automatische Datenverarbeitung und den sich daraus ergebenden Scorewert ersetzt wird. Der Prozess der Entscheidungsfindung läuft also an dem Betroffenen vorbei, ohne dass dieser daran beteiligt würde. Gefährdet sind also sowohl die Partizipationsmöglichkeit des Betroffenen als auch die Einzelfallgerechtigkeit, wenn dem Betroffenen nicht die Möglichkeit gegeben wird, die Einzelheiten seines Falls bzw. seine Sicht darzustellen.

Über diese formale Dimension der Fairness der Entscheidungsfindung hinaus kann sich das Verfahren auch aus substanziellen Gründen als unfair darstellen. Hierbei sind unterschiedliche Konstellationen denkbar, bei denen es auf die Art und Relevanz der Daten für die sachliche Entscheidung ankommt. Schutzbedarf besteht also dann, wenn die Art der Informationen dem Zweck, dem das Entscheidungsverfahren dient, sachlich nicht gerecht wird, also beispielsweise wenn die Bonitätsinformationen für Zwecke verlangt werden, die nichts mit der Zahlungsfähigkeit des Kunden zu tun haben. Ein Beispiel dafür ist der Fall, in dem bei einer Kfz-Versicherung das Unfall-Risiko des Kunden nach seinen Bonitätsdaten

---

**691** Buchner, Informationelle Selbstbestimmung, S. 125.

**692** Ebd., S. 121.

**693** Ebd., S. 142.

berechnet wird, da es keinen sachlichen und kausalen Zusammenhang zwischen beiden Gegenständen gibt. Darüber hinaus müssen die Informationen auch eindeutige Rückschlüsse auf den bewerteten Gegenstand und nicht nur einen Verdacht liefern, wie bei dem Fall einer Vermieterwarndatei, in der Personen negativ bewertet werden, nur weil sie seit langer Zeit eine Wohnung suchen.[694]

Risikobewertungen lösen auch einen Schutzbedarf aufgrund der Gefahr des Generalisierungsunrechts aus: Informationsbasierte Entscheidungen zur Risikosteuerung stützen sich nicht nur auf personenbezogene Daten und Informationen, die das Risiko des Kreditausfalls oder des vertragswidrigen Verhaltens des Betroffenen andeuten. Häufig basieren diese Entscheidungen auch auf anderen Merkmalen, die zwar zunächst nichts mit dem zu bewertenden Risiko zu tun haben, allerdings nach statistischen Erfahrungswerten oft zusammen mit diesem zu bewertenden Risiko eintreten.[695]

In der ökonomischen Literatur[696] wird dieses Phänomen statistische Diskriminierung genannt, da die Korrelation zwischen den anscheinend neutralen Merkmalen und der anvisierten Eigenschaft nach einer statistischen Methode festgestellt wird. Aus rechtsdogmatischer Perspektive wirft diese Praktik Fragen hinsichtlich der Einzelfallgerechtigkeit und der Gleichbehandlung auf.[697] Bei einer statistischen Diskriminierung wird eine differenzierende Behandlung aufgrund eines persönlichen Merkmals vorgenommen, da dieses Merkmal nach statistischen Annahmen für eine andere Eigenschaft steht, die für die Entscheidung wichtig ist. Da die wirklich gesuchte Eigenschaft normalerweise schwer zu messen ist (Glaubwürdigkeit, Zahlungsfähigkeit, Arbeitsproduktivität etc.), wird ein „Stellvertretermerkmal" angewendet, das für diese Eigenschaft („Hauptmerkmal") steht.[698]

Das Problem des Generalisierungsunrechts entsteht für die Person, die sich als atypischer Fall erweist: Sie trägt zwar das Stellvertretermerkmal, weist aller-

---

694 Ebd., S. 146.
695 Siehe dazu *Britz*, Einzelfallgerechtigkeit versus Generalisierung, S. 12; *Buchner*, Informationelle Selbstbestimmung, S. 140, der im Kontext von Warnsystemen im Versicherungsbereich feststellt: „Unternehmen tendieren im Sinne maximaler Risikoaversion dazu, auch solche personenbezogenen Informationen ihrer Entscheidungsfindung zugrunde zu legen, die zwar möglicherweise etwas über die Kreditwürdigkeit, Glaubwürdigkeit oder Risikoträchtigkeit einer Einzelperson aussagen, deren allgemeine Aussagekraft jedoch zumindest sehr fragwürdig ist."
696 *Akerlof*, The market for lemons: Qualitative uncertainty and the market mechanism, S. 494 ff.
697 Grundlegend *Britz*, Einzelfallgerechtigkeit versus Generalisierung, S. 9 ff., die die statistische Diskriminierung „als ökonomisches Phänomen und als Rechtsproblem" bezeichnet.
698 Ebd., S. 9.

dings nicht die erwarteten Eigenschaften der Gruppe auf.[699] Beispiel dafür ist die Verwertung der Anschrift eines Kunden im Rahmen einer Credit-Score-Analyse, wenn davon ausgegangen wird, dass aus dem Wohnsitz Eigenschaften hinsichtlich des Vermögens des Kunden abgeleitet werden können. Daher ist es möglich, dass das bloße Wohnen in einer „armen" Gegend oder einem berüchtigten Stadtteil generell als Negativkriterium in einem Scoring-Verfahren bewertet wird, ohne dass die tatsächliche Zahlungsfähigkeit und das Vermögen des Kreditbewerbers näher geprüft werden.

Ein anderes Problem, das Gleichheitsüberlegungen auslöst, ergibt sich aus der differenzierten Behandlung anhand klassischer diskriminierender und stereotypisierender Merkmale, wie Nationalität, Geschlecht, Alter oder sexuelle Identität. Es ähnelt dem oben genannten Fall der statistischen Diskriminierung, löst aber noch stärkere Schutzbedürfnisse aus. Zum einen sind diese Charakteristiken eng mit dem Persönlichkeitskern verbunden und erweisen sich dadurch als praktisch unveränderbar. Zum anderen stehen diese Merkmale für historische Ungleichbehandlungen und Gruppen-Stereotypisierung. Noch dazu kann ihre Anwendung als Entscheidungsbasis Akkumulationseffekte verursachen, d. h. die Diskriminierung bestimmter Gruppen in der Gesellschaft kann sogar verstärkt werden.

Hier unterscheidet sich der Schutzbedarf von dem oben genannten Fall, da nicht einfach ein Generalisierungsunrecht gegenüber der „atypischen" Person erfolgt; vielmehr sind alle Personen in der Gruppe betroffen.[700] Auch diejenigen, für die die statistischen Werte stimmen mögen, werden beeinträchtigt, da sie wegen eines klassischen stereotypisierenden Merkmals unterschiedlich behandelt werden.[701] Die Anwendung von diskriminierenden Merkmalen ist vor allem im Versicherungsbereich zu finden: Jeweilig können Nationalität und Geschlecht beispielsweise in der Risikobewertung als negatives Kriterium vorkommen.[702]

Im Rahmen der materialen bzw. substanziellen Fairness der Informations- und Datenverarbeitung als Entscheidungsgrundlage zeigt sich ein weiterer wichtiger Schutzbedarf. Auskunfteien und Warnsysteme können ökonomische

---

**699** Ebd., S. 8, 134. So beschreibt Britz das Generalisierungsunrecht: „In all diesen Fällen liegen der Differenzierung statistische Annahmen und vermeintliches Erfahrungswissen zugrunde, die an ein bestimmtes Merkmal anknüpfen. Weil innerhalb der Merkmalsgruppe nicht weiter differenziert wird, werden auch atypische Fälle erfasst und es kommt zu eingangs als Generalisierungsrecht beschriebenen Ungleichbehandlung zwischen atypischen Merkmalsträgern auf der einen Seite und Nicht-Merkmalsträgern auf der anderen Seite."
**700** Ebd., S. 63.
**701** Ebd.
**702** Ebd., S. 97 ff., 101 ff.; *Buchner*, Informationelle Selbstbestimmung, S. 140.

Anreize dafür haben, die Geltendmachung eines Rechts durch den Betroffenen als negatives Kriterium zu bewerten, entweder um diese Ausübung zu verhindern oder weil sie vermuten, dass sie mit einem höheren Risiko verbunden ist. So wird z. B. berichtet, dass Auskunfteien Selbstauskünfte des Betroffenen in dem Credit-Score negativ bewerteten.[703] Während der Betroffene aus seiner Sicht lediglich von seinem Recht Gebrauch macht, wird aus der Sicht der Auskunfteien davon ausgegangen, dass diejenigen, die Auskunft über ihre Bonitätsdaten beanspruchen, ein erhöhtes Ausfallrisiko aufweisen.

### 3. Verstärkung der Schutzbedürfnisse in Zeiten von *Big Data*

Diese Schutzbedürfnisse, die sich aus dem Gegenstand der informationsbasierten Entscheidungen ergeben, erscheinen noch bedeutsamer in Zeiten von *Big Data*. Der Begriff „Big Data" wird immer häufiger benutzt und steht für die Erhebung und Verwendung einer riesigen Quantität von Informationen und Daten sowie für die erhöhte Kapazität der Informationstechnologien zur Verarbeitung dieser Daten. Laut IBM werden heutzutage an einem einzigen Tag 2,5 Quintillionen Bytes erzeugt, was 90 % mehr erzeugte Daten als in den letzten zwei Jahren bedeutet.[704] Google ist in der Lage, 24 Petabytes an einem Tag zu verarbeiten, das heißt mehr als alle gedruckten Materialien, die es in der Bibliothek des amerikanischen Parlaments gibt.[705] Auf Facebook werden mehr als 10 Millionen neue Fotos pro Stunde hochgeladen und ca. drei Millionen Mal pro Tag liefern seine Nutzer Kommentare oder klicken auf den „Gefällt-mir-Button".[706]

Dieses Phänomen ist auf die Vernetzung und die fast ständig verfügbaren Mobilgeräte zurückzuführen. So können Big Data als Ergebnis der allgegenwärtigen Datenverarbeitung (*ubiquitous computing*) betrachtet werden, die die Erzeugung und Speicherung von Informationen wie nie zuvor ermöglicht hat.

Als wichtigste Funktion der Big Data gilt die Herstellung von Prognosen auf Basis zahlreicher Daten und Informationen: von Klimakatastrophen bis Wirtschaftskrisen, vom Ausbruch einer Epidemie bis zum Gewinner einer Sportmeisterschaft, von Kaufverhalten bis Zahlungsfähigkeit eines Kunden.[707] So können anhand der Big-Data-Analyse Prognosen über allgemeine Fakten der Wirtschaft, Natur oder Politik sowie über das individuelle Verhalten des Einzelnen vorge-

---

**703** *Buchner*, Informationelle Selbstbestimmung, S. 123.
**704** *IBM*, What is Big Data?, abrufbar unter: http://www-01.ibm.com/software/data/bigdata/what-is-big-data.html; *Silver*, The signal and the noise, S. 9.
**705** *Mayer-Schönberger* und *Cukier*, Big Data, S. 8.
**706** Ebd.
**707** *Silver*, The signal and the noise; *Mayer-Schönberger* und *Cukier*, Big Data.

nommen werden. Für das hier behandelte Thema interessiert nur diese letztgenannte Funktion, und zwar mit Blick auf die Privatwirtschaft, da sie sich auf
personenbezogene Daten und Informationen stützt, um Informationen und Wissen über das Verhalten des Individuums zu erzeugen und somit Grundlagen für
wirtschaftliche Entscheidungen zu liefern. Eine Big-Data-Analyse kann also das
Leben des Einzelnen direkt betreffen.

Laut Mayer-Schönberger und Cukier gibt es zwar keine präzise Definition für
Big Data; sie lassen sich aber durch drei Tendenzen kennzeichnen.[708] Erstens
prägt die Quantität der Daten und Informationen dieses Phänomen. Bei einer Big-
Data-Analyse werden aber nicht nur mehr Daten denn je gesammelt; vielmehr wird
versucht, alle Daten und Informationen für eine bestimmte Sachlage zu erheben,
statt eine Stichprobe zu machen.[709] Außerdem gilt nur ein Teil der großen Menge
der Daten und Informationen als wirklich nützliches Wissen.[710] Gerade die große
Menge an Informationen führt zu einem anderen entscheidenden Merkmal der Big
Data: Die Daten können mehr Ungenauigkeiten und Unrichtigkeiten enthalten.
Indem das Ausmaß steigt, nimmt auch die Ungenauigkeit zu.[711] Die dritte Eigenschaft der Big Data besteht in der Suche nach Korrelationen statt nach Kau-
salitäten.[712] Das heißt, dass ein Zusammenhang zwischen zwei Tatsachen bzw.
Merkmalen nach einer statistischen Analyse festgestellt wird. Bei Big Data geht es
weder darum, das innere Funktionieren einer Korrelation zu ergründen, noch
darum, die Ursache einer Tatsache festzustellen.[713]

Damit liegt auf der Hand, welche Herausforderung das Phänomen der Big
Data für den Datenschutz darstellt. Das gilt vor allem, wenn es sich um informationsbasierte Entscheidungen handelt, die erhebliche Auswirkungen auf die
finanzielle Lage des Betroffenen haben können. Die Schutzbedürfnisse, die schon

---

**708** *Mayer-Schönberger* und *Cukier*, Big Data, S. 12 ff.

**709** Ebd., S. 25 ff. Die Autoren erwähnen als Beispiel, wie die Kreditkartenwirtschaft versucht,
arglistige Täuschung durch die Analyse der gesamten Daten eines Kunden zu verhindern.

**710** *Silver*, The signal and the noise, S. 13, 17, 250, der zwischen „noise" und „signal" unterscheidet; die Unterscheidung deutet an, dass nützliches Wissen aus einer Menge von unnützlichen
Daten zu erzeugen ist.

**711** *Mayer-Schönberger* und *Cukier*, Big Data, S. 32 ff. Die Autoren beschreiben die Daten bei Big
Data als „unscharf"; in der englischen Version des Buches wird die Idee noch deutlicher durch das
Wort „messy" ausgedrückt: „There are several kinds of messiness to contend with. The term can
refer to the simple fact that the likelihood of errors increases as you add more data points. [...] You
can also increase messiness by combining different types of information from different sources,
which don't always align perfectly. [...] Messiness can also refer to the inconsistency of formatting,
for which the data needs to be ‚cleaned' before being processed." (S. 33 ff).

**712** Ebd., S. 52 ff.

**713** Ebd., S. 53.

bei der Analyse dieser Gefährdungslage hervorgehoben wurden, scheinen noch größer in Zeiten der Big Data zu sein. Einerseits können unscharfe und ungenaue Daten in die Analyse einfließen und somit deren Qualität und Präzision infrage stellen.[714] Andererseits scheint der den Big Data zugrunde liegende statistische Algorithmus noch intransparenter für den Einzelnen zu sein – Schlagwort Blackbox[715] –, was sowohl die Legitimität der Entscheidung infrage stellt als auch die Möglichkeiten der Fehlerkorrekturen verringert.

Darüber hinaus ist sehr fraglich, warum sich der Betroffene einem Verfahren unterwerfen soll, das lediglich Korrelationen liefert, ohne kausale Zusammenhänge festzustellen. Das birgt viele Risiken: Zum einen können sich die Korrelationen als rein zufälliger Zusammenhang erweisen[716] und zum anderen, was noch gefährlicher scheint, können Ursachen als Wirkungen verstanden werden, wobei die Fakten völlig irrtümlich und sogar umgekehrt interpretiert werden.[717]

Auch die Tatsache, dass es sich bei dem Algorithmus in der Big-Data-Analyse um eine objektive und mathematisch nachgewiesene Methode handelt, kann diese Probleme nicht lösen. Wie Nate Silver zutreffend festgestellt hat, ist schon die Suche nach Korrelationen in einen komplexen Kontext eingebettet, in dem Vorurteile und subjektive Annahmen reflektiert sind; das bedeutet also, dass auch mathematisch-statistische Methoden nicht vollkommen objektiv sind.[718] Das ist der Grund dafür, warum es besonders in Zeiten der Big Data einer Analyse der gewählten Zusammenhänge bedarf, um die Angemessenheit und Fairness des Algorithmus zu prüfen. Das setzt aber voraus, dass die Intransparenz des Algorithmus überwunden wird.

#### 4. Gegenwärtiger Rechtsrahmen und Schutzlücken

Die Tatsache, dass ein Datenverarbeitungsvorgang dem Zweck einer Entscheidung im Zivilrechtsverkehr dienen wird, spielt in der Regel bei den Zulässigkeitsvoraussetzungen der Erhebung, Verwendung und Übermittlung personenbezogener Daten im deutschen und im europäischen Recht keine Rolle. Der gegenwärtige

---

714 *Silver*, The signal and the noise, S. 249, der Folgendes behauptet: „This is why our predictions may be more to failure in the era of Big Data. As there is an exponencial increase in the amount of available information, there is likewise an exponential increase in the number of hypotheses to investigate." *Mayer-Schönberger* und *Cukier*, Big Data, S. 35.
715 *Mayer-Schönberger* und *Cukier*, Big Data, S. 178 ff.
716 Ebd., S. 53, 67.
717 *Silver*, The signal and the noise, S. 197, 255.
718 Dazu ebd., S. 14: „we can never make perfectly objective predictions. They will always be tainted by our subjective point of view."

Rechtsrahmen erfasst diese Gefährdungslage eher in einer fragmentierten und punktuellen Weise: Mal wird das automatisierte Verfahren oder die Erstellung eines Wahrscheinlichkeitswerts an sich für gefährlich gehalten, mal werden bereichsspezifische Normen erlassen, um einzelne Risiken zu verhindern, wie es das Gendiagnostikgesetz oder das Fragerecht des Arbeitgebers zeigt. Diese Aspekte werden unten ausführlicher analysiert.

Die Erlaubnistatbestände für den Umgang mit Daten und Informationen im privaten Bereich finden sich im deutschen Recht in den §§ 28, 28a, 29 und 30 BDSG. Daraus ergibt sich aber keine besondere Zulässigkeitsgrundlage für die Datenverarbeitung, wenn diese als Entscheidungsgrundlage für die Begründung, Durchführung oder Beendigung eines Vertragsverhältnisses mit dem Betroffenen dient. Die Erhebung, Verwendung und Übermittlung personenbezogener Daten und Informationen werden unabhängig von dem automatisierten Einzelentscheidungsverfahren geregelt. Es werden also keine bestimmten Bedingungen für die Datenverarbeitung bei der besonderen Gefährdungslage vorgesehen, die hier abgegrenzt wurde. Erst dann, wenn es um automatisierte Entscheidungsverfahren (§ 6a BDSG) oder das Scoring (§ 28b BDSG) geht, werden spezifische Sicherungen hinsichtlich des Verfahrens gefordert; aber auch hier wird die Frage danach, welche Daten und Informationen in das Entscheidungsverfahren einfließen können, nicht beantwortet, sondern vielmehr vorausgesetzt.[719]

§ 6a BDSG regelt das grundsätzliche Verbot einer automatisierten Einzelentscheidung, es sei denn, sie erfolgt im Rahmen eines Vertragsverhältnisses und auf Antrag des Betroffenen (Abs. 2 S. 1) oder die berechtigten Interessen des Betroffenen werden durch geeignete Maßnahmen gesichert (Abs. 2 S. 2). Die Norm dient vor allem dazu, die Mitwirkung einer natürlichen Person bei der Entscheidung zu sichern,[720] und ist insofern besonders in Zeiten der Big Data von großer Bedeutung, da aufgrund der Verfügbarkeit einer großen Datenbasis und preiswerter Software zur Datenanalyse die Anwendung ausschließlich automatischer Entscheidungen seitens der Wirtschaft mittlerweile weit verbreitet ist. Für das Phänomen der Big Data kann daher nur die Ausnahme des § 6a Abs. 2 Satz 2 BDSG als Rechtsgrundlage geeignet sein, da die erste Ausnahme die ganze Sicherung anhand eines schwachen und leicht zu umgehenden Kriteriums (Begehren des Betroffenen im Rahmen eines Vertragsverhältnisses) aufhebt.

§ 28b BDSG sieht spezifische Normen für Scoring-Verfahren vor, aus denen sich ein Wahrscheinlichkeitswert zur Prognoseerstellung über Konsum- und

---

**719** *Scholz*, BDSG, § 6a, Rn. 4; *Kamlah*, BDSG, § 6a, Rn. 5; *Weichert*, BDSG, § 6a, Rn. 4. Weichert stellt sogar Folgendes fest: „Welche Daten in das Verfahren einfließen, ist für dessen Einordnung ohne Relevanz."

**720** Vgl. *Gola* et al., BDSG, § 6a, Rn. 6.

Zahlungsverhalten ergibt. Zwar erweist sich der Paragraf nicht als systematische Norm[721], er spielt trotzdem eine wichtige Rolle, weil er die Folgen dieses Verfahrens für den Betroffenen anerkennt. Er enthält wichtige Regelungen zur Sicherung der Transparenz (Abs. 4) und der Richtigkeit des Verfahrens, da er ein nachweisbares wissenschaftlich anerkanntes mathematisch-statistisches Verfahren für die Berechnung der Wahrscheinlichkeit fordert (Abs. 1). Darüber hinaus verlangt die Regelung, dass die Daten für den Wahrscheinlichkeitswert erheblich sein müssen und dass Anschriftendaten nicht als einzige Basis für das Scoring verwendet werden dürfen. Das zeigt, dass der Gesetzgeber zwar die Datenbasis für ein wichtiges Element des Scorings hält, allerdings keine konkreten Regelungen hinsichtlich der materialen Fairness des Scorings erlassen konnte.

Trotz der Einschlägigkeit des § 28b BDSG bleiben noch viele Fragen offen: Kann die Einwilligung eine Grundlage für das Scoring-Verfahren über §§ 28 und 29 BDSG hinaus bilden? Können sensitive Daten anhand der Einwilligung in das Scoring einfließen? Liegt eine Einwilligung vor, gelten trotzdem dieselben Grenzen der §§ 28 und 29 BDSG? Wie viel Gewicht dürfen Anschriftendaten in dem statistischen Verfahren haben? Diese Fragen weisen darauf hin, dass es noch nicht klar ist, inwiefern über die formale Fairness hinaus auch die materiale Fairness zu gewährleisten ist. Problematisch ist ebenso der Anwendungsbereich des § 28b BDSG: Nach der Gesetzesbegründung fallen unter den Begriff des Scorings weder die Verfahren zur Tarifierung von Lebens- und Krankenversicherungen noch von Kfz-Diebstahl, da sie sich nicht als selbstbestimmtes Handeln qualifizieren ließen.[722] Das kann aber zu Auslegungsproblemen und Widersprüchen führen, weil auch die Zahlungsunfähigkeit des Betroffenen nicht immer auf selbstbestimmtes Handeln zurückzuführen ist.[723]

Was die materiale Fairness angeht, kommen bereichsspezifische Normen in Betracht, und zwar die Regelungen zur Gendiagnostik und zum Fragerecht des Arbeitgebers[724]. In beiden werden der Verwendung personenbezogener Informationen in einem Entscheidungsverfahren Grenzen gesetzt, was erhebliche Folgen für den Betroffenen nach sich ziehen kann. Als zwingende Norm hinsichtlich der substanziellen Fairness der Datenverarbeitung ist auch § 6 Abs. 3 BDSG hervorzuheben, der verbietet, dass personenbezogene Daten über die Ausübung eines

---

**721** Vgl. *Ehmann*, BDSG, § 28a, Rn. 9, der die Vorschrift über Scoring-Verfahren mit „punktuell-fragmentarischem Charakter" beschreibt.
**722** BT-Drucks. 16/10529, S. 16; *Weichert*, BDSG, § 28b, Rn. 4; *Kamlah*, BDSG, § 28b, Rn. 15 ff.
**723** *Kamlah*, BDSG, § 28b, Rn. 16.
**724** Dazu siehe *Büllesbach*, Beschäftigtendatenschutz in der betrieblichen Datenverarbeitung, S. 30 ff.

Rechts durch den Betroffenen zulasten des Betroffenen verwendet werden.[725] Die Norm, die nach § 6 Abs. 1 BDSG unabdingbar ist, ist auf die Berichte zurückzuführen, nach denen die Schufa Auskunftsanträge des Betroffenen als negatives Kriterium für die Bonitätsinformationen bewertete.[726]

Trotz der erwähnten vereinzelten Normen wird die materiale Fairness weder im BDSG noch in bereichsspezifischen Gesetzen als Kriterium für die Zulässigkeit des Umgangs mit Daten und Informationen formuliert. Die Frage danach, welche Daten in die Entscheidungsfindung einfließen können, wird also im datenschutzrechtlichen Rahmen nicht grundlegend geklärt. Folglich kann dieser untersuchten Gefährdungslage nur in unzureichender Weise begegnet werden, was die Schutzlücken des gegenwärtigen Rechtsrahmens deutlich macht.

Das europäische Datenschutzrecht enthält zwar weniger spezifische Regelungen als das deutsche Recht, was die Bedingungen der Datenverarbeitung als Entscheidungsbasis betrifft, die Rechtslage stellt sich aber im Ergebnis ähnlich dar. Die sachliche Richtigkeit der verarbeiteten Daten ist als allgemeines Gebot der Datenschutzrichtlinie vorgesehen (Art. 6 lit. d RL 95/46/EG). Auch hier weichen die Regelungen über die Verarbeitung personenbezogener Daten und Informationen durch die allgemeinen gesetzlichen Tatbestände (Art. 7 RL 95/46/EG) von den Normen zur Sicherung eines fairen Verfahrens trotz der Automatisierung ab (Art. 15 RL 95/46/EG). Das europäische Datenschutzrecht kennt also auch keine besondere Gefährdungslage, wenn es um die Verwendung von Daten zur Risikosteuerung und Entscheidungshilfe im Zivilrechtsverkehr geht. Infolgedessen werden auch keine spezifischen Bedingungen für die Datenverarbeitung bei dieser Sachlage vorgesehen. Es gibt keine spezifische Regelung wie im deutschen Recht für das Scoring-Verfahren, aber die Antidiskriminierungsrichtlinie bietet interessante Ansätze, wenn es um die Verwendung klassischer diskriminierender Merkmale geht.

Von Bedeutung scheint der Grundsatz der Zweckvereinbarkeit (Art. 6 Abs. 1 lit. b RL 95/46/EG) im europäischen Datenschutzrecht zu sein: Wird er als endgültiger und unabdingbarer Grundsatz verstanden[727], kann er wichtige Beiträge zur Entwicklung der Grenzen der Verwendung von Informationen und Daten in der hier untersuchten Gefährdungslage leisten. Dafür müsste aber weiterentwickelt werden, nach welchen Kriterien die Vereinbarkeit zu prüfen ist.[728]

---

**725** Siehe *Dix*, BDSG, § 6, Rn. 62 ff.

**726** Dazu *Buchner*, Informationelle Selbstbestimmung, S. 122 ff.

**727** So v. *Zezschwitz*, Konzept der normativen Zweckbegrenzung, Rn. 14; *Brühann*, Europarechtliche Grundlagen, Rn. 29.

**728** Zu möglichen Kriterien für die Bewertung der Vereinbarkeit siehe *Art. 29 Data Protection Working Party*, Opinion 03/2013 on Purpose Limitation.

Es kann also festgestellt werden, dass der gegenwärtige Rechtsrahmen zwar einige Elemente für die Gewährleistung von Transparenz, Richtigkeit und Fairness der Datenverwendung für Entscheidungszwecke liefert; dies erfolgt aber nur in vereinzelter und fragmentierter Weise. Demgemäß enthält das Datenschutzrecht erhebliche Schutzlücken: a) Die Gefährdungslage ist nicht klar abgegrenzt und deswegen werden auch keine spezifischen Bedingungen dafür vorgesehen; b) die Erlaubnistatbestände – wie ein Vertragsverhältnis oder die Einwilligung – stehen im Zentrum des Rechtsrahmens, nicht jedoch die Kriterien, nach denen die Datenverwendung und -analyse erfolgen sollen; c) es wird mehr Gewicht auf die formale Fairness (Beschränkung bzw. Verbot des automatisierten Entscheidungsverfahrens) als auf die materiale Fairness gelegt (welche Daten in die Entscheidungsfindung einfließen können), was sich vor allem in Zeiten der Big Data als Schwäche erweist; d) das Verhältnis der Einwilligung zu den anderen Tatbeständen bleibt unklar und es ist nicht deutlich, welche Kriterien und Sicherungen unabdingbar sind und welche durch die Einwilligung aufgehoben werden können; e) dies alles führt dazu, dass zwischen Erlaubnistatbeständen und Grenzen der Datenverarbeitung nicht unterschieden wird, wodurch Rechtsunsicherheit für die verantwortliche Stelle und Schutzdefizite für den Betroffenen entstehen können.

## 5. Neuer Regelungsansatz (II): Objektive Kriterien für die Gewährleistung einer fairen Entscheidungsfindung

Die oben durchgeführte Analyse hat sich mit dem Thema auseinandergesetzt, wie Daten sich in Informationen umwandeln, auf denen wiederum Entscheidungen basieren können, was somit Folgen für den Einzelnen verursachen kann. Ein Schutzbedürfnis besteht insofern, als die Verwendung von Informationen als Basis für die Begründung, Durchführung oder Beendigung eines Vertragsverhältnisses negative Folgen für den Kunden haben kann.

Es geht also um die ursprüngliche Sorge, die die Datenschutzdiskussion von Anfang an geprägt hat, und zwar wie die Datenverarbeitung die Handlungsfreiheit des Einzelnen beeinflussen kann. Anders als die Diskussion über die Überwachung des Endgeräts des Internetnutzers, bei welcher die Risiken noch auf der Datenebene bzw. sogar auf der Systemebene entstanden, geht es hier um die Folgen von Informationen[729]. Das bedeutet also, dass die Interpretation der Daten zur Erzeugung von Informationen nun im Mittelpunkt der Untersuchung steht.

---

[729] Grundlegend zu den Folgen der Verwendung von Information als zentrales Schutzziel des

Von Bedeutung ist in diesem Zusammenhang die Unterscheidung zwischen Informationen und Daten. Die Literatur zum Grundrechtsschutz hat auf den Unterschied zwischen Daten und Informationen hingewiesen, um die Konzeption des Rechts auf informationelle Selbstbestimmung zu kritisieren: Diesem Recht liege eine Konzeption des Eigentums an Daten zugrunde, die dem komplexen Phänomen der Information nicht ausreichend Rechnung trägt.[730] Nach dieser Kritik müssten Informationen – nicht Daten – im Zentrum des grundrechtlichen Schutzes gegen Informationshandlungen stehen. Diese Kritik hat sich mittlerweile in der öffentlich-rechtlichen Dogmatik durchgesetzt und hat sogar zur Neujustierung der Konzeption des informationellen Selbstbestimmungsrechts in der Rechtsprechung beigetragen.

Allerdings stellt sich die Lage beim privatrechtlichen Datenschutz etwas anders dar: Die Konsequenzen, die sich aus der Unterscheidung zwischen Daten und Informationen ergeben, wurden hier noch nicht vollständig gezogen. Es ist jedoch gerade im Privatrechtsbereich der Fall, dass dieser Differenzierung eine größere Bedeutung zukommt, da es um die Grenzen der Einflussmöglichkeiten des Betroffenen geht. Die Vermischung beider Elemente erschwert die Realisierung des Ziels des Datenschutzes und erklärt in gewissem Maße, warum so häufig von einem Vollzugsdefizit die Rede ist.

Die begrenzten Einflussmöglichkeiten des Betroffenen auf der Informationsebene sind besonders bei informationsbasierten Entscheidungen wie etwa dem Scoring-Verfahren sichtbar, bei dem die Einwilligung als hinreichende Schutzmaßnahme praktisch ausgeschlossen ist. Darüber hinaus bieten die gesetzlichen Erlaubnistatbestände keine ausreichende Sicherung für den Betroffenen. Diese verlangen das Vorliegen entweder eines berechtigten Interesses oder eines Vertrags als Grundlage für die Prüfung der Erforderlichkeit und Zweckbestimmung der Verwendung der Informationen. Diese Ansätze sind aber nicht in der Lage, die Risiken der Verwendung und Verarbeitung von Informationen für den Einzelnen wirksam zu bekämpfen. Wie oben gesehen, verbleiben trotz der gesetzlichen Tatbestände Schutzbedürfnisse bei informationsbasierten Entscheidungen, gerade weil es ökonomische Anreize für die sich informierende Stelle gibt, so viele Daten wie möglich zu bearbeiten und zu bewerten, um die Risikosteuerung zu verbessern.[731]

---

grundrechtlichen Schutzes des Umgangs mit Daten und Informationen *Albers*, Informationelle Selbstbestimmung, S. 258, 270.

**730** Siehe Kapitel 2.A.

**731** Siehe dazu *Buchner*, Informationelle Selbstbestimmung, S. 140, der von einer Tendenz „maximaler Risikoaversion" der Unternehmen spricht.

Die erheblichen Risiken, die durch informationsbasierte Entscheidungen für den Einzelnen entstehen können, und die geringen Einflusschancen des Betroffenen auf den Entscheidungsprozess erfordern eine Regulierung der Bedingungen der Verwendung und Verarbeitung personenbezogener Informationen im Rahmen der Entscheidung über die Begründung, Durchführung oder Beendigung eines Vertragsverhältnisses. Nachdem die Schutzbedürfnisse in den vorherigen Abschnitten identifiziert wurden, können nun rechtspolitische Aufgaben abgeleitet werden. Dazu werden die Bedingungen mit einem Querschnittscharakter dargestellt, die die Interessenabwägung im Rahmen eines Entscheidungsfindungsverfahrens reflektieren. Diese müssen aber je nach bereichsspezifischem Sektor unterschiedlich umgesetzt und konkretisiert werden.[732] Nur so können die Besonderheiten der unterschiedlichen sachlichen Ebenen berücksichtigt und es kann der Vielfalt der Verwendungszusammenhänge Rechnung getragen werden.[733]

Die Interessenkonstellation bei der hier untersuchten Gefährdungslage – informationsbasierte Entscheidungen – kann wie folgt beschrieben werden. Auf der Seite des Unternehmens oder der verantwortlichen Stelle besteht ein Interesse bezüglich der Steuerung und Reduktion des Risikos, das mit der Begründung, Durchführung oder Beendigung eines Vertragsverhältnisses verbunden ist. Banken und Finanzinstitute haben sogar die Pflicht, diese Risikosteuerung durchzuführen, wie beispielsweise § 10 KWG erkennen lässt. Da diese Steuerung erhebliche Konsequenzen für den Betroffenen hat (z. B. Verweigerung von Vertragsabschlüssen und negative wirtschaftliche Auswirkungen), müssen auch seine Interessen berücksichtigt werden. Auf der Seite des Betroffenen besteht das Interesse, nicht in unrichtiger, intransparenter und unfairer Weise bewertet zu werden.

Insofern geht es darum, die Bedingungen der Datenverarbeitung so festzulegen, dass die Entscheidungsfindung *richtig*[734], *transparent*[735], *zurechenbar*[736] und *fair*[737] abläuft. So kommt es darauf an, welche Daten in die Entscheidungsfindung einfließen, wer die Entscheidung anhand welcher Daten treffen kann und wie

---

**732** *Nissenbaum*, Privacy in Context, S. 209.

**733** *Albers*, Informationelle Selbstbestimmung, S. 480.

**734** *Mallmann*, Zielfunktionen des Datenschutzes, S. 70 ff.

**735** *Nissenbaum*, Privacy in context, S. 209.

**736** Vgl. *Mayer-Schönberger* und *Cukier*, Big Data, S. 173 ff.

**737** Vgl. *Scholz*, BDSG, § 6a, Rn. 3; *Buchner*, Informationelle Selbstbestimmung, S. 135 ff., 145 ff.; *Nissenbaum*, Privacy in Context, S. 208 ff. Nissenbaum setzt sich für einen fairen Prozess der Entscheidungsfindung ein, da die Entscheidung erhebliche Folgen für den Einzelnen bewirken und seine Chancen im Leben stark beeinflussen kann, sei es beispielsweise, weil er keinen Kredit bekommen wird oder weil er einen teuren Versicherungsvertrag abschließen wird.

transparent und fair das Verfahren abläuft. Damit diese Bedingungen die identifizierten Schutzbedürfnisse befriedigen können, müssen sie zum einen zwingend festgelegt werden und zum anderen unabhängig von dem Erlaubnistatbestand der Datenverarbeitung – Einwilligung, Vertrag oder berechtigte Interessen – gelten.

Die Richtigkeit bezieht sich auf die Daten und Informationen, die in den Entscheidungsprozess einfließen sowie auf das Resultat der Prognose. Es muss also ein Anspruch sowohl auf die Richtigkeit der Daten als auch auf die Signifikanz und Relevanz der Prognose und des ihr zugrunde liegenden Algorithmus bestehen. Das bedeutet ebenfalls, dass für den Betroffenen negative Merkmale nicht überbewertet werden dürfen; vielmehr müssen sie in einem geeigneten Verhältnis zu den übrigen statistischen Werten stehen. In diesem Sinne ist die Forderung nach einem wissenschaftlich anerkannten mathematisch-statistischen Verfahren[738] geeignet, die Richtigkeit des Entscheidungsprozesses zu sichern.

Die Transparenz der Entscheidungsfindung ist eine zentrale Bedingung des Entscheidungsverfahrens, die in Zeiten der Big Data noch größere Bedeutung gewinnt. Welche Daten in den Entscheidungsprozess einfließen, welche Informationen negativ oder positiv bewertet werden und wie der Algorithmus aufgebaut ist – all dies ist entscheidend, damit die Richtigkeit und Fairness der Entscheidung überhaupt kontrollierbar bleibt. Nur durch die Gewährleistung eines transparenten Verfahrens können die Aufsichtsbehörden dessen Zulässigkeitsvoraussetzungen prüfen – und nur dadurch kann der Einzelne die Entscheidung nachvollziehen und gegebenenfalls sein Verhalten anpassen, um in Zukunft bessere Konditionen zu erhalten.[739] Um die erforderliche Transparenz zu garantieren, genügt es nicht, nur dem Einzelnen Auskunftsrechte zu gewähren, so wie in § 34 BDSG und Art. 12 DSRL vorgesehen. Es bedarf vielmehr eines Konzepts der Transparenz, das auch die Zurechenbarkeit[740] – die *accountability* – des Verfahrens einbezieht. Dies bedeutet, dass der Entscheidungsprozess kontrollierbar, nachweisbar und verfolgbar ist, sodass der Einzelne ihn nachvollziehen kann.

Die Fairness der Entscheidungsfindung muss in zwei Richtungen gewährleistet werden, und zwar in einem formalen Sinn und in einem materialen bzw.

---

738 Siehe § 28 b Abs. 1 BDSG.

739 Eine wichtige Regelung zur Transparenz enthält ein amerikanisches Gesetz zur Chancengleichheit in der Kreditwirtschaft (Equal Credit Opportunity Act – Regulation B). Es sieht vor, dass der Betroffene Anspruch auf konkrete Erklärungen hat, immer wenn ihm ein Kredit verweigert wird.

740 Die Zurechenbarkeit wurde in den neuen OECD-Richtlinien zum Datenschutz als Grundsatz einbezogen und ist auch in dem Entwurf zur Datenschutzverordnung der Europäischen Union als neuer Grundsatz der Datenverarbeitung vorgesehen.

substanziellen Sinn. Formale Fairness wird dadurch sichergestellt, dass die Partizipation des Betroffenen an dem Verfahren gesichert wird und dass das Entscheidungsverfahren nicht in einer ausschließlich automatisierten Weise erfolgt. Je bedeutender die Folgen, die sich für den Einzelnen aus der Entscheidung ergeben, und je höher die Wahrscheinlichkeit des Eintretens von Fehlern in der Entscheidungsfindung, desto wichtiger erscheint die Beschränkung automatisierter Einzelentscheidungen.

Vor allem im Zeitalter der Big Data besteht das Risiko der Diktatur der Daten, wie Mayer-Schönberger und Cukier es zutreffend ausgedrückt haben.[741] Geht man davon aus, dass eine bestimmte Datenbasis für einen Entscheidungsprozess extrem groß und möglicherweise fehlerbehaftet ist – wie es bei dem Phänomen der Big Data der Fall ist – sieht man, wie gefährlich es ist, Entscheidungen ausschließlich auf Basis automatisierter Datenverarbeitung zuzulassen.[742] Es bedarf also der Verstärkung der Garantie gegen automatisierte Einzelentscheidungen, zumindest in den Bereichen, in denen der Einzelne mit erheblichen nachteiligen Entscheidungen rechnen muss.

Fairness muss darüber hinaus auch in materialem Sinne gewährleistet werden. Das bedeutet, dass es nicht nur auf die Form des Verfahrens ankommt – formale Fairness –, sondern auch auf die Art der Daten, die in das Verfahren einfließen. Bei der materialen Fairness geht es vor allem um die Verhinderung willkürlicher Selektivität der Informationen. Selbstverständlich kann Fairness in diesem Sinne nur in Verbindung mit dem Verwendungszusammenhang festgestellt werden. Allerdings können Kriterien dafür querschnittlich identifiziert werden. Wie oben gezeigt, gibt es verschiedene Situationen, in denen die Entscheidungsfindung sich als substanziell unfair erweisen kann und folglich Schutzbedürfnisse auf Seiten des Betroffenen bestehen.[743]

Es bedarf zunächst der Gewährleistung, dass die Daten und Informationen sachlich angemessen und relevant für die Entscheidung sind. Bloße Verdachtsmomente oder Indizien sollten nicht als Basis für die Entscheidung benutzt werden. Je stärker die Folgewirkungen und Risiken für den Betroffenen, desto eindeutiger müssen die Kriterien sein, die eine Entscheidung mit nachteiligen Wirkungen stützen. Verfahren, die auf statistischer Diskriminierung basieren, müssen spezielle Vorkehrungen für atypische Fälle ergreifen, damit das Phänomen des Generalisierungsunrechts vermieden wird.[744] Besondere Gefährdungen entstehen bei einer Big-Data-Analyse, da Korrelationen nach statistischen Er-

---

**741** *Mayer-Schönberger* und *Cukier*, Big Data, S. 163 ff.
**742** So ebd., S. 176 ff.
**743** Siehe in diesem Kapitel Abschnitt A.II.2.
**744** § 28 b Abs. 3, der Anschriftendaten regelt, genügt hierfür sicherlich nicht.

fahrungen festgestellt werden können, ohne jede Kausalität zu prüfen. Daher ist es angemessen, bei Entscheidungen über sensible Themen oder mit starken nachteiligen Wirkungen den ausdrücklichen Nachweis eines sachlichen oder kausalen Zusammenhangs durch spezifische Regelungen einzufordern. Bedenken hinsichtlich materialer Unfairness werden auch ausgelöst, wenn die Ausübung eines Rechts oder einer anderen von der Rechtsordnung geschützten Handlung als negatives Kriterium bewertet wird.

Anlass für die Prüfung der Fairness der Datenbasis zur Entscheidungshilfe bietet auch das AGG.[745] Zwar ist der Zusammenhang zwischen Datenschutzrecht und Antidiskriminierungsrecht noch nicht abschließend geklärt[746], dennoch ergeben sich aus dem AGG Regelungen, die den Umgang mit Daten und Informationen unmittelbar betreffen. Dabei sind §§ 7 und 19 AGG, die Benachteiligungsverbote aufgrund der klassischen diskriminierenden Merkmale[747] im Arbeits- und Zivilrecht vorsehen, von großer Bedeutung. Inwiefern diese Merkmale als Entscheidungsbasis in zivilrechtlichen Beziehungen angewendet werden können, kommt auf die Ausnahmen an, die in §§ 8 – 10 und § 20 AGG festgelegt sind. Dabei gelten als Rechtfertigungsgrund Kriterien wie ein legitimes Ziel (§ 10 AGG) oder ein sachlicher Grund (§ 20 Abs. 1 AGG).[748] Zudem sieht das Gesetz ausdrückliche und ausnahmslose Verwendungsverbote für den Zivilrechtsverkehr vor, und zwar für die Merkmale der ethnischen Herkunft und der Rasse.[749] Da diese Merkmale nicht in § 20 AGG erwähnt werden, besteht diesbezüglich keine Rechtfertigungsmöglichkeit auf Basis eines sachlichen Grundes.

Somit wird klar, dass die Diskriminierungsverbote des AGG gleichzeitig auch Datenverarbeitungsverbote bedeuten können. Insofern scheint es sinnvoll, das Verhältnis zwischen Datenverarbeitung und Antidiskriminierungsrecht präziser zu gestalten, damit die Kriterien des AGG für die Prüfung der Zulässigkeit der Informationshandlung in angemessener und sinnvoller Weise angewendet werden können.

Wichtig ist an dieser Stelle, zu bemerken, dass die Grundsätze der Datensparsamkeit und der Datenvermeidung (§ 3a BDSG) so gut wie keine Auswirkungen auf die hier beschriebene Gefährdungslage haben. Da es hier um die

---

745 Zum AGG im Rahmen der Tendenz zur Materialisierung des Privatrechts siehe *Singer*, in: Grundmann et al. (Hrsg.), Festschrift 200 Jahre, S. 1006 ff.

746 Wegweisend *Britz*, Freie Entfaltung durch Selbstdarstellung; *Britz*, Einzelfallgerechtigkeit versus Generalisierung.

747 Die vorgesehenen Merkmale sind Rasse, ethnische Herkunft, Geschlecht, Religion, Weltanschauung, Behinderung, Alter und sexuelle Identität (§ 1 AGG).

748 *Britz*, Einzelfallgerechtigkeit versus Generalisierung, S. 33.

749 Ebd., S. 65 ff.

Bewertung des Verhaltens des Einzelnen geht, kommt es nicht auf die Quantität der Daten an, sondern auf die Art und den Inhalt der Daten und Informationen, auf die Vorgehensweise der Datenanalyse sowie auf die daraus resultierenden Folgen der Datenverarbeitung. Ebenso wenig spielen Anonymisierung und Pseudonymisierung eine Rolle, weil der Umgang mit Daten und Informationen als Basis für eine Entscheidung hinsichtlich eines Vertragsverhältnisses den Personenbezug voraussetzt. Was die Anonymisierungsanforderungen in den Warn- und Hinweisdiensten im Versicherungsbereich angeht, so weist Buchner zu Recht darauf hin, dass „der Einzelne im Ergebnis damit rechnen [muss], vom Versicherungsmarkt ausgeschlossen zu werden, wenn er – codiert oder nicht codiert – erst einmal in den Warn- und Hinweissystemen aktenkundig geworden ist."[750] Hinsichtlich der konkreten Gefahren für den Betroffenen sieht man also, wie wenig diese Grundsätze bei der Datenverarbeitung als Entscheidungsbasis bewirken können, wenngleich sie in anderen Situationen wichtige Funktionen erfüllen mögen.

## B. Die Errichtung einer doppelten Rechtmäßigkeitsstruktur und die Gewährleistung einer gehaltvollen Zustimmung

Es muss nun untersucht werden, wie sich die vorgeschlagenen Regelungsansätze in die Rechtmäßigkeitsstruktur des Datenschutzes integrieren lassen. Die Herausforderung liegt also darin, den Ansatz der Informationsrisiken mit dem Ansatz der Datenkontrolle zu vereinbaren. Die hier vertretene Ansicht geht davon aus, dass beide Ansätze unterschiedlichen Dimensionen des individuellen Schutzes hinsichtlich des Umgangs Dritter mit Informationen und Daten entsprechen und deshalb in unterschiedlichen Stufen berücksichtigt werden müssen.

### I. Zweistufiges Konzept: Weite Erlaubnisgrundlagen und spezifische Grenzen für erhöhte Gefährdungslagen

Gegen den aktuellen privatrechtlichen Datenschutz werden häufig zwei Vorwürfe erhoben. Zum einen wird er hinsichtlich des Schutzes des Betroffenen für ineffektiv gehalten, was auf die Zulässigkeitsvoraussetzungen zurückzuführen ist: Die Einwilligung wird als bloße Formalität gesehen, die Erlaubnistatbestände des Vertrags und der berechtigten Interessen als zu weit und zu unpräzise. Gefährliche

---

750 *Buchner*, Informationelle Selbstbestimmung, S. 142 ff.

Datenverarbeitungsvorgänge werden dadurch nicht unterbunden, was den Eindruck erweckt, der Datenschutz sei ineffektiv. Zum anderen wird der Datenschutz als anachronistisches Instrument betrachtet, das jede Erhebung und Verwendung von persönlichen Daten in der Informationsgesellschaft verbieten will, wenn immer häufiger dafür plädiert wird, dass die Erlaubnistatbestände so eng wie möglich auszulegen sind.

So widersprüchlich beide Positionen klingen mögen, so ähnlich ist ihr Ursprung. Das gegenwärtige Datenschutzmodell unterscheidet nicht in hinreichender Weise zwischen zwei Komponenten des Schutzes der Person hinsichtlich des Umgangs Dritter mit Daten und Informationen: Kontextsicherung und Vorrechtsentscheidung einerseits sowie Schutz gegen besondere Gefährdungen, die sich aus Informationshandlungen ergeben, andererseits. Aus diesem Grund versucht das Recht beide Elemente auf einmal und mit denselben Mitteln zu behandeln, was zu erheblichen Schwierigkeiten und paradoxen Effekten führt.

Es ist deshalb notwendig, diese zwei Ebenen zu unterscheiden und geeignete Instrumente für jede Ebene zu schaffen, um dem Einzelnen ein angemessenes Schutzniveau hinsichtlich der Informationshandlungen zu garantieren. Im Folgenden wird gezeigt, wie ein solches zweistufiges Konzept im privatrechtlichen Datenschutzrecht aufgebaut werden kann.

## 1. Kontextsicherung und Einfluss des Betroffenen

Das „Verbot mit Erlaubnisvorbehalt" als Grundsatz des privatrechtlichen Datenschutzes ist zuletzt in die Kritik geraten, weil es darauf abziele, jede Datenverarbeitung im digitalen Zeitalter zu verhindern. Es wird argumentiert, dass „die Datenschutzgesetzgebung tendenziell auf eine ökonomische Verhinderungsstrategie"[751] hinauslaufe, da sie immer noch – auch beim internetbasierten Markt – das Verbot mit Erlaubnisvorbehalt als Ausgangspunkt habe; diese „Art staatlicher Datenschutzfürsorge" verursache „zweifelhafte Ergebnisse".[752]

Eine nähere Betrachtung zeigt aber, dass es sich praktisch nicht grundsätzlich um ein Verbot, sondern vielmehr um eine Erlaubnisformel handelt, da das gesetzliche Verbot durch zahlreiche allgemeine Erlaubnistatbestände (§§ 28, 29 BDSG, §§ 12, 14, 15 TMG, Art. 7 RL 95/46/EG) entkräftet wird.[753] So erklärt Härting, die aktuelle Rechtslage komme einer Generalerlaubnis sehr nahe.[754] Redecker teilt eine ähnliche Meinung: „Betrachtet man die zahlreichen gesetzlichen Erlaub-

---

**751** *Vesting*, in: Ladeur (Hrsg.), Innovationsoffene Regulierung des Internets, S. 169.
**752** Ebd.
**753** Vgl. *Buchner*, Informationelle Selbstbestimmung, S. 99 ff.
**754** *Härting*, Internetrecht, Verbot mit Erlaubnisvorbehalt, Rn. 1.

nisse, die dieses Prinzip konkretisieren, wird deutlich, dass es sich lediglich um ein gesetztechnisches Ordnungsprinzip und nicht um ein grundlegendes Prinzip dahingehend handelt, nach dem Datenverarbeitung grundsätzlich verboten ist und materiell nur durch Gesetze erlaubt werden kann."[755]

Dieser Position kann sich im Grundsatz angeschlossen werden. Das sogenannte „Verbot mit Erlaubnisvorbehalt" hat weder eine Verrechtlichung im Privatbereich ausgelöst noch verstößt es gegen die grundrechtliche Informationsfreiheit. Vielmehr wird durch die Ordnung und Steuerung des Datenverkehrs ein Interessenausgleich durchgeführt, der die Freiheit aller Beteiligten zu sichern versucht.

Als Steuerungsprinzip dient die Erlaubnisformel in erster Linie dazu, Vorrechtsentscheidungen festzustellen und das Verfahren des Datenflusses zu sichern. Die Erlaubnistatbestände gewährleisten sowohl den Einfluss des Betroffenen auf die Informations- und Datenverarbeitung als auch die Interessen der verarbeitenden Stelle an der Erhebung und Verarbeitung personenbezogener Informationen, solange deren Interessen sich nach der Rechtsordnung als berechtigt erweisen. Insofern dienen sie der Verteilung des Entscheidungsvorrechts: Liegt ein legitimes Interesse der privaten Stelle vor oder ist die Erhebung oder Verarbeitung für die Erfüllung eines Vertrags erforderlich, dann ist die Informations- und Datenverarbeitung zulässig; ist das nicht der Fall, kann nur der Einzelne die Entscheidung für die Datenverarbeitung treffen, und zwar nach den Vorgaben der Einwilligungslösung.

Die Erlaubnisformel zielt auch darauf ab, den Kontext des Datenflusses zu sichern, indem die gesetzlichen Tatbestände selbst Grenzen für die Datenverarbeitung setzen, z. B. durch die Grundsätze der Zweckbestimmung und der Erforderlichkeit.[756] Dadurch trägt sie dem Phänomen der datenvermittelten Informationsgewinnung Rechnung, wodurch Daten in beliebige Kontexte gebracht und unbeschränkt als Informationsgrundlage dienen können.

Trotz der Leistung der Erlaubnistatbestände reichen sie allein nicht aus, um die Schutzbedürfnisse des Einzelnen bezüglich des Umgangs mit Daten und Informationen zu erfüllen. Diese Formel ist zwar ein unentbehrliches Element, ohne das die Kontextsicherung und die Vorrechtsentscheidung nicht zu erreichen sind. Allerdings weisen die in diesem Kapitel untersuchten Schutzbedürfnisse des Einzelnen beim Umgang Dritter mit Daten und Informationen darauf hin, dass es einer weiteren Ebene bedarf, auf der die Risiken und die Grenzen der Datenverarbeitung über die Erlaubnisformel hinaus thematisiert werden.

---

755 *Redeker*, IT-Recht, Rn. 941.
756 Siehe dazu Kap. 3 und 4. Vgl. auch *Gola* et al., BDSG, § 28, Rn. 14.

## 2. Risikoansatz: prozedurale und materiale Maßnahmen für erhöhte Gefährdungslagen

Der hier vertretene Ansatz geht davon aus, dass ein zweistufiges Konzept zur Feststellung der Zulässigkeit einer Informationshandlung die beste Antwort darstellt, um die Privatautonomie aller Beteiligten im Rahmen des Umgangs mit Daten und Informationen zu gewährleisten: Während auf einer ersten Stufe zu prüfen ist, wer die Vorrechtsentscheidung für eine bestimmte Datenverarbeitung hat, wird auf einer zweiten Stufe untersucht, ob diese Informationshandlungen bestimmte Risiken mit sich bringen, das heißt beispielsweise, ob sie legitime Vertraulichkeitserwartungen durchbrechen oder ob sie für den Einzelnen nachteilige Folgen verursachen, die er nicht kontrollieren kann oder die sich als unangemessen oder unfair erweisen. Somit wird der Spannung des Datenschutzes zwischen Datenkontrolle und Informationsrisiken Rechnung getragen.

Dass die Erlaubnistatbestände allein nicht in der Lage sind, die Risiken der Datenverarbeitung zu verhindern, ist hauptsächlich auf drei Gründe zurückzuführen: Indem sie der Kontextsicherung und Steuerung von Informationshandlungen dienen, geht es bei den Erlaubnistatbeständen in erster Linie um die Analyse der Vorrechtsentscheidung, die Erforderlichkeit und die Zweckbestimmung der Informationshandlung. Besonders riskante Datenverarbeitungen werden aber dadurch nicht vermieden, da die Erlaubnistatbestände weder die Folgen der Informationen für den Einzelnen noch die Vertraulichkeitserwartungen des Betroffenen thematisieren können. Zweitens bilden die Erlaubnistatbestände keine klare Beschränkung für die Datenverarbeitung, weil sie in gewissem Maße von der Auswahl der verarbeitenden Stelle abhängen. Wirklich riskanten Informationshandlungen sollten aber grundsätzlich feste Grenzen gesetzt werden, unabhängig davon, auf welcher Basis – Einwilligung, Vertrag oder berechtigtes Interesse – sie stattfinden. Schließlich ist die Struktur der Erlaubnistatbestände im gegenwärtigen Datenschutzmodell inhärent von dispositiver Natur, weil die verarbeitende Stelle immer auf die Einwilligung als allgemeine Grundlage der Datenverarbeitung zurückgreifen kann. Dies bedeutet aber, dass zwingende Interessen, konstitutive Bedingungen der Kommunikationsinfrastrukturen und Situationen, in denen die Voraussetzungen für die freie Entscheidung des Einzelnen nicht gewährleistet sind, nicht berücksichtigt werden können.

Als rechtspolitische Alternative könnte man daran denken, auf die Autonomie als allgemeine Grundlage des Datenschutzes zu verzichten und das gesamte Rechtsgebiet durch spezifische und abschließend aufgezählte Erlaubnistatbestände zu normieren[757]; so ein Modell würde dann die Ermächtigung für die Da-

---

**757** Vgl. *Buchner*, Informationelle Selbstbestimmung, S. 96.

tenverarbeitung durch Einwilligung nur in bestimmten Situationen ermöglichen. Über das Problem der Verrechtlichung hinaus ist es aber sehr fraglich, inwiefern ein solches System verfassungsgemäß wäre, weil es mit dem Prinzip der Privatautonomie in Konflikt geriete. Insofern erweist es sich also nicht als eine geeignete Alternative. Folglich muss sich ein Datenschutzmodell für den privaten Bereich an einem privatautonomen Grundsatz orientieren, sodass die Einwilligung als allgemeine Grundlage für die Datenverarbeitung beizubehalten ist. Die Frage lautet aber, wie dieses Desiderat praktisch umgesetzt werden kann, trotz der Beschränkungen der Autonomie, die mit dem Phänomen der Information selbst verbunden sind.

Angesichts der Herausforderung, die Privatautonomie der Beteiligten im Rahmen des Umgangs mit Daten und Informationen zu gewährleisten, wird hier vorgeschlagen, dass die Informationshandlung nach einem zweistufigen Modell zu prüfen ist.

Die erste Stufe entspricht also den Erlaubnistatbeständen und den damit verbundenen Grundsätzen: Sie garantiert das Entscheidungsvorrecht des Betroffenen, immer wenn kein berechtigtes Interesse auf der Seite der verantwortlichen Stelle oder kein Vertrag besteht. Sie thematisiert außerdem die berechtigten Interessen der verantwortlichen Stelle und die Erforderlichkeit der Datenverarbeitung für das Erreichen dieser Interessen. Schließlich werden auch der Zweck eines Schuldverhältnisses sowie die Informationshandlungen, die erforderlich sind, um diesen Zweck zu erfüllen, geprüft. Auch wenn der Gesetzgeber die Erlaubnistatbestände besser präzisieren könnte und sollte, ist zu erwarten, dass sie letztlich immer recht allgemein ausgestaltet sein werden; nur so werden sie auf unterschiedliche Situationen und Sektoren anwendbar sein.[758]

Die zweite Stufe hingegen muss spezifischer ausgestaltet werden. Ihre Normen und Struktur hängen von den Risiken der spezifischen Informationshandlung ab. Das heißt, dass es auf die Informationsgrundlage – auf der die Daten und Informationen erhoben werden – und auf den Verwendungszusammenhang – in welchen Situationen und Kontexten Informationen angewendet werden – ankommt.[759] Die besonderen Gefährdungslagen, die in diesem Kapitel herausgearbeitet wurden, ergeben sich gerade aus dem Zusammentreffen beider Aspekte. Bei den Überwachungs- und Trackingtechniken ging es vor allem um die Informationsgrundlage, also um den Zugang zu den Informationen und Daten, die im

---

**758** Es ist zu erwarten, dass die Tatbestände sich besser an das Internet anpassen, um die bestehende Dysfunktionalität zu korrigieren. Zum Problem der Anwendung des § 29 BDSG auf Bewertungsplattformen siehe *Eifert*, in: Bieber et al. (Hrsg.), Soziale Netze in der digitalen Welt, S. 261 ff.

**759** Vgl. *Bäcker*, Der Staat 1 (2012), 91, 102.

Endgerät des Nutzers gespeichert sind und von denen der Nutzer erwartet, dass sie vertraulich bleiben. Bei der zweiten identifizierten Gefährdungslage ging es um informationsbasierte Entscheidungen, was den Verwendungszusammenhang angeht.[760]

Um den Risiken der Informationshandlungen auf der zweiten Stufe der Zulässigkeitsstruktur zu begegnen, kommen unterschiedliche Instrumente in Betracht. Zum einen sind prozedurale Maßnahmen denkbar. Zum anderen können spezifische materiale bzw. substanzielle Grenzen durch zwingendes Recht erlassen werden. Möglich ist auch, Normen generalklauselartig zu formulieren, sodass die Datenverarbeitung zwar durch objektive Kriterien, aber in einer flexiblen Art beschränkt würde, so wie neuerdings der Grundsatz der Zweckvereinbarkeit im europäischen Recht interpretiert wird.[761]

Wie beim ersten untersuchten Fall[762] kann es nötig sein, bestimmte legitime Vertraulichkeitserwartungen gesetzlich zu garantieren. Dadurch können die konstitutiven Bedingungen der Kommunikations- und Informationsinfrastrukturen gesichert werden. Dies aber muss nur in den Fällen garantiert werden, in denen erhöhte Gefährdungslagen grundlegende Freiheiten bedrohen. Das ist bei legitimen Vertraulichkeitserwartungen der Fall, sodass ihre Gewährleistung durch zwingendes Recht geboten ist. Denn von Freiwilligkeit der Entscheidung kann keine Rede sein, wenn der Einzelne auf die Freiheit der Information und Kommunikation im Internet verzichten muss.

Bei der zweiten erhöhten Gefährdungslage – informationsbasierte Entscheidungen im privaten Bereich –, die oben untersucht wurde[763], wurde vorgeschlagen, dass sowohl die prozedurale als auch die materiale Fairness des Entscheidungsverfahrens gewährleistet werden muss. Es kann auf prozedurale Maßnahmen ganz unterschiedlicher Art zurückgegriffen werden. Beispiele für überzeugende prozedurale Maßnahmen sind in *Eiferts* Lösungsansatz[764] zum Schutz von Persönlichkeitsrechten in Online-Bewertungsportalen zu finden. Dort wird eine „rechtliche Konturierung der Kommunikationsräume" vorgeschlagen, die durch „Anonymität der Teilnehmer, die Begrenzung der Reichweite durch Zugangsbeschränkung und Abschottungen gegenüber Suchmaschinen sowie

---

760 Siehe Abschnitt A.II in diesem Kapitel.
761 Siehe *Art. 29 Data Protection Working Party*, Opinion 03/2013 on Purpose Limitation.
762 Nämlich die Gefährdungen durch Tracking- und Überwachungsinstrumente im Internet – siehe Abschnitt A.I in diesem Kapitel.
763 Siehe in diesem Kapitel Abschnitt A.II.
764 *Eifert*, in: Bieber et al. (Hrsg.), Soziale Netze in der digitalen Welt.

schließlich Präformierung und Kontrollintensität der Inhalte"[765] gekennzeichnet wird.

Die zweite Stufe wird also dadurch geprägt, dass hier eine Verbindung mit der Gefährdungslage hergestellt wird. Sie ermöglicht die Gestaltung eines gefährdungsabhängigen Datenschutzes, der angemessen auf verschiedene Risikolagen reagiert. Auf der ersten Stufe kann der Datenschutz weiterhin die Kontextsicherung und die Vorrechtsentscheidung garantieren und so als Präventionsinstrument wirken. Indem die erste Stufe durch allgemeine Erlaubnistatbestände – Einwilligung, berechtigte Interessen, Vertrag u. a. – geprägt wird, wirkt das Datenschutzrecht keineswegs zu restriktiv. Erst auf der zweiten Stufe, auf der die erhöhten Gefährdungslagen identifiziert werden, greifen unterschiedliche prozedurale und materiale Maßnahmen ein, um besondere Risiken angemessen zu bewältigen. Wichtig ist, dass diese Maßnahmen unabhängig von den Erlaubnistatbeständen, auf denen die Datenverarbeitung basiert, eingreifen.

## II. Die Gewährleistung einer gehaltvollen Zustimmung

Die Gewährleistung der Privatautonomie steht nach wie vor im Zentrum des Schutzes. Das hier vorgeschlagene zweistufige Konzept zielt darauf ab, sowohl den Informationskontext und die Einflussrechte des Betroffenen zu sichern als auch spezifische Grenzen für besondere Gefährdungslagen zu schaffen, um letztendlich eine gehaltvolle Zustimmung des Betroffenen bei Informationshandlungen zu garantieren.

Hierzu bedarf es insbesondere der Betonung der Differenz zwischen Daten und Informationen[766], um die notwendigen Konsequenzen für den Autonomieschutz im privaten Datenschutzrecht zu ziehen. Informationen „sind Sinnelemente, die in einem bestimmten sozialen Kontext aus Beobachtungen, Mitteilungen oder Daten erzeugt und dann genutzt werden."[767] Damit sich Daten in Informationen umwandeln, bedarf es einer interpretativen Leistung, die immer mit dem sozialen Kontext verbunden ist, in dem sie erzeugt wurden.[768] Der Informationsgehalt ist also immer kontextabhängig und lässt sich nicht nur durch seine soziale Dimension verstehen.[769] Insofern wäre es unmöglich eine Informationsverfügungsbefugnis zu gewährleisten, wie es Britz zutreffend ausgedrückt

---

**765** Ebd., S. 262.
**766** Dazu siehe Kapitel 2.A.I.
**767** *Albers*, Umgang mit personenbezogenen Informationen und Daten, § 12.
**768** *Albers*, Informationelle Selbstbestimmung, S. 89 ff.
**769** Ebd.; *Britz*, Informationelle Selbstbestimmung, S. 566 ff.

hat: „Ein Informationsbeherrschungsrecht gewährte Unmögliches, weil sich die subjektiven Beobachtungen und Sinnkonstruktionen anderer schlicht nicht beherrschen lassen."[770] Es ist gerade die soziale Dimension der Information, die die Grenzen eines ausschließlich auf Autonomie basierenden Schutzkonzepts hinsichtlich Informationshandlungen deutlich macht.

Zwei Konsequenzen lassen sich daraus für die Dogmatik des privatrechtlichen Datenschutzes ziehen. Zunächst ist klar, dass nicht nur der Einzelne bestimmen kann, wann personenbezogene Informationen benutzt werden, da die Verwendung und Übermittlung von Informationen eine Vielfalt von legitimen Zwecken durch die verantwortliche Stelle erfüllen können. Dies erklärt, warum das Datenschutzrecht verschiedene Erlaubnistatbestände vorsieht, die die verantwortliche Stelle ohne die Einwilligung des Betroffenen zu einer Datenverarbeitung ermächtigen, wie beispielsweise die berechtigten Interessen und der Vertrag. Dies erweist sich zwar als eine Beschränkung der Autonomie des Betroffenen zugunsten der verarbeitenden Stelle, lässt sich aber trotzdem dadurch rechtfertigen, dass die Relevanz, Erforderlichkeit und Legitimität des Verwendungszwecks es rechtfertigen. Die Notwendigkeit der gesetzlichen Festlegung von Erlaubnistatbeständen jenseits der Einwilligung wird also allgemein anerkannt und die dadurch entstehende Beschränkung der Autonomie als notwendige Folge des Umgangs mit Informationen verstanden.

Es gibt jedoch eine andere Grenze der Autonomie, die sich ebenso aus dem Phänomen der Information ergibt, aber weniger wahrgenommen wird, und zwar die Beschränkung der Autonomie zum Schutz des Betroffenen aufgrund der Folgen und Risiken des Umgangs mit Daten und Informationen. Gerade weil es kein Informationsbeherrschungsrecht gibt und geben kann, ist der Einzelne nicht in der Lage, sich selbst gegen die Folgen der Informationshandlungen Dritter zu schützen. Diese Folgen und Risiken – wie beispielsweise Stigmatisierung, verfälschende Darstellung oder Minderung sozialer Anerkennung[771] – entstehen durch die interpretative Leistung des Beobachters in einem bestimmten sozialen Kontext und können deshalb vom Einzelnen schwer verhindert oder beeinflusst werden.

Wenn es also kein Informationsverfügungsrecht gibt, so wäre doch denkbar, dass wenigstens eine Datenbefugnis besteht, aufgrund derer die Informationserzeugung beeinflusst werden kann. Aber auch ein solcher Mechanismus der „Datenkontrolle" wäre nicht in der Lage, die Risiken und Folgen des Umgangs mit Daten und Informationen zu verringern. Da eine Information nicht die Summe der

---

770 *Britz*, Informationelle Selbstbestimmung, S. 567.
771 *Albers*, Informationelle Selbstbestimmung, S. 259.

einzelnen Daten ist[772], würde auch ein Datenverfügungsrecht nicht viel leisten: Die Daten bleiben nicht unverändert so, wie sie bei der Person erhoben worden sind. Das ist vor allem auf eine bestimmte Eigenschaft der Information zurückzuführen: Der Wert personenbeziehbarer Daten liegt nicht in ihnen selbst, sondern resultiert aus den vielfältigen Kombinationsmöglichkeiten von Daten und Informationen, die als Grundlage für einen Interpretations- und Deutungsprozess dienen.

Insofern besteht keine Kontrollmöglichkeit durch den Betroffenen, weder über die Weise, in der Informationen und Daten in einem bestimmten sozialen Zusammenhang kombiniert und interpretiert werden, noch über die Sinngehalte, die durch der Deutungs- und Rekonstruktionsleistung erzeugt werden. Darüber hinaus kann der Betroffene auch nicht kontrollieren, wie diese Informationen künftig in sozialen Kontexten angewendet werden können. So kann ein Schutzkonzept, das sich ausschließlich auf die Einwilligung gründet, nicht sicherstellen, dass der Einzelne gegen die Risiken der Informationshandlungen der verarbeitenden Stelle geschützt ist. Es handelt sich nicht nur um ein Problem der Unfreiwilligkeit der Entscheidung, die den Mechanismus des privatautonomen Interessenausgleichs beeinträchtigt; vielmehr findet ein Interessenausgleich bei datenvermittelter Informationsgewinnung[773] – anders als bei der persönlichen Interaktion – in der Regel überhaupt nicht statt.

Um eine gehaltvolle Zustimmung zu gewährleisten, sollte daher auch das Konzept der Einwilligung neu konfiguriert werden. In der aktuellen Diskussion wird häufig gefragt, ob die Rolle der Einwilligung als Legitimationsgrundlage für die Datenverarbeitung reduziert oder erhöht werden solle. Zutreffender ist jedoch, die Rolle der Einwilligung umzugestalten. Sie ist immer dann ein geeignetes Instrument, wenn die Entscheidung des Einzelnen tatsächlich die Datenverarbeitung beeinflussen kann, so z. B. bei der Einstellung von Profilen in sozialen Netzwerken. Ferner kann die Einwilligung eine Rolle spielen, wenn der Einzelne seine Zustimmung zu personalisierter Werbung (*behavioral advertising*) erteilt, vorausgesetzt, dass die Datenerhebung sich nicht als Totalüberwachung erweist. Andererseits spielt die Einwilligung keine bzw. eine geringe Rolle, wenn es um die Risiken der Informationsverarbeitung geht, so wie bei diskriminierenden Entscheidungen durch Informationsmaßnahmen. Sie spielt ferner auch keine entscheidende Rolle, wenn es um objektive Sicherheitsmaßnahmen geht, die den Einzelnen oder das System vor Manipulationen bewahren müssen. Vielmehr müssten dafür objektive Kriterien entwickelt werden, um nachvollziehbar zu

---

772 *Solove*, Stanford Law Review 53 (2001), 1393, 1452.
773 *Albers*, Informationelle Selbstbestimmung, S. 107.

machen, wie Datenerhebungsverfahren ausgestaltet werden müssen, damit sie den Anforderungen an geeignete und erwartete Sicherheit entsprechen.

Außerdem muss das statische, passive und punktuelle Konzept der Einwilligung, bei der der Einzelne sich mit den allgemeinen Geschäftsbedingungen bzw. Datenschutzerklärungen ohne Weiteres einverstanden erklärt, geändert werden. Vielmehr sollte in der Onlinewelt eine Gestaltungsfreiheit ermöglicht werden, die eine aktive und kontinuierlich bestätigte Wahl zwischen unterschiedlichen Möglichkeiten der Datenerhebung und -verarbeitung zulässt. Dafür müssen aber tatsächlich Wahlmöglichkeiten vorliegen. Mit solch einem differenzierenden Ansatz könnte die Einwilligung zum grundlegenden Instrument im Datenschutz werden.

Aus alledem folgt: Damit der privatrechtliche Datenschutz in einer auf Kommunikations- und Informationsinfrastrukturen angewiesenen Gesellschaft seine Aufgabe erfüllen kann, bedarf es viel mehr als der Sicherung einer formalen Zustimmung. Eine gehaltvolle Zustimmung kann nur dadurch gewährleistet werden, dass Schutzinstrumente die fehlende Selbstschutzmöglichkeit des Einzelnen ausgleichen. Wenn der Datenschutz in der Lage ist, die konstitutiven Bedingungen der Kommunikation zu sichern sowie den Betroffenen vor den aus Informationshandlungen resultierenden Gefährdungen der Freiheit und der Persönlichkeit zu schützen, eröffnet sich ein weiterer Freiheitsraum, in dem der Einzelne seine informationellen Beziehungen selbst gestalten kann. In diesem Zusammenhang spielt der Gesetzgeber eine wichtige Rolle, um Mindeststandards und rechtmäßige Verfahren aufzustellen.

## C. Zwischenergebnis

Im vorliegenden Kapitel wurde diskutiert, wie das Datenschutzmodell im privaten Bereich aufzubauen ist, sodass es gleichzeitig einen gefährdungsabhängigen Schutz leistet und die Autonomie des Einzelnen garantiert. Der Kern der Analyse betraf die Rechtmäßigkeitsstruktur des Datenschutzes und zielte darauf ab, zu untersuchen, ob und wie sich die „traditionellen" Erlaubnistatbestände des Datenschutzes mit einem Risikoansatz verbinden lassen. Dazu wurden zwei besondere Gefährdungslagen der privaten Datenverarbeitung untersucht, und zwar *Tracking- und Überwachungsmaßnahmen im Internet* und *Entscheidungen mit nachteiligen Wirkungen* (wie z. B. *Credit-Scoring*).

Bei der ersten Gefährdungslage wurde untersucht, wie das Internet neue Kommunikations- und Informationsmöglichkeiten für den Einzelnen eröffnet, aber ebenso erhebliche Gefährdungen für die Freiheit des Einzelnen schafft. Besonders riskant ist die Beobachtung der informationstechnischen Geräte des

Nutzers durch zahlreiche Trackingtechnologien – wie Tracking-Cookies, *Javascript*, *Fingerprinting* und *Deep Packet Inspection* – die zur Beobachtung des Surf-Verhaltens des Nutzers dienen und meistens von diesem unbemerkt und ohne seine Kontrolle operieren. In der Internetwirtschaft sind aus dem Tracking resultierende Informationen sehr wertvoll und werden für zahlreiche Zwecke benutzt, wie personalisierte Werbung, Preisdiskriminierung und Herstellung von kommerziellen Profilen. Für viele Online-Dienste ist die personalisierte Werbung, die sich am Verhalten des Internetnutzers orientiert und *behavioural advertising* genannt wird, sogar deren primäre Finanzierungsform.

Die Untersuchung zeigte, dass Tracking-Instrumente in der digitalen Welt eine nahezu flächendeckende Überwachung des Nutzers schaffen, ohne dass er sich dagegen schützen oder den Zugriff überhaupt bemerken kann. Es herrscht absolute Intransparenz: Der Einzelne kann nicht erkennen, wer das Gerät überwacht, an wen die erfassten Daten übermittelt werden oder für welche Zwecke die Informationen benutzt werden. Auch wenn der Nutzer in der Lage ist, die punktuellen technologischen Möglichkeiten zur Wahrung seiner Vertraulichkeitsinteressen anzuwenden – wie die Löschung von Cookies oder Anwendung von Kryptographie – erweisen sich diese meistens als ineffektive Mittel, da sie nicht nur aufwändig sind, sondern auch durch das System selbst umgangen werden können. Das zeigt also, worin die Macht[774] der modernen Datenverarbeitungssysteme liegt: Das System bestimmt sowohl die Funktion von Hardware und Software als auch den Umfang der Selbstschutzmöglichkeiten des Einzelnen. Illustrativ ist ein Fall aus den USA, in dem *Epic Marketplace* von der *Federal Trade Commission* verklagt wurde: Das Unternehmen hatte durch das Tracking des Webbrowsers der Internetnutzer sensible Informationen erhoben, um die Kunden bestimmten Kategorien zuzuordnen und so personalisierte Werbung anzubieten. Die *Federal Trade Commission* hielt die Praktik für unzulässig und wies das Unternehmen an, damit aufzuhören.[775]

Die Schutzbedürfnisse des Einzelnen, die sich aus der flächendeckenden und intransparenten Überwachung ergeben, können nicht allein durch Marktmechanismen und Selbstregulierung gedeckt werden, da es einerseits bis heute wenige und nur ineffektive Initiativen zur Selbstregulierung im Rahmen von Internet-Tracking gibt und andererseits die Monopol- oder Oligopolstellung vieler Unternehmen im Internet die Realisierung eines Wettbewerbs im digitalen Markt erschwert. Das Recht hat also hier eine wichtige Funktion zu erfüllen. Das Problem

---

774 Vgl. *Hoffmann-Riem*, AöR 137 (2012), 509, 534 ff.
775 Federal Trade Commission, Epic Market Place, und Epic Media Group, Consent Order – History Sniffling., S. 3; abrufbar unter: http://www.ftc.gov/os/caselist/1123182/121205epicorder.pdf.

liegt aber darin, dass das gegenwärtige Datenschutzmodell diesem Postulat nur unzureichend gerecht wird. Da dem aktuellen Modell eine Datenkontrolle-Formel[776] zugrunde liegt, scheitert es gerade in den Situationen, in denen Kontrollverlust herrscht, wie bei Internet-Tracking. Insofern sind neue Konzepte zu entwickeln, die über die Idee der Datenkontrolle hinausgehen und die die Angewiesenheit des Einzelnen auf das Internet für die Ausübung der Kommunikations- und Informationsfreiheit berücksichtigen.

In diesem Sinne wurde ein Lösungsansatz vorgeschlagen, der sich an dem Konzept der Entscheidung zur Online-Durchsuchung des BVerfG orientiert, nämlich der Gewährleistung der Vertraulichkeit und Integrität informationstechnischer Systeme als Voraussetzung für das Funktionieren der Informations- und Kommunikationsinfrastruktur. Im Rahmen dieser Konzeption wurde klar, dass die Einwilligung und die aktuellen Erlaubnistatbestände des Datenschutzes – die sich aus §§ 4, 4a BDSG und § 12 Abs. 1 TMG ergeben – allein das Schutzgut des IT-Rechts nicht sichern können.

Das bedeutet aber nicht, dass die Einwilligung als Erlaubnisgrundlage abgeschafft werden muss, sondern dass es der Schaffung eines Schutzkonzepts bedarf, das subjektive Kriterien – wie die Einwilligung – mit objektiven Kriterien – wie die berechtigten Vertraulichkeitserwartungen und Risiken für den Betroffenen – verbindet.[777] So können die konstitutiven Bedingungen der Kommunikations- und Informationsfreiheit durch unabdingbare Standards gesichert werden. Indem Mindeststandards für bestimmte riskante und durch die Vertraulichkeitserwartungen gedeckte Informationshandlungen errichtet werden, ist es möglich, einen Prozess der „Freiheitsoptimierung bei höherer Schutzintensität"[778] zu schaffen. Der Grundsatz der legitimen Erwartungen, der im europäischen Verbraucherschutzrecht eingebettet ist, könnte dazu beitragen, das Schutzgut des IT-Rechts im einfachgesetzlichen Datenschutzrecht zu verankern. Das bedeutet aber nicht, dass die Einwilligung oder die gesetzlichen Erlaubnistatbestände unwichtig für die Zulässigkeit der Datenverarbeitung sind, sondern dass sie nicht mehr deren einzige Kriterien sein werden, weil auf einer zusätzlichen Stufe geprüft werden muss, ob die Datenverarbeitung zu riskant ist oder ob sie den legitimen Erwartungen des Nutzers widerspricht.

Die zweite Gefährdungslage, die in diesem Kapitel analysiert wurde, ist die informationsbasierte Entscheidung im Zivilrechtsverkehr. Die Erhebung, Verar-

---

776 Siehe dazu Kapitel 5.

777 Zur Kombinierung von objektiven und subjektiven Kriterien im Rahmen der Vertragsmäßigkeit der EU-Kaufrechts-Richtlinie siehe *Grundmann*, in: Grundmann und Bianca (Hrsg.), EU-Kaufrechts-Richtlinie, Art. 2, Rn. 8 ff.

778 *Grundmann*, in: Grundmann et al. (Hrsg.), Festschrift 200 Jahre, S. 1023 ff.

beitung und Übermittlung personenbezogener Daten spielen eine wichtige Rolle im Zivilrechtsverkehr, da sie zur Risikominimierung, Vereinfachung von ökonomischen Entscheidungen und Effizienzerhöhung beitragen können. Je mehr ein Wirtschaftsbereich durch Informationsasymmetrien geprägt ist, desto größer ist seine Angewiesenheit auf die Verarbeitung personenbezogener Daten der Kunden. So ist die Datenverarbeitung heutzutage nicht nur relevant für die Bereiche des Kreditwesens und der Privatversicherung, sondern auch für den allgemeinen Zivilrechtsverkehr, besonders wenn es um langfristige Verträge geht.

Durch die technologische Entwicklung im Bereich informationstechnischer Systeme können heute mehr Informationen für eine Risikobewertung als je zuvor erhoben und verarbeitet werden. Die Neuentwicklung der *Big Data* wird wahrscheinlich die Verwendung von Prognosen in der privaten Wirtschaft verstärken, da sie die Verarbeitung von mehr Informationen und die Herausstellung neuer Korrelationen ermöglicht.

Trotz der ökonomischen Vorteile der Datenverarbeitung als Basis für Entscheidungen im Zivilrechtsverkehr können daraus Risiken und Folgen für den Betroffenen entstehen, die nicht ignoriert werden können. Vor allem die erheblichen negativen wirtschaftlichen Auswirkungen, wie die Verschlechterung der Vertragskonditionen oder die Verweigerung eines Kreditvertragsabschlusses, fordern die geeignete Abwägung der konfligierenden Interessen. Das betrifft ein altes Thema der Datenschutzdiskussion, nämlich wie die Datenverarbeitung die Handlungsfreiheit des Einzelnen beeinflussen kann. Oder anders ausgedrückt, wie sich Daten in Informationen umwandeln, die Folgen für den Einzelnen verursachen.

Zu den Schutzbedürfnissen des Betroffenen zählen die Fehlerhaftigkeit, die Intransparenz sowie die formale und materiale Unfairness des Entscheidungsverfahrens. Diese Probleme scheinen noch größer in Zeiten der Big Data, da zum einen unscharfe und ungenaue Daten in die Analyse einfließen können und zum anderen der den Big Data zugrunde liegende statistische Algorithmus noch intransparenter für den Einzelnen sein kann.

Ob der gegenwärtige Rechtsrahmen Transparenz, Richtigkeit und Fairness der Datenverwendung für Entscheidungszwecke liefern kann, ist aber zweifelhaft. Wie gezeigt wurde, enthält das Datenschutzrecht erhebliche Schutzlücken, da es einerseits mehr Gewicht auf die formale Fairness (Beschränkung bzw. Verbot des automatisierten Entscheidungsverfahrens) als auf die materiale Fairness (welche Daten in die Entscheidungsfindung einfließen können) legt und andererseits unklar bleibt, wie sich die Einwilligung zu den anderen Tatbeständen verhält. Daraus folgt, dass zwischen den Erlaubnistatbeständen und den Grenzen der Datenverarbeitung nicht unterschieden wird, wodurch Rechtsunsicherheit für die verantwortliche Stelle und Schutzdefizite für den Betroffenen entstehen können.

Das heißt also, dass das Datenschutzrecht die Bedingungen der Datenverarbeitung so vorsehen muss, dass die Entscheidungsfindung richtig, transparent, zurechenbar und fair abläuft. Es reicht allein nicht aus, dass das Recht die Erlaubnistatbestände feststellt, sondern es muss die Folgen der Datenverarbeitung für den Betroffenen berücksichtigen und normative Grenzen festlegen. Dabei sollte der Gesetzgeber auch andere Kriterien anerkennen, die über das Verfahren der Datenverarbeitung hinausgehen: welche Daten in die Entscheidungsfindung einfließen, wer die Entscheidung anhand welcher Daten treffen kann und wie transparent und fair das Verfahren abläuft. Diese Bedingungen sind durch zwingendes Recht festzulegen und sie gelten unabhängig von dem Erlaubnistatbestand der Datenverarbeitung, sei es die Einwilligung, der Vertrag oder die berechtigten Interessen.

Nachdem zwei besondere Gefährdungslagen dargestellt wurden, wurde als nächster Schritt untersucht, wie sich die vorgeschlagenen Lösungsansätze in die traditionellen Normen des Datenschutzrechts integrieren lassen.

Die Erlaubnistatbestände des Datenschutzrechts werden häufig aus vielfältigen und sogar widersprüchlichen Gründen kritisiert: Einerseits werden sie für ineffektiv gehalten, da sie den Betroffenen nicht hinreichend vor den aus der Datenverarbeitung sich ergebenden Gefährdungen schützen würden; andererseits werden sie anachronistisch und starr genannt, da sie die Datenverarbeitung durch unnötige Bedingungen erschweren würden. Diese widersprüchlichen Anforderungen erklären sich dadurch, dass das Datenschutzmodell zwei verschiedene Komponenten des Schutzes der Person nicht hinreichend unterscheidet: Kontextsicherung und Vorrechtsentscheidung einerseits sowie Schutz gegen besondere Gefährdungen, die sich aus Informationshandlungen ergeben, andererseits.

Der hier vertretene Ansatz geht davon aus, dass ein zweistufiges Konzept zur Feststellung der Zulässigkeit einer Informationshandlung die beste Antwort darstellt, um die Privatautonomie aller Beteiligten im Rahmen des Umgangs mit Daten und Informationen zu gewährleisten: Während auf einer ersten Stufe zu prüfen ist, wer die Vorrechtsentscheidung für eine bestimmte Datenverarbeitung hat, wird auf einer zweiten Stufe untersucht, ob diese Informationshandlungen bestimmte Risiken mit sich bringen, das heißt beispielsweise, ob sie legitime Vertraulichkeitserwartungen durchbrechen oder ob sie für den Einzelnen nachteilige Folgen verursachen, die er nicht kontrollieren kann oder die sich als unangemessen oder unfair erweisen. Somit wird der Spannung des Datenschutzes zwischen Datenkontrolle und Informationsrisiken Rechnung getragen.

# Zusammenfassung der Arbeit und Ausblick

Ausgangspunkt der vorliegenden Arbeit ist der privatrechtliche Datenschutz angesichts der Möglichkeiten und Herausforderungen für die Realisierung der individuellen Autonomie. Zwar ist Autonomie seit dem Anfang des Datenschutzes ein Hauptthema dieses Rechtsgebiets. Allerdings wird ihre Konkretisierung heutzutage mehr und mehr infrage gestellt – sei es aufgrund der technologischen Entwicklungen, die dem Einzelnen das Gefühl des Kontrollverlusts verleihen, sei es aufgrund der digitalen Wirtschaft, in der persönliche Informationen gegen scheinbar kostenlose Leistungen getauscht werden.

Vor allem aber erfordern Änderungen in der Rechtsdogmatik – die überwiegend in der grundrechtlichen Literatur stattgefunden haben – ein neues Verständnis von Autonomie im Datenschutzrecht, und zwar die Erkenntnis, dass nicht Daten, sondern Informationen im Zentrum der rechtlichen Bewertung stehen müssen. Daraus ergibt sich einerseits, dass die Folgen und Risiken der Verwendung von Informationen in den Mittelpunkt der Aufmerksamkeit rücken, und andererseits, dass andere Instrumente zum individuellen Schutz gegen den Umgang Dritter mit Daten und Informationen entstehen müssen, da es kein Informationsbeherrschungsrecht gibt und geben kann.

Aufbauend darauf muss auch im Rahmen des privatrechtlichen Datenschutzes die Frage neu gestellt werden, ob und wie die Idee der Selbstbestimmung im Rahmen eines informationsorientierten und gefährdungsabhängigen Datenschutzkonzepts beibehalten werden kann. Diese bis jetzt nur unvollständig beantwortete Frage kann auch wie folgt formuliert werden: Können ein handlungsorientierter Ansatz der Datenverfügungsbefugnis mit vorwiegend individualschützendem Charakter und ein interaktionales Konzept, das Informationsrisiken und Kommunikationsvoraussetzungen umfasst, in ein privatrechtliches Datenschutzkonzept integriert werden? Insofern geht die Arbeit davon aus, dass es ein Spannungsverhältnis zwischen dem Ansatz der Datenkontrolle und der Konzeption der Informationsrisiken gibt, welches wiederum die gesamte Entwicklung des Datenschutzes prägt. Diese Elemente bilden das Forschungsprogramm der vorliegenden Arbeit.

Um das Problem der Autonomie im privatrechtlichen Datenschutz zu untersuchen, reicht es aber nicht aus, eine Analyse der Einwilligung durchzuführen. Es bedarf vielmehr einer Untersuchung des Regelungsansatzes des Datenschutzes, der die zulässigen und unzulässigen Datenverarbeitungen im privaten Bereich bestimmt. Darüber hinaus ist die besondere Gefährdungslage der privaten Datenverarbeitung zu erforschen, um zu sehen, in welchen Situationen die materiale Autonomie des Einzelnen beschränkt wird. Das Gesamtbild wird also dabei helfen, einerseits die Fälle zu identifizieren, in denen die Voraussetzungen zum Selbstschutz bestehen, und andererseits diejenigen, in denen Schutzinstrumente die fehlende Selbstschutzmöglichkeit des Einzelnen ausgleichen müssen.

Im Mittelpunkt der Debatte hinsichtlich der Rechtmäßigkeitsvoraussetzungen privater Datenverarbeitung stehen scheinbar widersprüchliche Anforderungen, die gerade die Herausforderungen des Themas aufzeigen. Zum einen wird der gegenwärtige Datenschutz hinsichtlich des Schutzes der Betroffenen für ineffektiv gehalten, was auf die Zulässigkeitsvoraussetzungen zurückzuführen ist: Die Einwilligung wird als bloße Formalität kritisiert, der Vertrag und die berechtigten Interessen als zu weit und zu unpräzise. Wirklich riskante Datenverarbeitungsvorgänge werden dadurch nicht verhindert, was den Eindruck erweckt, der Datenschutz sei wirkungslos. Dies führt dazu, dass Datenschutzbeauftragte und Teile der Wissenschaft immer häufiger dafür plädieren, die Erlaubnisvoraussetzungen müssten so eng wie möglich ausgelegt werden. Daraus folgt ein zweiter Effekt: Der Datenschutz wird als starres und altmodisches Instrument betrachtet, das jede Informationshandlung im Zeitalter der allgegenwärtigen Datenverarbeitung verbieten will.

So widersprüchlich beide Positionen klingen mögen, so ähnlich ist ihr Ursprung. Das gegenwärtige Datenschutzmodell unterscheidet nicht in hinreichender Weise zwischen zwei Komponenten des Schutzes der Person hinsichtlich des Umgangs Dritter mit Daten und Informationen: Kontextsicherung und Vorrechtsentscheidung einerseits sowie Schutz gegen besondere Gefährdungen, die sich aus Informationshandlungen ergeben, andererseits. Aus diesem Grund versucht das Recht, beide Elemente auf einmal und mit denselben Mitteln zu behandeln, was zu erheblichen Schwierigkeiten und paradoxen Effekten führt.

Obwohl das sogenannte „Verbot mit Erlaubnisvorbehalt" als eine ökonomische Verhinderungsstrategie kritisiert wird, zeigt eine nähere Betrachtung, dass es sich praktisch nicht grundsätzlich um ein Verbot, sondern vielmehr um eine Erlaubnisformel handelt, da das gesetzliche Verbot durch zahlreiche allgemeine Erlaubnistatbestände entkräftet wird.

Als Steuerungs- und Ordnungsprinzip dient die Erlaubnisformel in erster Linie dazu, Vorrechtsentscheidungen festzustellen und das Verfahren des Datenflusses zu sichern. Die Erlaubnistatbestände gewährleisten sowohl den Einfluss des Betroffenen auf die Informations- und Datenverarbeitung als auch die Interessen der verarbeitenden Stelle an der Erhebung und Verarbeitung personenbezogener Informationen, solange deren Interessen sich nach der Rechtsordnung als berechtigt erweisen. Die Erlaubnisformel zielt auch darauf ab, den Kontext des Datenflusses zu sichern, indem die gesetzlichen Tatbestände selbst der Datenverarbeitung Grenzen setzen, z. B. durch die Grundsätze der Zweckbestimmung und der Erforderlichkeit. Dadurch trägt sie dem Phänomen der datenvermittelten Informationsgewinnung Rechnung, wodurch Daten in beliebige Kontexte gebracht und unbeschränkt als Informationsgrundlage dienen können.

Trotz ihrer Leistung weisen die Erlaubnistatbestände Defizite auf, die den Schutz des Einzelnen erschweren. Zum einen ist die Erlaubnisstruktur des Datenschutzes nicht in der Lage, eine gehaltvolle Zustimmung des Betroffenen zu gewährleisten, da übersehen wird, dass sowohl das Machtungleichgewicht zwischen dem Betroffenen und der verantwortlichen Stelle als auch Verständnis- und Transparenzdefizite die Freiwilligkeit der Entscheidung des Betroffenen beeinträchtigen können. Dies erklärt vermutlich, warum die Funktion der Einwilligung im Datenschutzrecht so unterschiedlich und sogar widersprüchlich gesehen wird: Sie wird einerseits als wichtigster Ausdruck des Rechts auf informationelle Selbstbestimmung und andererseits als Fiktion behandelt.

Ein weiteres Problem der Erlaubnistatbestände besteht darin, dass sie Risiken und Grenzen der Datenverarbeitung nicht thematisieren können. Erstens geht es dabei um die Analyse der Vorrechtsentscheidung, die Erforderlichkeit und die Zweckbestimmung der Informationshandlung. Besondere riskante Datenverarbeitungsvorgänge werden aber dadurch nicht vermieden, da die Erlaubnistatbestände weder die Folgen der Informationen für den Einzelnen noch die Vertraulichkeitserwartungen des Betroffenen thematisieren können. Zweitens bilden die Erlaubnistatbestände keine klare Beschränkung für die Datenverarbeitung, weil sie in gewissem Maße von der Auswahl der verarbeitenden Stelle abhängen. Wirklich riskanten Informationshandlungen sollten aber grundsätzlich feste Grenzen gesetzt werden, unabhängig davon, auf welche Basis – Einwilligung, Vertrag oder berechtigte Interessen – sie sich stützen. Schließlich ist die Struktur der Erlaubnistatbestände im gegenwärtigen Datenschutzmodell von dispositiver Natur, weil die verarbeitende Stelle immer auf die Einwilligung als allgemeine Grundlage der Datenverarbeitung zurückgreifen kann. Das bedeutet aber, dass zwingende Interessen sowie konstitutive Bedingungen der Kommunikationsinfrastrukturen nicht berücksichtigt werden können.

Die Erlaubnisformel leistet also einen wichtigen Beitrag für den Datenschutzrechtsrahmen. Als Voraussetzung für die Datenverarbeitung schafft sie einen Ausgleich zwischen Informationsverarbeitung und Einflussmöglichkeit der Betroffenen. Das Problem liegt aber darin, dass sie nicht mehr als die Voraussetzung der Datenverarbeitung sein kann, da sie weder den Gefährdungen durch Informationen noch den Defiziten der Freiwilligkeit der Zustimmung begegnen kann. Insofern ist der Datenschutzrechtsrahmen ergänzungsbedürftig.

Die Frage, wie der Rechtsrahmen für den individuellen Schutz hinsichtlich des Umgangs mit Daten und Informationen auszubauen ist, wird also nach wie vor durch die Ambivalenz geprägt, die das Volkszählungsurteil aufgezeigt hat: Auf der einen Seite herrscht ein formales Schutzkonzept, das sich an der Entscheidung des

Betroffenen orientiert und individualschützenden Charakter aufweist; auf der anderen Seite wird eine materiale Konzeption verfolgt, die auf die Gefährdungen durch die Verwendung von Informationen gerichtet ist, substanzielle Konzepte anwendet und absolute Grenzen in bestimmten Fällen fordert. Es besteht letztendlich eine Spannung zwischen einem rein subjektiven Konzept der Privatheit, wobei nur die Entscheidung und der Wille des Betroffenen eine Rolle spielen, und einem mehr oder weniger objektiven Konzept, in dessen Rahmen auch die objektive Gefährdungslage an Bedeutung gewinnt.

Angesichts dieser Spannung wird hier vorgeschlagen, dass die Informationshandlung nach einem zweistufigen Modell zu prüfen ist. Die erste Stufe entspricht den Erlaubnistatbeständen und den damit verbundenen Grundsätzen der Erforderlichkeit und der Zweckbestimmung. Sie garantiert das Entscheidungsvorrecht des Betroffenen, immer wenn kein berechtigtes Interesse auf der Seite der verantwortlichen Stelle oder kein Vertrag besteht. Auf der ersten Stufe kann der Datenschutz also weiterhin die Kontextsicherung und die Vorrechtsentscheidung garantieren und so als Präventionsinstrument wirken. Auch wenn der Gesetzgeber die Erlaubnistatbestände besser präzisieren könnte und sollte, ist zu erwarten, dass sie letztlich immer recht allgemein ausgestaltet sein werden; nur so werden sie auf unterschiedliche Situationen und Sektoren anwendbar sein.

Die zweite Stufe hingegen muss spezifischer ausgestaltet werden. Ihre Normen und Struktur hängen von den Risiken der spezifischen Informationshandlung ab. Das heißt, dass es auf die Informationsgrundlage – in der die Daten und Informationen erhoben werden – und auf den Verwendungszusammenhang – also in welchen Situationen und Kontexten Informationen angewendet werden – ankommt. Die Suche nach dem geeigneten Rechtsrahmen erfordert also die Identifizierung von erhöhten Gefährdungslagen sowie von Schutzbedürfnissen des Betroffenen. Insofern wurden im letzten Kapitel zwei besondere Gefährdungslagen der privaten Datenverarbeitung untersucht, und zwar *Tracking- und Überwachungsmaßnahmen im Internet* und *Entscheidungen mit nachteiligen Wirkungen*.

Um den Risiken der Informationshandlungen auf der zweiten Stufe der Zulässigkeitsstruktur zu begegnen, kommen unterschiedliche Instrumente in Betracht. Zum einen sind prozedurale Maßnahmen denkbar, so wie Anonymisierung, Begrenzung der Reichweite des Internets durch Zugangsbeschränkung und Abschottungen gegenüber Suchmaschinen. Zum anderen können spezifische materiale bzw. substanzielle Grenzen durch zwingendes Recht erlassen werden. Möglich ist auch, Normen generalklauselartig zu formulieren, sodass die Datenverarbeitung zwar durch objektive Kriterien, aber in einer flexiblen Art beschränkt wird, so wie neuerdings der Grundsatz der Zweckvereinbarkeit im europäischen Recht interpretiert wird.

Wie bei den *Tracking- und Überwachungsmaßnahmen im Internet* kann es nötig sein, bestimmte legitime Vertraulichkeitserwartungen gesetzlich zu garantieren. Dadurch können die konstitutiven Bedingungen der Kommunikations- und Informationsinfrastrukturen gesichert werden. Dies aber muss nur in den Fällen garantiert werden, in denen erhöhte Gefährdungslagen grundlegende Freiheiten bedrohen. Bei *informationsbasierten Entscheidungen im privaten Bereich* wurden prozedurale und materiale Maßnahmen vorgeschlagen, damit das Entscheidungsverfahren richtig, transparent, zurechenbar und fair ablaufen kann.

Die zweite Stufe ist also dadurch geprägt, dass hier eine Verbindung zur Gefährdungslage hergestellt wird. Sie ermöglicht die Gestaltung eines gefährdungsabhängigen Datenschutzes, der angemessen auf verschiedene Risikolagen reagiert. Indem die erste Stufe durch allgemeine Erlaubnistatbestände geprägt wird, wirkt das Datenschutzrecht keineswegs zu restriktiv. Erst auf der zweiten Stufe, auf der die erhöhten Gefährdungslagen identifiziert werden, greifen unterschiedliche prozedurale und materiale Maßnahmen ein, um besondere Risiken angemessen zu bewältigen. Wichtig ist, dass diese Maßnahmen unabhängig von den Erlaubnistatbeständen, auf denen die Datenverarbeitung basiert, eingreifen.

Die Gewährleistung der Privatautonomie steht nach wie vor im Zentrum des Schutzes. Das zweistufige Konzept deutet aber an, dass die Autonomie des Betroffenen nur sinnvoll gewährleistet werden kann, wenn deren materiale Grenzen, die sich aus dem Phänomen der Information selbst ergeben, anerkannt werden. Das dargestellte Konzept plädiert für eine gehaltvolle Zustimmung, die erreicht wird, wenn einerseits die Kontextsicherung und die Einwilligung garantiert sind und andererseits die Risiken und die Folgen der Datenverarbeitung begrenzt werden. Somit wird klar, dass der privatrechtliche Datenschutz über die Sicherung einer formalen Zustimmung hinausgehen muss, um seine Aufgabe in einer auf Kommunikations- und Informationsinfrastrukturen angewiesenen Gesellschaft zu erfüllen. Es bedarf der Sicherung konstitutiver Bedingungen der Kommunikation sowie des Schutzes der Betroffenen vor den aus Informationshandlungen resultierenden Gefährdungen, damit sich ein weiterer Freiheitsraum eröffnen kann, in dem der Einzelne seine informationellen Beziehungen selbst gestalten kann.

# Literaturverzeichnis

*Akerlof, George A.*, The Market for Lemons: Qualitative Uncertainty and the Market Mechanism, Quarterly Journal of Economics 84 (1970), 488.

*Albers, Marion*, Informationelle Selbstbestimmung, Baden-Baden 2005.

*Albers, Marion*, Umgang mit personenbezogenen Informationen und Daten, in: W. Hoffmann-Riem, E. Schmidt-Aßmann und A. Voßkuhle (Hrsg.), Grundlagen des Verwaltungsrechts, Bd. II. München 2008, § 22.

*Albers, Marion*, Zur Neukonzeption des grundrechtlichen „Daten"schutzes, in: A. Haratsch, D. Kugelmann und U. Repkewitz (Hrsg.), Herausforderungen an das Recht der Informationsgesellschaft: 26. Tagung der Wissenschaftlichen Mitarbeiterinnen und Mitarbeiter der Fachrichtung Öffentliches Recht, Stuttgart 1996, 113.

*Alexy, Robert*, Theorie der Grundrechte, Frankfurt am Main 1994.

*Bäcker, Matthias*, Das IT-Grundrecht – Bestandsaufnahme und Entwicklungsperspektiven, in: U. Lepper (Hrsg.), Landesbeauftragter für Datenschutz und Informationsfreiheit Nordrhein-Westfalen, Privatsphäre mit System: Datenschutz in einer vernetzten Welt, Düsseldorf 2010, 4.

*Bäcker, Matthias*, Grundrechtlicher Informationsschutz gegen Private, Der Staat 51, 1 (Januar 2012), 91.

*Bamberger, Kenneth A.* und *Mulligan, Deirdre K*, Privacy on the Books and on the Ground, Stanford Law Review 63 (2011), 247.

*Baston-Vogt, Marion*, Der sachliche Schutzbereich des zivilrechtlichen allgemeinen Persönlichkeitsrechts, Tübingen 1997.

*Bechler, Lars*, Informationseingriffe durch intransparenten Umgang mit personenbezogenen Daten, Halle 2010.

*Benda, Ernst*, Privatsphäre und Persönlichkeitsprofil, in: G. Leibholz, H. J. Faller, P. Mikat und H. Reis (Hrsg.), Menschenwürde und freiheitliche Rechtsordnung. Festschrift für Willi Geiger zum 65. Geburtstag, Tübingen 1974, 23.

*Bennett, Colin J.*, Convergence Revisited: Toward a Global Policy for the Protection of Personal Data?, in: P. E. Agre und M. Rotenberg (Hrsg.), Technology and Privacy: The New Landscape, Cambridge 1998, 99.

*Bennett, Colin J.* und *Raab, Charles D.*, The Governance of Privacy: Policy Instruments in Global Perspective, Cambridge 2006.

*Böckenförde, Thomas*, Auf dem Weg zur elektronischen Privatsphäre – Zugleich Besprechung von BVerfG, Urteil v. 27. 2. 2008 – ‚Online Durchsuchung', Juristen Zeitung 19 (2008), 925.

*Britz, Gabriele*, Einzelfallgerechtigkeit versus Generalisierung: verfassungsrechtliche Grenzen statistischer Diskriminierung, Tübingen 2008.

*Britz, Gabriele*, Freie Entfaltung durch Selbstdarstellung: Eine Rekonstruktion des allgemeinen Persönlichkeitsrechts aus Art. 2 I GG, Tübingen 2007.

*Britz, Gabriele*, Informationelle Selbstbestimmung zwischen rechtswissenschaftlicher Grundsatzkritik und Beharren des Bundesverfassungsgerichts, in: E. Brandt und M. Schuler-Harms (Hrsg.), Offene Rechtswissenschaft: Ausgewählte Schriften von Wolfgang Hoffmann-Riem und begleitende Analysen, Tübingen 2010, 561.

*Britz, Gabriele*, Vertraulichkeit und Integrität informationstechnischer Systeme – einige Fragen zu einem ‚neuen Grundrecht', Die Öffentliche Verwaltung 10 (2008), 411.

*Brühann, Ulf,* Europarechtliche Grundlagen in: A. Roßnagel (Hrsg.), Handbuch Datenschutzrecht: Die neuen Grundlagen für Wirtschaft und Verwaltung, München 2003, 131.

*Buchner, Benedikt,* Die Einwilligung im Datenschutzrecht – vom Rechtfertigungsgrund zum Kommerzialisierungsinstrument, Datenschutz und Datensicherheit 1 (2010), 39.

*Buchner, Benedikt,* Informationelle Selbstbestimmung im Privatrecht, Tübingen 2006.

*Bull, Hans Peter,* Informationelle Selbstbestimmung – Vision oder Illusion? Datenschutz im Spannungsverhältnis von Freiheit und Sicherheit, 2. Aufl., Tübingen 2011.

*Bull, Hans Peter,* Netzpolitik: Freiheit und Rechtsschutz im Internet, Baden-Baden 2013.

*Bull, Hans Peter,* Zweifelsfragen um die informationelle Selbstbestimmung – Datenschutz als Datenaskese?, Neue Juristische Wochenschrift 23 (2006), 1617.

*Büllesbach, Alfred,* Beschäftigtendatenschutz in der betrieblichen Datenverarbeitung, in: A. Roßnagel (Hrsg.), Handbuch Datenschutzrecht: Die neuen Grundlagen für Wirtschaft und Verwaltung, München 2003, 949.

*Canaris, Claus-Wilhelm,* Wandlungen des Schuldvertragsrechts – Tendenzen zu seiner ,Materialisierung', Archiv für die civilistische Praxis 200 (2000), 273.

*Canaris, Claus-Wilhelm,* Grundrechte und Privatrecht, *Archiv für die civilistische Praxis* 184 (1984), 201.

*Clement, Reiner* und *Schreiber, Dirk,* Internet-Ökonomie: Grundlagen und Fallbeispiele der vernetzten Wirtschaft, Heidelberg 2010.

*Collins, Robert T. G.,* The Privacy Implications of Deep Packet Inspection Technology: Why The Next Wave In Online Advertising Shouldn't Rock the Self-Regulatory Boat, Georgia Law Review 44 (2010), S. 558.

*Curren, Liam,* und *Kaye, Jane,* Revoking Consent: A ,Blind Spot' in Data Protection Law?, Computer Law & Security Review 26 (2010), 273.

*Dammann, Ulrich* und *Simitis, Spiros,* EG-Datenschutzrichtlinie: Kommentar, Baden-Baden 1997.

*Däubler, Wolfgang, Klebe, Thomas, Wedde, Peter* und *Weichert, Thilo* (Hrsg.), Bundesdatenschutzgesetz: Kompaktkommentar zum BDSG, 3. Aufl. Frankfurt am Main 2010.

*De Hert, Paul* und *Papakonstantinou, Vagelis,* The proposed data protection Regulation replacing Directive 95/46/EC: A sound system for the protection of individuals, Computer Law & Security Review 28 (2012), 130.

*Di Fabio, Udo,* in: T. Maunz und G. Dürig, Grundgesetz Loseblatt-Kommentar, 66. Aufl. München, 2012, Art. 2 Abs. 1.

*Dix, Alexander,* Neue Perspektiven für den Schutz personenbezogener Daten?, in: F. Roggan (Hrsg.), Online-Durchsuchungen: Rechtliche und tatsächliche Konsequenzen des BVerfG-Urteils vom 27. Februar 2008, Berlin 2008, 71.

*Ehmann, Eugen* und *Helfrich, Marcus,* EG-Datenschutzrichtlinie: Kurzkommentar, Köln 1999.

*Eifert, Martin,* Freie Persönlichkeitsentfaltung in sozialen Netzen – Rechtlicher Schutz von Voraussetzungen und gegen Gefährdungen der Persönlichkeitsentfaltung im Web 2.0, in: C. Bieber, M. Eifert, T. Groß und J. Lamla (Hrsg.), *Soziale Netze in der digitalen Welt: das Internet zwischen egalitärer Teilhabe und ökonomischer Macht,* Frankfurt am Main 2009, 251.

*Eifert, Martin,* Informationelle Selbstbestimmung im Internet: Das BVerfG und die Online-Durchsuchungen, Neue Zeitschrift für Verwaltungsrecht 5 (2008), 473.

*Eifert, Martin*, Zweckvereinbarkeit statt Zweckbindung als Baustein eines modernisierten Datenschutzes, in: W. Gropp, M. Lipp, und H. Steiger (Hrsg.), Rechtswissenschaft im Wandel: Festschrift des Fachbereichs Rechtswissenschaft zum 400jährigen Gründungsjubiläum der Justus-Liebig-Universität Gießen, Tübingen 2007, 139.

*Elixmann, Robert*, Datenschutz und Suchmaschinen: neue Impulse für einen Datenschutz im Internet, Berlin 2012.

*Franzen, Martin*, Der Vorschlag für eine EU-Datenschutz-Grundverordnung und der Arbeitnehmerdatenschutz, Datenschutz und Datensicherheit 5 (2012), 322.

*Fried, Charles*, Privacy, Yale Law Journal 77 (1968), 475.

*Gallwas, Hans-Ullrich, Geiger, Hansjörg, Schneider, Jochen, Schwappach, Jürgen* und *Schweinoch, Joachim*, Datenschutzrecht. Kommentar und Vorschriftensammlung, Stuttgart 1986.

*Gola, Peter*, Beschäftigtendatenschutz und EU-Datenschutz-Grundverordnung, Europäische Zeitschrift für Wirtschaftsrecht 9 (2012), 332.

*Gola, Peter, Schomerus, Rudolf, Klug, Christoph* und *Körffer, Barbara*, Bundesdatenschutzgesetz Kommentar, 11. Aufl., München 2012.

*Grimm, Dieter*, Persönlichkeitsschutz im Verfassungsrecht, in: E. Lorenz (Hrsg.), Schutz der Persönlichkeit: Mit Vorträgen von Dieter Grimm und Peter Schwerdtner, Karlsruhe 1997.

*Grundmann, Stefan* und *Bianca, Cesare Massimo*, EU-Kaufrechts-Richtlinie: Kommentar, Köln 2002.

*Grundmann, Stefan*, Welche Einheit des Privatrechts? Von einer formalen zu einer inhaltlichen Konzeption des Privatrechts, in: S. Grundmann, B. Haar und H. Merkt (Hrsg.), Festschrift für Klaus J. Hopt zum 70. Geburtstag am 24. August 2010: Unternehmen, Markt und Verantwortung, Berlin 2010, 61.

*Grundmann, Stefan*, Zukunft des Vertragsrechts, in: S. Grundmann, M. Kloepfer, C. G. Paulus, R. Schröder und G. Werle (Hrsg.), Festschrift 200 Jahre Juristische Fakultät der Humboldt-Universität zu Berlin: Geschichte, Gegenwart und Zukunft. Berlin und New York 2010, 1015.

*Gusy, Christoph*, Gewährleistung der Vertraulichkeit und Integrität informationstechnischer Systeme: Neuer Grundrechtsname oder neues Grundrechtsschutz?, Datenschutz und Datensicherheit 1 (2009), 33.

Härting, Niko, *Internetrecht*, 4. Aufl., Köln 2010.

*Hoeren, Thomas*, Zulässigkeit der Erhebung, Verarbeitung und Nutzung im privaten Bereich, in: A. Roßnagel (Hrsg.), Handbuch Datenschutzrecht: Die neuen Grundlagen für Wirtschaft und Verwaltung, München 2003, 600.

*Hoffmann-Riem, Wolfgang*, Der grundrechtliche Schutz der Vertraulichkeit und Integrität eigengenutzter informationstechnischer Systeme, *Juristen Zeitung* 21 (2008), 1009.

*Hoffmann-Riem, Wolfgang*, Grundrechts- und Funktionsschutz für elektronisch vernetzte Kommunikation, *Archiv des öffentlichen Rechts* 134 (2009), 513.

*Hoffmann-Riem, Wolfgang*, Informationelle Selbstbestimmung als Grundrecht kommunikativer Entfaltung, in: H. Bäumler (Hrsg.), Der neue Datenschutz – Datenschutz in der Informationsgesellschaft von morgen, Neuwied 1998, 11.

*Hoffmann-Riem, Wolfgang*, Informationelle Selbstbestimmung in der Informationsgesellschaft – Auf dem Wege zu einem neuen Konzept des Datenschutzes, in: E. Brandt und M. Schuler-Harms (Hrsg.), Offene Rechtswissenschaft: Ausgewählte Schriften von Wolfgang Hoffmann-Riem und begleitende Analysen, Tübingen 2010, 499.

*Hoffmann-Riem, Wolfgang*, Regelungsstrukturen für öffentliche Kommunikation im Internet, Archiv des öffentlichen Rechts, 137 (2012), 509.

*Hoffmann-Riem, Wolfgang*, Weiter so im Datenschutzrecht?, Datenschutz und Datensicherheit 12, 22 (1998), 684.

*Hohmann-Dennhardt, Christine*, Informationeller Selbstschutz als Bestandteil des Persönlichkeitsrechts, Recht der Datenverarbeitung 1 (2008), 1.

*Holznagel, Bernd* und *Sonntag, Matthias*, Einwilligung des Betroffenen, in: A. Roßnagel (Hrsg.), Handbuch Datenschutzrecht: Die neuen Grundlagen für Wirtschaft und Verwaltung, München 2003, 678.

*Hornung, Gerrit*, Eine Datenschutz-Grundverordnung für Europa? Licht und Schatten im Kommissions-Entwurf vom 25. 01. 2012, Zeitschrift für Datenschutz 3 (2012), 99.

*Hubmann, Heinrich*, Das Persönlichkeitsrecht, 2. Aufl. Köln 1967.

*Jarass, Hans D.*, Das allgemeine Persönlichkeitsrecht im Grundgesetz, Neue Juristische Wochenschrift, 14 (1989), 857.

*Jarass, Hans D.*, Die Entwicklung des allgemeinen Persönlichkeitsrechts in der Rechtsprechung des Bundesverfassungsgerichts, in: H. U. Erichsen, H. Kollhosser und J. Welp (Hrsg.), Recht der Persönlichkeit, Berlin 1996, 89.

*Jenny, Valerian*, in: K. U. Plath (Hrsg.), Kommentar zum BDSG sowie den Datenschutzbestimmungen von TMG und TKG, Köln 2013, § 91 TKG.

*Kamlah, Wulf*, in: K. U. Plath (Hrsg.), Kommentar zum BDSG sowie den Datenschutzbestimmungen von TMG und TKG, Köln 2013, § 28a BDSG.

*Kloepfer, Michael*, Geben moderne Technologien und die europäische Integration Anlass, Notwendigkeit und Grenzen des Schutzes personenbezogener Informationen neu zu bestimmen?, in: Verhandlungen des zweiundsechzigsten Deutschen Juristentages: Bremen 1998, München 1998.

*Koch, Frank A.*, Internet-Recht, 2. Aufl., München u. a. 2005.

*Kohte, Wolfhard*, Die Rechtfertigende Einwilligung, Archiv für die civilistische Praxis 185, 2 (1985), 105.

*Kopp, Ferdinand*, Tendenzen der Harmonisierung des Datenschutzrechts in Europa, Datenschutz und Datensicherheit 4 (1995), 204.

*Kosta, Eleni*, Consent in European Data Protection Law, Leiden 2013.

*Kube, Hanno*, Persönlichkeitsrecht, in: J. Isensee und P. Kirchhof (Hrsg.), Handbuch des Staatsrechts der Bundesrepublik Deutschland, Bd. VII Freiheitsrechte, Heidelberg 2009.

*Kunig, Philip*, in: I. Münch und P. Kunig (Hrsg.), Grundgesetz Kommentar, Bd. 1, 6. Aufl. München 2012, Art. 2.

*Kutscha, Martin*, Neue Chancen für die digitale Privatsphäre?, in: F. Roggan (Hrsg.), Online-Durchsuchungen: Rechtliche und tatsächliche Konsequenzen des BVerfG-Urteils vom 27. Februar 2008, Berlin 2008, 157.

*Lepsius, Oliver*, Das Computer-Grundrecht: Herleitung-Funktion-Überzeugungskraft, in: F. Roggan (Hrsg.), Online-Durchsuchungen: Rechtliche und tatsächliche Konsequenzen des BVerfG-Urteils vom 27. Februar 2008, Berlin 2008.

*Mallmann, Otto*, Zielfunktionen des Datenschutzes. Schutz der Privatsphäre. Korrekte Information, Frankfurt am Main 1995.

*Mattern, Friedemann*, Allgegenwärtige Datenverarbeitung – Trends, Visionen, Auswirkungen, in: A. Roßnagel, T. Sommerlatte und U. Winand (Hrsg.), Digitale Visionen: Zur Gestaltung allgegenwärtiger Informationstechnologien, Berlin 2008, 3.

*Mayer-Schönberger, Viktor* und *Cukier, Kenneth*, Big Data. A Revolution That Will Transform How We Live, Work and Think, London 2013.

*Micklitz, Hans-Wolfgang*, Legitime Erwartungen als Gerechtigkeitsprinzip des europäischen Privatrechts, in: L. Krämer, H. W. Micklitz und K. Tonner (Hrsg.), Law and Diffuse Interests in the European Legal Order: Liber amicorum Norbert Reich, Baden-Baden 1997, 245.

*Miller, Arthur R.*, The Assault on Privacy, Ann Arbor 1971.

*Mückenberger, Ulrich*, Datenschutz als Verfassungsgebot. Das Volkszählungsurteil des Bundesverfassungsgerichts, Kritische Justiz 17, I (1984), 1.

*Nissenbaum, Helen Fay*, Privacy in Context: Technology, Policy, and the Integrity of Social Life, Stanford 2010.

*Placzek, Thomas*, Allgemeines Persönlichkeitsrecht und privatrechtlicher Informations- und Datenschutz. Eine schutzgutbezogene Untersuchung des Rechts auf informationelle Selbstbestimmung, Hamburg 2006.

*Plath, Kai-Uwe* (Hrsg.), Kommentar zum BDSG sowie den Datenschutzbestimmungen von TMG und TKG, Köln 2013.

*Pieroth, Bodo* und *Schlink, Bernhard*, Grundrechte – Staatsrecht II, 21. Aufl., Heidelberg 2005.

*Podlech, Adalbert*, Das Recht auf Privatheit, in: J. Perels (Hrsg.), *In Grundrechte als Fundament der Demokratie*, Frankfurt am Main 1979, 50.

*Podlech, Adalbert* und *Pfeifer, Michael*, Die informationelle Selbstbestimmung im Spannungsverhältnis zu modernen Werbestrategien, Recht der Datenverarbeitung 14, 4 (1998), 139.

*Rakoff, Todd*, Contracts of Adhesion: An Essay in Reconstruction, Harvard Law Review 96 (1983), 1173.

*Redeker, Helmut*, IT-Recht, 5. Aufl., München 2012.

*Richter, Philipp*, Datenschutz durch Technik und die Grundverordnung der EU-Kommission, Datenschutz und Datensicherheit 8 (2012), 576.

*Ronellenfitsch, Michael*, Fortentwicklung des Datenschutzes. Die Pläne der Europäischen Kommission, *Datenschutz und Datensicherheit* 8 (2012), 561.

*Roßnagel, Alexander*, Editorial: Monopol oder Vielfalt?, Datenschutz und Datensicherheit 8 (2012), 553.

*Roßnagel, Alexander*, Marktwirtschaftlicher Datenschutz – eine Regulierungsperspektive, in: J. Bizer, B. Lutterbeck und J. Rieß (Hrsg.), Umbruch von Regelungssystemen in der Informationsgesellschaft. Freundesgabe für Alfred Büllesbach. Stuttgart 2002, 131.

*Roßnagel, Alexander, Pfitzmann, Andreas* und *Garstka, Hansjürgen*. Modernisierung des Datenschutzrechts. Gutachten im Auftrag des Bundesministeriums des Innern, Berlin 2001.

*Roßnagel, Alexander, Richter, Philipp* und *Nebel, Maxi*, Internet Privacy aus rechtswissenschaftlicher Sicht, in: J. Buchmann (Hrsg.), Internet Privacy: Eine multidisziplinäre Bestandsaufnahme/A multidisciplinary analysis (acatech STUDIE), Berlin 2012, 281.

*Rüpke, Giselher*, Aspekte zur Entwicklung eines EU-Datenschutzrechts", *Zeitschrift für Rechtspolitik* 5 (1995), 185.

*Sachs, Ulrich*, Marketing, Datenschutz und das Internet, Köln 2008.

*Schaar, Peter*, Das Ende der Privatsphäre: Der Weg in die Überwachungsgesellschaft. München 2009.

*Schapper, Claus Hening* und *Dauer, Peter*, Die Entwicklung der Datenschutzaufsicht im nicht-öffentlichen Bereich (I), Recht der Datenverarbeitung 4 (1987), 169.

*Schlink, Bernhard*, Das Recht der informationellen Selbstbestimmung, Der Staat 25, 1, (1986), 233.

*Schlink, Bernhard*, Die Amtshilfe: Ein Beitrag zu einer Lehre von der Gewaltenteilung in der Verwaltung, Berlin 1982.

*Scholz, Rupert,* und *Pitschas, Rainer,* Informationelle Selbstbestimmung und staatliche Informationsverantwortung, Berlin 1984.

*Schwartz, Paul M.*, Internet Privacy and the State, Connecticut Law Review 32 (2000), 815.

*Schwenke, Matthias Christoph*, Individualisierung und Datenschutz: rechtskonformer Umgang mit personenbezogenen Daten im Kontext der Individualisierung, Wiesbaden 2006.

*Silver, Nate*, The Signal and the Noise. The Art and Science of Prediction, London 2012.

*Simitis, Spiros*, Anmerkung zu BGH, Urt. v. 19.09.1985 – ‚SCHUFA-Klausel', Juristen Zeitung 41 (1986), 188.

*Simitis, Spiros* (Hrsg.), Bundesdatenschutzgesetz, 7. Aufl., Baden-Baden 2011.

*Simitis, Spiros*, Die informationelle Selbstbestimmung – Grundbedingung einer verfassungskonformen Informationsordnung, Neue Juristische Wochenschrift 8 (1984), 394.

*Simitis, Spiros*, Review of the answers to the Questionnaire of the Consultative Committee of the Convention for the Protection of Individuals with regard to Automatic Processing of Personal Data, Council of Europe T-PD (99) 47, 1999.

*Singer, Reinhard*, Das Sozialmodell des bürgerlichen Gesetzbuchs im Wandel, in: S. Grundmann, M. Kloepfer, C. G. Paulus, R. Schröder und G. Werle (Hrsg.), Festschrift 200 Jahre Juristische Fakultät der Humboldt-Universität zu Berlin: Geschichte, Gegenwart und Zukunft. Berlin und New York 2010, 981.

*Solove, Daniel J.*, Privacy and Power: Computer Databases and Metaphors for Information Privacy, Stanford Law Review 53 (2001), 1393.

*Solove, Daniel J.*, Understanding Privacy. Cambridge 2009.

*Solove, Daniel J.* und *Schwartz, Paul M.*, Privacy, Information and Technology, 2. Aufl. Austin 2009.

*Spindler, Gerald*, Persönlichkeitsschutz im Internet – Anforderungen und Grenzen einer Regulierung – Gutachten zum 69. Deutschen Juristentag. München 2012.

*Spindler, Gerald* und *Nink, Judith*, Recht der elektronischen Medien: Kommentar, in: G. Spindler und F. Schuster (Hrsg.), 2. Aufl. München 2011, § 4.

*Steinmüller, Wilhelm, Lutterbeck, Bernd, Mallmann, Christoph, Harbort, Uwe, Kolb, Gerhard* und *Schneider, Jochen*, Grundfragen des Datenschutzes. Gutachten im Auftrag des Bundesministeriums des Innern, BTdrucks VI/3826, Anlage 1, 1971.

*Suhr, Dieter*, Entfaltung der Menschen durch die Menschen: zur Grundrechtsdogmatik der Persönlichkeitsentfaltung, der Ausübungsgemeinschaften und des Eigentums, Berlin 1976.

*Taeger, Jürgen* und *Gabel, Detlev* (Hrsg.), Kommentar zum BDSG und zu den Datenschutzvorschriften des TKG und TMG, Frankfurt am Main 2010.

*Tinnefeld, Marie-Theres*, Geschützte Daten, in: A. Roßnagel (Hrsg.), Handbuch Datenschutzrecht: Die neuen Grundlagen für Wirtschaft und Verwaltung, München 2003, 485

*Trute, Hans-Heinrich*, Verfassungsrechtliche Grundlagen, in: A. Roßnagel (Hrsg.), Handbuch Datenschutzrecht: Die neuen Grundlagen für Wirtschaft und Verwaltung, München 2003, 156.

*Ulmer, Peter, Brandner, Hans Erich* und *Hensen, Horst-Diether* (Hrsg.), AGB-Recht: Kommentar zu den §§ 305–310 BGB und zum UKlaG. 11, Köln 2011.

*v. Zezschwitz, Friedrich*, Konzept der normativen Zweckbegrenzung, in: A. Roßnagel (Hrsg.), Handbuch Datenschutzrecht: Die neuen Grundlagen für Wirtschaft und Verwaltung, München 2003, 219.

*Vesting, Thomas*, Das Internet und die Notwendigkeit der Transformation des Datenschutzes, in: K. H. Ladeur (Hrsg.), Innovationsoffene Regulierung des Internet: Neues Recht für Kommunikationsnetzwerke, Baden-Baden 2003, 155.

*Vogelgesang, Klaus*, Grundrecht auf informationelle Selbstbestimmung? Baden-Baden 1987.

*Warren, Samuel* und *Brandeis, Louis*, The Right to Privacy, Harvard Law Review 4, 15 (1890), 193.

*Weichert, Thilo*, Der transparente Verbraucher, in: D. Klumpp, H. Kubicek, A. Roßnagel und W. Schulz (Hrsg.), Informationelles Vertrauen für die Informationsgesellschaft Berlin 2008.

*Westin, Alan F.*, Privacy and Freedom, New York 1967.

*Westin, Alan F.*, Social and political dimensions of privacy, Journal of Social Issues 59, 2 (2003), 431.

*Worms, Cristoph* und *Gusy, Christoph*, Verfassung und Datenschutz – Das private und das öffentliche in der Rechtsordnung, Datenschutz und Datensicherheit 2 (2012), 92.

# Sonstige Materialien

*Art. 29 Data Protection Working Party*, Working Document 5063/00/EN/FINAL WP 37: Privacy on the Internet – An Integrated EU Approach for Online Data Protection, 21. November 2000.

*Art. 29 Data Protection Working Party*, Stellungnahme 02/2010 zur Werbung auf Basis von Behavioural Targeting, 22. Juni 2010.

*Art. 29 Data Protection Working Party*, Opinion 15/2011 on the Definition of Consent, 13. Juli 2011.

*Art. 29 Data Protection Working Party*, Stellungnahme 04/2012 zur Ausnahme von Cookies von der Einwilligungspflicht, 6. Juli 2012.

*Art. 29 Data Protection Working Party*, Opinion 03/2013 on Purpose Limitation, 4. Februar 2013.

*Art. 29 Data Protection Working Party*, Working Document 02/2013 Providing Guidance on Obtaining Consent for Cookies, 10. Februar 2013.

*Center for Democracy & Technology (Cooper, Alissa* und *Llansó, Emma)*, Adoption of Traffic Sniffing Standard Fans WCIT Flames, 28. November 2012; abrufbar unter https://www.cdt. org/blogs/cdt/2811adoption-traffic-sniffing-standard-fans-wcit-flames.

*Electronic Frontier Foundation (Eckersley, Peter)*, How Online Tracking Companies Know Most of What You Do Online (and What Social Networks Are Doing to Help Them), 21. September 2009; abrufbar unter https://www.eff.org/deeplinks/2009/09/online-trackers-and-social-networks.

*Electronic Frontier Foundation (Schoen, Seth)*, New Cookie Technologies: Harder to See and Remove, Widely Used to Track You, 14. September 2009; abrufbar unter https://www.eff. org/deeplinks/2009/09/new-cookie-technologies-harder-see-and-remove-wide.

*Europäische Kommission*, KOM (2010) 609 endg., 11. April 2010.

*Europäische Kommission*, KOM (2012) 11 endg., 25. Januar 2012.

*European Network and Information Security Agency – ENISA*, Privacy Considerations of Online Behavioral Tracking, 19. Oktober 2012; abrufbar unter http://www.enisa.europa.eu/ activities/identity-and-trust/library/deliverables/privacy-considerations-of-online-behavioural-tracking.

*Federal Trade Commission*, Complaint – History Sniffling, 2013; abrufbar unter http://ftc.gov/ os/caselist/1123182/130315epicmarketplacecmpt.pdf.

*Federal Trade Commission*, FTC Staff Report: Self-Regulatory Principles For Online Behavioral Advertising, Februar 2009; abrufbar unter http://www.ftc.gov/os/2009/02/ P085400behavadreport.pdf.

*Federal Trade Commission*, Consent Order – History Sniffling, 2013; abrufbar unter http://www. ftc.gov/os/caselist/1123182/121205epicorder.pdf.

*Federal Trade Commission*, Consent Order – Tracking Application, 31. August 2009; abrufbar unter http://www.ftc.gov/os/caselist/0823099/090604searsagreement.pdf.

*Federal Trade Commission*, Report to Congress Under Section 319 of the Fair and Accurate Credit Transactions Act of 2003, Dezember 2012, abrufbar unter http://www.ftc.gov/sites/ default/files/documents/reports/section-319-fair-and-accurate-credit-transactions-act-2003-fifth-interim-federal-trade-commission/130211factareport.pdf.

*Hansell, Saul*, Phorm's All-Seeing Parasite Cookie, The New York Times – Bits, 4. Juli 2008; abrufbar unter http://bits.blogs.nytimes.com/2008/04/07/phorms-all-seeing-parasite-cookie/?_r=0.

*Konferenz Datenschutz im 21. Jahrhundert*, Fragen für Panel 1 – Stärkere Regelungen für besondere Gefährdungen des allgemeinen Persönlichkeitsrecht, 2013; abrufbar unter http://www.bmi.bund.de/SharedDocs/Kurzmeldungen/DE/2012/09/internat_ datenschutzkonferenz_workshop.html;jsessionid=3F32714C608036FA44047B C0EC827B01.2_cid295?nn=3314802.

*Organization for Economic Cooperation and Development – OECD*, The Evolving Privacy Landscape: Thirty Years after the OECD Privacy Guidelines, 2011; abrufbar unter http:// www.oecd.org/sti/ieconomy/49710223.pdf.

*Rogall-Grothe, Cornelia*, Datenschutz made in Germany oder made in Europe?, Vortrag anlässlich der 3. Berliner Datenschutzrunde 2012, Berlin 2012; abrufbar unter http://www. bmi.bund.de/SharedDocs/Reden/DE/2012/06/strg_datenschutzrunde2012.html.

*The Center for Internet and Society (Narayanan, Arvind)*, There Is No Such Thing as Anonymous Online Tracking, 28. Juli 2011; abrufbar unter http://cyberlaw.stanford.edu/node/6701.

# Sachregister

Zeitfracht Medien GmbH
Ferdinand-Jühlke-Straße 7
99095 Erfurt, Deutschland
produktsicherheit@kolibri360.de